Schriftenreihe
der Juristischen Schulung

Band 175

Prüfungswissen Strafprozessrecht

von

Dr. Uwe Murmann
o. Professor an der Georg-August-Universität Göttingen

5., vollständig überarbeitete Auflage 2022

C.H.BECK

Zitiervorschlag: Murmann StrafProzR

www.beck.de

ISBN Print 978 3 406 78940 3
ISBN E-Book 978 3 406 78941 0

Wilhelmstraße 9, 80801 München
Satz, Umschlaggestaltung, Druck und Bindung:
Druckerei C. H. Beck, Nördlingen
(Adresse wie Verlag)

Gedruckt auf säurefreiem, alterungsbeständigem Papier
(hergestellt aus chlorfrei gebleichtem Zellstoff)

Vorwort

Das Buch wurde für die Neuauflage **umfassend überarbeitet, aktualisiert und ergänzt.** Der Gesetzgeber war im Bereich des Strafprozesses sehr aktiv. Die Neuregelungen betreffen auch examensrelevante Themen wie die Beschuldigtenvernehmung und das Beweisantragsrecht. Neu aufgenommen wurde ein Fall zum Verhältnis des Öffentlichkeitsgrundsatzes zur Fernsehberichterstattung.

Das Buch bleibt dem bewährten Konzept der **Konzentration auf das prüfungsrelevante Wissen** treu, wobei auch weitgehend die Wissensvermittlung anhand **typischer Zusatzfragen** aus dem staatlichen Teil der ersten Prüfung beibehalten wurde. Durch diese Art der Darstellung wird zugleich dem Bedürfnis Rechnung getragen, die **gutachterliche Bearbeitung strafprozessualer Fragestellungen** einzuüben, die sich deutlich vom materiellrechtlichen Gutachten unterscheidet.

Adressaten sind nicht nur Examenskandidatinnen und Examenskandidaten, sondern auch die Hörer der Vorlesungen zum Strafprozessrecht und Teilnehmer an den an manchen Universitäten angebotenen Zwischenprüfungsklausuren im Strafprozessrecht.

Diesem „breiten Anwendungsspektrum" entsprechend wurde besonderer Wert auf die **grundlegenden Strukturen und Prinzipien des Strafprozessrechts** gelegt, auf deren Verständnis es für die sachgerechte Fallbearbeitung entscheidend ankommt. Auf diese Weise wird zudem das Ziel im Auge behalten, auch dem eiligen Leser einen Abriss an die Hand zu geben, der kurz vor dem Examen noch die Aneignung des examensrelevanten Wissens ermöglicht. Umfangreiche Nachweise in den Fußnoten erlauben aber auch einen leichten Einstieg in eine vertiefende Lektüre.

Für Kritik und Anregungen unter smurmann@jura.uni-goettingen.de bin ich stets dankbar.

Göttingen, im April 2022 *Uwe Murmann*

Inhaltsverzeichnis

Abkürzungsverzeichnis

a. A.	andere Ansicht
Abs.	Absatz
a. F.	alte Fassung
AG	Amtsgericht
AGGVG	Gesetz zur Ausführung des Gerichtsverfassungsgesetzes
allg.	allgemein(e)
Anm.	Anmerkung
AnwBl	Anwaltsblatt
AO	Abgabenordnung
Art.	Artikel
Aufl.	Auflage
BAK	Blutalkoholkonzentration
BayObLG	Bayerisches Oberstes Landesgericht
BBG	Bundesbeamtengesetz vom 5.2.2009 (BGBl. I S. 160)
Bd.	Band
BeamtStG	Gesetz zur Regelung des Statusrechts der Beamtinnen und Beamten in den Ländern (Beamtenstatusgesetz) vom 17.6.2008 (BGBl. I S. 1010)
Begr.	Begründung
BerlVerfGH	Berliner Verfassungsgerichtshof
Beschl.	Beschluss
BGB	Bürgerliches Gesetzbuch
BGBl.	Bundesgesetzblatt
BGH	Bundesgerichtshof
BGHSt	Entscheidungen des Bundesgerichtshofs in Strafsachen
BRat	Bundesrat
BT-Drs.	Drucksache des Bundestages
BtMG	Betäubungsmittelgesetz
BVerfG	Bundesverfassungsgericht
BVerfGE	Entscheidung des Bundesverfassungsgerichts
BVerfGG	Bundesverfassungsgerichtsgesetz
BVerfGK	Kammerentscheidungen des Bundesverfassungsgerichts
BZRG	Bundeszentralregistergesetz
ders.	derselbe
d. h.	das heißt
EGGVG	Einführungsgesetz zum Gerichtsverfassungsgesetz
EGMR	Europäischer Gerichtshof für Menschenrechte
EGStPO	Einführungsgesetz zur Strafprozessordnung
Einl.	Einleitung
EMRK	Europäische Konvention zum Schutz der Menschenrechte und Grundfreiheiten vom 4.11.1950 (BGBl. 1952 II S. 686)
etc.	et cetera
f.	folgende(r)
Febr.	Februar
ff.	fortfolgende
FG	Festgabe
Fn.	Fußnote
FS	Festschrift

G 10	Gesetz zur Beschränkung des Brief-, Post- und Fernmeldegeheimnisses vom 26.6.2001 (BGBl. I S. 1254)
GA	Goltdammer's Archiv für Strafrecht
gem.	gemäß
GeschGehG	Gesetz zum Schutz von Geschäftsgeheimnissen
GG	Grundgesetz
ggf.	gegebenenfalls
GRC	Charta der Grundrechte der Europäischen Union von 2001, Inkrafttreten 1.12.2009
GrS	Großer Senat für Strafsachen beim BGH
GS	Gedächtnisschrift
GVG	Gerichtsverfassungsgesetz
h. M.	herrschende Meinung
HRRS	Onlinezeitschrift für Höchstrichterliche Rechtsprechung zum Strafrecht (www.hrr-strafrecht.de)
Hrsg.	Herausgeber
hrsg.	herausgegeben
i. d. F.	in der Fassung
i. d. R.	in der Regel
inkl.	inklusive
insb.	Insbesondere
IRG	Gesetz über die internationale Rechtshilfe in Strafsachen
i. S. v.	im Sinne von
i. V. m.	in Verbindung mit
JA	Juristische Arbeitsblätter
JK	Jura-Rechtssprechungskartei
JR	Juristische Rundschau
JURA	Juristische Ausbildung
JuS	Juristische Schulung
JZ	Juristenzeitung
KG	Kammergericht (OLG des Landes Berlin)
KritV	Kritische Viertel-Jahresschrift für Gesetzgebung und Rechtswissenschaft
LG	Landgericht
Lief.	Lieferung
Lit.	Literatur
LS	Leitsatz
MDR	Monatsschrift für Deutsches Recht
m. w. N.	mit weiteren Nachweisen
NdsAGGVG	Niedersächsisches Gesetz zur Ausführung des Gerichtsverfassungsgesetzes
NJAVO	Verordnung zum Niedersächsischen Gesetz zur Ausbildung der Juristinnen und Juristen vom 2.11.1993 (Nds. GVBl. S. 561) i. d. F. vom 16.12.2019 (Nds.GVBl. S. 407)
NJW	Neue Juristische Wochenschrift
Nr.	Nummer
NStZ	Neue Zeitschrift für Strafrecht
NStZ-RR	NStZ-Rechtsprechungs-Report
NZV	Neue Zeitschrift für Verkehrsrecht
OLG	Oberlandesgericht

RiStBV .... Richtlinien für das Strafverfahren und das Bußgeldverfahren
Rn. .... Randnummer(n)

s. .... siehe
SDÜ .... Schengener Durchführungsübereinkommen vom 19.6.1990 (BGBl. 1993 II S. 1013)
sog. .... sogenannte(r)
StA .... Staatsanwaltschaft/Staatsanwalt
StGB .... Strafgesetzbuch
StPO .... Strafprozessordnung
StraFo .... Strafverteidiger-Forum
StrRG .... Gesetz zur Reform des Strafrechts
StV .... Strafverteidiger
StVG .... Straßenverkehrsgesetz

Tb. .... Teilband

u. a. .... unter anderem, und andere
Urt. .... Urteil

vgl. .... vergleiche
Vorb. .... Vorbemerkung(en)
VwGO .... Verwaltungsgerichtsordnung

wistra .... Zeitschrift für Wirtschafts- und Steuerstrafrecht
WÜK .... Wiener Übereinkommen über konsularische Beziehungen

z. B. .... zum Beispiel
ZIS .... Zeitschrift für Internationale Strafrechtsdogmatik (www.zis-online.com)
ZJS .... Zeitschrift für das Juristische Studium (www.zjs-online.com)
ZRP .... Zeitschrift für Rechtspolitik
ZStW .... Zeitschrift für die gesamte Strafrechtswissenschaft
ZWH .... Zeitschrift für Wirtschaftsstrafrecht und Haftung im Unternehmen

Literaturverzeichnis

AK-StPO/*Bearbeiter*	*Wassermann* (Hrsg.), Kommentar zur Strafprozessordnung in der Reihe Alternativkommentare, Bd. 1 (Einl.–§ 93) 1988, Bd. 2/ Tb. 1 (§§ 94–212b) 1992
Ambos Beweisverwertungsverbote	*Ambos,* Beweisverwertungsverbote, 2010
Ambos IntStrafR	*Ambos,* Internationales Strafrecht, 5. Aufl. 2018
Arzt StrafR-Klausur	*Arzt,* Die Strafrechtsklausur, 7. Aufl. 2006
BeckOK StPO/*Bearbeiter*	*Graf* (Hrsg.), Beck'scher Online-Kommentar StPO, 43. Edition 1.4.2022)
Beulke Klausurenkurs III	*Beulke,* Klausurenkurs im Strafrecht III, 5. Aufl. 2018
Beulke/Swoboda StrafProzR	*Beulke/Swoboda,* Strafprozessrecht, 15. Aufl. 2020
Bosch	*Bosch,* Übungen im Strafrecht, 8. Aufl. 2017
Bruns Strafzumessungsrecht	*Bruns,* Strafzumessungsrecht, 2. Aufl. 1974
Engländer	*Engländer,* Examens-Repetitorium, Strafprozessrecht, 10. Aufl. 2020
Fezer	*Fezer,* Strafprozessrecht, 2. Aufl. 1995
FS BGH	Festschrift aus Anlass des fünfzigjährigen Bestehens von Bundesgerichtshof, Bundesanwaltschaft und Rechtsanwaltschaft beim Bundesgerichtshof, 2000
FG BGH IV	50 Jahre Bundesgerichtshof: Festgabe aus der Wissenschaft, Bd. IV, 2000
FS Blau	Festschrift für Günter Blau zum 70. Geburtstag, 1985
FS Bruns	Festschrift für Hans-Jürgen Bruns zum 70. Geburtstag, 1978
FS Eb. Schmidt	Festschrift für Eberhard Schmidt zum 70. Geburtstag, 1961
FS Feltes	Festschrift für Thomas Feltes zum 70. Geburtstag, 2021
FS Fezer	Festschrift für Gerhard Fezer zum 70. Geburtstag, 2008
FS Frisch	Festschrift für Wolfgang Frisch zum 70. Geburtstag, 2013
FS Grünwald	Festschrift für Gerald Grünwald zum 70. Geburtstag, 1999
FS Hamm	Festschrift für Rainer Hamm zum 65. Geburtstag, 2008
FS Hassemer	Festschrift für Winfried Hassemer, 2010
FS Jung	Festschrift für Heike Jung zum 65. Geburtstag, 2007
FS Kühne	Festschrift für Hans-Heiner Kühne, 2013
FS Küper	Festschrift für Wilfried Küper zum 70. Geburtstag, 2007
FS Lampe	Festschrift für Ernst-Joachim Lampe zum 70. Geburtstag, 2003
FS Miyazawa	Festschrift für Koichi Miyazawa, 1995
FS Remmers	Festschrift für Walter Remmers, 1995
FS Rieß	Festschrift für Peter Rieß zum 70. Geburtstag, 2002
FS Rissing-van Saan	Festschrift für Ruth Rissing-van Saan zum 65. Geburtstag, 2011
FS Roxin I	Festschrift für Claus Roxin zum 70. Geburtstag, 2001

FS Roxin II .... Festschrift für Claus Roxin zum 80. Geburtstag, 2011
FS Sieber .... Festschrift für Ulrich Sieber zum 70. Geburtstag, 2021
FS Wolf .... Festschrift für Gerhard Wolf, 2018
FS Wolter .... Festschrift für Jürgen Wolter zum 70. Geburtstag, 2013

Göbel .... *Göbel,* Strafprozess, 8. Aufl. 2013
Grünwald Beweisrecht .... *Grünwald,* Das Beweisrecht der Strafprozessordnung, 1. Aufl. 1993
GS Keller .... Gedächtnisschrift für Rolf Keller, 2003
GS Schlüchter .... Gedächtnisschrift für Ellen Schlüchter, 2002
GS Schröder .... Gedächtnisschrift für Horst Schröder, 1978

Haller/Conzen .... *Haller/Conzen,* Das Strafverfahren, 9. Aufl. 2021
Hecker .... *Hecker,* Europäisches Strafrecht, 6. Aufl. 2021
Heghmanns/Scheffler StrafVerf-HdB/*Bearbeiter* .... *Heghmanns/Scheffler* (Hrsg.), Handbuch zum Strafverfahren, 1. Aufl. 2008
Heinrich/Reinbacher .... *Heinrich/Reinbacher,* Examinatorium Strafprozessrecht, 3. Aufl. 2021
Hellmann StrafProzR .... *Hellmann,* Strafprozessrecht, 2. Aufl. 2006
Hellmann/*Bearbeiter* .... *Hellmann,* Fallsammlung zum Strafprozessrecht, 3. Aufl. 2008
Hellmann/*Bearbeiter* .... *Hellmann,* Fallsammlung zum Strafprozessrecht, 2. Aufl. 2006
Hesse .... *Hesse,* Grundzüge des Verfassungsrechts der Bundesrepublik Deutschland, 20. Aufl. 1999
HK-GS/*Bearbeiter* .... *Dölling/Duttge/König/Rössner,* Gesamtes Strafrecht, Handkommentar, 5. Aufl. 2022
HK-StPO/*Bearbeiter* .... *Gercke/Julius/Temming/Zöller* (Hrsg.), Heidelberger Kommentar zur Strafprozessordnung, 6. Aufl. 2019
HKV StrafR-HdB VII/*Bearbeiter* .. *Hilgendorf/Kudlich/Valerius* (Hrsg.), Handbuch des Strafrechts, Bd. 7, 2020
Höffler/Kaspar .... *Höffler/Kaspar,* Examinatorium im Schwerpunkt Strafrecht, 2. Aufl. 2021

Kindhäuser/Schumann .... *Kindhäuser/Schumann,* Strafprozessrecht, 6. Aufl. 2022
KK-StPO/Bearbeiter .... *Hannich* (Hrsg.), Karlsruher Kommentar zur Strafprozessordnung und zum Gerichtsverfassungsgesetz mit Einführungsgesetz, 8. Aufl. 2019
Klesczewski .... *Klesczewski,* Strafprozessrecht, 2. Aufl. 2013
KMR/*Bearbeiter* .... *Kleinknecht/Müller/Reitberger* (Begr.), Loseblattkommentar zur Strafprozessordnung, hrsg. von *Fezer/Paulus,* ab 14. Lief. *von Heintschel-Heinegg/Stöckl,* bis zur 73. Lief., ab 81. Lief. *von Heintschel-Heinegg/Bockemühl*
Krey .... *Krey,* Studien zum Gesetzesvorbehalt im Strafrecht, 1977
Krey/Heinrich .... *Krey/Heinrich,* Deutsches Strafverfahrensrecht, 2. Aufl. 2019
Kühne .... *Kühne,* Strafprozessrecht, 9. Aufl. 2015

Lackner/Kühl .... *Lackner/Kühl,* Strafgesetzbuch, Kommentar, 29. Aufl. 2018
Larenz/Canaris Methodenlehre ..... *Larenz/Canaris,* Methodenlehre der Rechtswissenschaft, 3. Aufl. 1995

Leibholz/Rinck	*Leibholz/Rinck,* Grundgesetz für die Bundesrepublik Deutschland, Rechtsprechung des Bundesverfassungsgerichts, 85. Lief. 2022
Lesch	*Lesch,* Strafprozessrecht, 2. Aufl. 2001
LK-StGB/*Bearbeiter*	*Cirener/Radtke/Rissing-van Saan/Rönnau/Schluckebier* (Hrsg.), Leipziger Kommentar zum Strafgesetzbuch, 13. Aufl. 2019 ff.
Löwe/Rosenberg/*Bearbeiter*	*Löwe/Rosenberg,* Die Strafprozessordnung und das Gerichtsverfassungsgesetz mit Nebengesetzen, Großkommentar (Hrsg. *Erb u. a.*), 26. Aufl. 2008, 27. Aufl. 2016 ff., (Hrsg. *Erb/Esser/Frank*), Bd. 1 (§§ 1–47), 27. Aufl. 2016; Bd. 2 (§§ 48–93), 27. Aufl. 2017; Bd. 3/1 (§§ 94–11a), 27. Aufl. 2019; Bd. 4/1 (§§ 112–136a), 27. Aufl. 2019; Bd. 5/1 (§§ 151–157), 27. Aufl. 2020; Bd. 5/2 (§§ 158–211), 27. Aufl. 2018; Bd. 11 (GVG; EGGVG), 26. Aufl. 2010; Bd. 7: (§§ 256–295), 27. Aufl.
Malek/Wohlers	*Malek/Wohlers,* Zwangsmaßnahmen und Grundrechtseingriffe im Ermittlungsverfahren, 2. Aufl. 2001
Mansdörfer	*Mansdörfer,* Klausurenkurs im Strafprozessrecht, 2020
Maunz/Dürig/*Bearbeiter*	*Maunz/Dürig* (Hrsg.), Grundgesetz, Kommentar, Loseblattausgabe, 95. Lief. 2021
Meyer-Goßner/Schmitt/*Bearbeiter*	*Meyer-Goßner/Schmitt,* Strafprozessordnung, Kommentar, 65. Aufl. 2022
Mitsch/Ellbogen	*Mitsch/Ellbogen,* Fälle zum Strafprozessrecht, 2. Aufl. 2020
MüKoStPO/*Bearbeiter*	*Knauer/Kudlich/Schneider* (Hrsg.), Münchener Kommentar zur Strafprozessordnung, 2014 ff.
v. Münch/Kunig/*Bearbeiter*	*Kämmerer/Kotzur* (Hrsg.), *Münch/Kunig* (Begr.), Grundgesetz-Kommentar, Bd. 1, 7. Aufl. 2021
Musielak/Voit/*Bearbeiter*	*Musielak/Voit* (Hrsg.), Kommentar zur Zivilprozessordnung, 18. Aufl. 2021
Naucke	*Naucke,* Strafrecht: eine Einführung, 10. Aufl. 2002
Niemöller/Schlothauer/Weider	*Niemöller/Schlothauer/Weider,* Gesetz zur Verständigung im Strafverfahren, 1. Aufl. 2010
NK-StGB/*Bearbeiter*	*Kindhäuser/Neumann/Paeffgen* (Hrsg.), Strafgesetzbuch, 5. Aufl. 2017
Ostendorf/Brüning	*Ostendorf/Brüning,* Strafprozessrecht, 4. Aufl. 2021
Peters	*Peters,* Strafprozess: ein Lehrbuch, 4. Aufl. 1985
Putzke/Scheinfeld	*Putzke/Scheinfeld,* Strafprozessrecht, 8. Aufl. 2020
Radtke/Hohmann/*Bearbeiter*	*Radtke/Hohmann* (Hrsg.), Strafprozessordnung, Kommentar, 2011
Ranft	*Ranft,* Strafprozessrecht, 3. Aufl. 2005
Rössner/Safferling	*Rössner/Safferling,* 30 Probleme aus dem Strafprozessrecht, 4. Aufl. 2020
Roxin/Schünemann	*Roxin/Schünemann,* Strafverfahrensrecht, 29. Aufl. 2017
Roxin/Schünemann	*Roxin/Schünemann,* Strafverfahrensrecht, 26. Aufl. 2009
Rudolphi-Symposium	*Wolter* (Hrsg.), Zur Theorie und Systematik des Strafprozessrechts: Symposium zu Ehren von Hans-Joachim Rudolphi, 1995
Rüping	*Rüping,* Das Strafverfahren, 3. Aufl. 1997

Satzger .... *Satzger,* Internationales und Europäisches Strafrecht, 9. Aufl. 2020

Schlüchter .... *Schlüchter,* Das Strafverfahren, 2. Aufl. 1983

Schlüchter/Duttge .... *Schlüchter/Duttge,* Strafprozessrecht in aller Kürze, 3. Aufl. 2004

Schönke/Schröder/*Bearbeiter* .... *Schönke/Schröder* (Hrsg.), Strafgesetzbuch-Kommentar, 30. Aufl. 2019

Schroeder/Meindl .... *Schroeder/Meindl,* Fallrepetitorium zum Strafverfahrensrecht, 4. Aufl. 2004

Schroeder/Verrel .... *Schroeder/Verrel,* Strafprozessrecht, 7. Aufl. 2017

SK-StPO/*Bearbeiter* .... *Wolter* (Hrsg.), Systematischer Kommentar zur Strafprozessordnung mit GVG und EMRK Bd. 1, 5. Aufl. 2016; Bd. 2, 5. Aufl. 2016; Bd. 3, 5. Aufl. 2016; Bd. 4, 5. Aufl. 2015; Bd. 5, 5. Aufl. 2016; Bd. 6, 5. Aufl. 2016; Bd. 10, 5. Aufl. 2017

SK-StPO/*Bearbeiter* (Loseblattausgabe) .... *Wolter* (Hrsg.), Systematischer Kommentar zur Strafprozessordnung und zum Gerichtsverfassungsgesetz, Loseblattausgabe, bis zur 64. Lief.

SSW StGB/*Bearbeiter* .... *Satzger/Schluckebier/Widmaier* (Hrsg.), Strafgesetzbuch Kommentar, 5. Aufl. 2020

SSW StPO/*Bearbeiter* .... *Satzger/Schluckebier/Widmaier* (Hrsg.), Strafprozessordnung Kommentar, 4. Aufl. 2018

Umbach/Clemens/Dollinger/*Bearbeiter* .... *Umbach/Clemens/Dollinger* (Hrsg.), Bundesverfassungsgerichtsgesetz, Mitarbeiterkommentar und Handbuch, 2. Aufl. 2005

Volk/Engländer GK StPO .... *Volk/Engländer,* Grundkurs StPO, 10. Aufl. 2021

Zöller/*Bearbeiter* .... *Zöller,* Zivilprozessordnung, Kommentar, 34. Aufl. 2022

A. Einleitung

Bis hin zum Examen findet sich eine verbreitete Neigung bei Studierenden, das Strafprozessrecht eher stiefmütterlich zu behandeln. Dabei ist das „Risiko", in einer Examensklausur mit einer strafprozessualen Zusatzfrage konfrontiert zu werden, nicht zu vernachlässigen. Dennoch zeigen erstaunlich viele Examenskandidatinnen und Examenskandidaten[1] gerade in diesem Bereich „Mut zur Lücke", wohl motiviert durch die Überlegung, dass Lernaufwand und Ertrag in keinem angemessenen Verhältnis stehen. So werden nicht nur leicht zwei bis vier Punkte verschenkt, sondern es wird auch die Gelegenheit verpasst, den Prüfer am Ende der Klausur noch einmal durch gute Ausführungen zu beeindrucken und so den Gesamteindruck für die Bewertung positiv zu beeinflussen. Die Vernachlässigung des Strafprozessrechts kann sich zudem im mündlichen Staatsexamen noch ein zweites Mal rächen. Und schließlich gewinnt das Strafprozessrecht in der Referendarausbildung und im zweiten juristischen Staatsexamen erheblich an Bedeutung, so dass auch unter diesem Gesichtspunkt der Lernaufwand lohnt. 1

Die Zurückhaltung bei der Aneignung der erforderlichen strafprozessualen Kenntnisse ist damit jedenfalls taktisch unklug.[2] Sie ist aber auch unter lernökonomischen Gesichtspunkten nicht berechtigt, denn strafprozessuale Prüfungen – ob in der Zwischenprüfung,[3] in Examensklausuren oder in der mündlichen Prüfung – zielen regelmäßig nicht auf das Abfragen auswendig gelernten Detailwissens. Verlangt werden vielmehr überschaubare Grundkenntnisse und ein sinnvoller Umgang mit dem Gesetz. Eine gezielte Vorbereitung wird dadurch erleichtert, dass sich nicht alle Gebiete des Strafprozessrechts gleichermaßen zur Prüfung dieser Kenntnisse und Fähigkeiten eignen. Studierenden ist zudem dringend anzuraten, einen Blick in die für das eigene Bundesland einschlägige Prüfungsordnung zu werfen. Gerade hinsichtlich des Strafprozessrechts ist der Prüfungsstoff häufig stark eingeschränkt und auf die Kenntnis von „Grundzügen" beschränkt.[4] Damit ist nicht ausgeschlossen, auch typischerweise an den Prüfungsstoff angrenzende Fragestellungen zu thematisieren oder die Prüfung auf andere Themen zu erstrecken, soweit lediglich „Verständnis und Arbeitsmethode festgestellt werden sollen und Einzelwissen nicht vorausgesetzt wird".[5] Es soll deshalb im Folgenden darum gehen, strafprozessuale Standardprobleme als Ausprägungen allgemeiner Grundsätze aufzuzeigen und so nicht nur **typisches Prüfungswissen** darzustellen, sondern zugleich die **Grundlagen für eine Übertragung dieses Wissens auf unbekannte Fälle** zu schaffen. Dabei versteht es sich von selbst (ist aber nach dem Gesagten auch unschädlich), dass die Auswahl der behandelten Fälle in dem gesteckten Rahmen beispielhaft bleiben muss. 2

---

[1] Aus Gründen der Lesbarkeit wird im Weiteren die männliche Form verwendet. Frauen sind – selbstverständlich – gleichermaßen gemeint.

[2] Siehe auch *Norouzi* JuS 2007, 989 f.

[3] Ob das Strafverfahren als Gegenstand der Zwischenprüfung vorgesehen ist, richtet sich nach den Prüfungsordnungen der Fakultäten.

[4] Etwa § 16 Abs. 2 Nr. 3 NJAVO.

[5] So § 16 Abs. 6 NJAVO.

3 Aus den so gesetzten Zielen ergibt sich der **Aufbau:** Nach einem Überblick über Ziel und Gang des Strafverfahrens (B und C) werden die Grundsätze unseres rechtsstaatlichen Strafprozesses in ihren Bezügen zur Verfassung und zur EMRK dargestellt (D). Sodann werden einige für die verschiedenen Abschnitte des Verfahrens typische Problembereiche behandelt (E-H). Dabei wird so vorgegangen, dass nach einer Erörterung der Grundlagen des jeweiligen Problemkreises im Rahmen einer Vertiefung typische Prüfungsaufgaben gelöst werden. Dem kommt deshalb besondere Bedeutung zu, weil sich die gutachterliche Bearbeitung prozessualer Fragestellungen deutlich vom materiellrechtlichen Gutachten, in dem sich die Bearbeiter an den Stufen des Deliktsaufbaus orientieren können, unterscheidet.

B. Das Ziel des Strafverfahrens

Einführungsfall:[1] Gegen den ehemaligen Vorsitzenden des Staatsrats und des Nationalen Verteidigungsrats der DDR, den 81-jährigen H, ist wegen zahlreicher Tötungsdelikte an der innerdeutschen Grenze das Hauptverfahren eröffnet worden. Ärztliche Gutachten belegen, dass H wegen einer fortgeschrittenen Krebserkrankung nur noch eine Lebensspanne haben wird, die aller Voraussicht nach kürzer sein wird als die zu erwartende Prozessdauer. Wie wird das Gericht verfahren? 4

Es ist umstritten, welchem Ziel das Strafverfahren dient.[2] Teilweise werden mehrere Ziele nebeneinandergestellt, nämlich die **Herbeiführung einer materiell richtigen Entscheidung,** deren **prozessordnungsmäßiges Zustandekommen** und schließlich **die Herstellung von Rechtsfrieden.**[3] Diese Zielsetzungen können allerdings leicht in Konflikt geraten, etwa wenn ein Beweis, der die Herbeiführung einer materiell richtigen Entscheidung ermöglichen würde, nicht prozessordnungsgemäß geführt werden kann (vgl. z. B. § 136a StPO).[4] Es bedarf folglich eines übergeordneten Prinzips, nach dem sich solche Konflikte auflösen lassen.[5] Die h. M. erblickt das übergeordnete Ziel des Strafverfahrens in dessen **Rechtsfrieden** stiftender Funktion.[6] Dabei bezeichnet „Rechtsfrieden" freilich nicht einen empirischen Zustand (sonst müsste selbst irrationalen Bestrafungsbedürfnissen der Bevölkerung Rechnung getragen werden), sondern eine normative Zielsetzung. Der angestrebte Rechtsfrieden ist also ein Zustand, in dem sich die Bevölkerung *vernünftigerweise* mit dem Ausgang des Strafverfahrens zufriedengeben kann.[7] Daran schließt sich allerdings sofort die Frage an, unter welchen Bedingungen eine solche Befriedigung normativ zu erwarten ist. Als Antwort auf diese Frage liegt es nahe, den Rechtsfrieden von der **Verwirklichung von Gerechtigkeit** abhängig zu machen, wenn man den Begriff der Gerechtigkeit nicht auf die Erzielung einer materiell richtigen Entscheidung reduziert **(materielle Gerechtigkeit),** sondern auch die **Verfahrensgerechtigkeit** einbezieht.[8] So fordert auf der einen Seite der Grundsatz der materiellen Gerechtigkeit, im Strafverfahren die materielle Wahrheit zu ergründen (wie ist es wirklich gewesen?).[9] Diese Leistung setzt eine funktionstüchtige Strafrechtspflege voraus.[10] Auf 5

1 *BerlVerfGH* NJW 1993, 515; vgl. auch BGHSt 49, 189 (200); *Schlüchter/Duttge* S. 83 f.

2 Eingehend und vertiefend *Murmann* GA 2004, 65 ff. (dem folgend *Klesczewski* Rn. 1); *Kröpil* JuS 2015, 509 ff.; *Rieß* JR 2006, 269 ff.

3 *Roxin/Schünemann* § 1 Rn. 3 ff.; *Volk/Engländer* GK StPO § 3 Rn. 1 ff. Ähnlich *Ostendorf/Brüning* § 2 Rn. 3.

4 *Kindhäuser/Schumann* § 1 Rn. 9 ff.

5 Siehe auch *Rath* FS Küper, 466 ff.

6 SSW StPO/*Beulke* Einl. Rn. 13; *Blau* JURA 1993, 514 f.; *Ranft* Rn. 2; Löwe/Rosenberg/*Kühne* Einl. Abschn. B Rn. 13. Dagegen stellen *Krey/Heinrich* Rn. 20 ff. die Wahrheitsermittlung und HKV StrafR-HdB VII/*Kudlich* § 1 Rn. 16 die Verwirklichung des materiellen Strafrechts ins Zentrum.

7 *Schmidhäuser* FS Eb. Schmidt, 521 f.

8 Instruktiv *Neumann* ZStW 101 (1989), 52 ff.

9 Zum Verhältnis von Wahrheit und Gerechtigkeit zutreffend *Neumann* ZStW 101 (1989), 52 f.; *Schmidhäuser* FS Eb. Schmidt, 512. Eingehend *Metz* ZStW 133 (2021), 447 ff.

10 BVerfGE 44, 353 (374); 46, 214 (222); 130, 1 (26); 133, 168 Rn. 57.

der anderen Seite kann die Wahrheitsfindung nur dann zu Gerechtigkeit führen, wenn die an diesem Prozess beteiligten Bürger – und zwar auch und gerade der Beschuldigte – in ihrer Qualität als Personen (Art. 1 Abs. 1 GG) geachtet bleiben;[11] es geht im Strafprozess nicht um die Ermittlung der Wahrheit um jeden Preis.[12] Die damit angesprochene Verfahrensgerechtigkeit verlangt also die Herbeiführung von Entscheidungen in prozessordnungsmäßiger Weise.

6 Bei der **Lösung des Einführungsfalls** ist zu bedenken, dass Rechtsfrieden nicht zuletzt durch die verfahrensabschließende Entscheidung hergestellt werden soll. Das Erreichen dieses Ziels wird also zumindest problematisch, wenn nicht einmal Aussicht auf ein Urteil besteht. Vor diesem Hintergrund hat der BerlVerfGH ausgeführt, der gesetzliche Zweck des Strafverfahrens bestehe darin, „den legitimen Anspruch der Gemeinschaft auf vollständige Aufklärung der dem Beschwerdeführer zur Last gelegten Taten und gegebenenfalls auf Verurteilung und Bestrafung zu erfüllen“. Da dieser Zweck voraussichtlich nicht mehr erreicht werden könne, sei eine Verfahrensfortführung ein zweckloser Eingriff und stelle deshalb einen Verstoß gegen die Menschenwürde (Art. 1 Abs. 1 GG) dar. Daraus hat das Gericht die prozessuale Konsequenz gezogen: Das Verfahren sei wegen eines Verfahrenshindernisses einzustellen (§ 260 Abs. 3 StPO).[13]

[11] Vgl. etwa BVerfGE 133, 168 Rn. 58; *Kühl* JuS 1986, 117; vertiefend zur Subjektstellung des Beschuldigten *Kahlo* KritV 1997, 183 ff.; *M. Köhler* ZStW 107 (1995), 10 ff.; *Rath* GA 1997, 219 ff.

[12] BGHSt 14, 358 (365); 31, 304 (309); 38, 214 (220); KK-StPO/*Fischer* Einl. Rn. 3.

[13] Kritisch dazu etwa SSW StPO/*Beulke* Einl. Rn. 111; *Ranft* Rn. 1108 ff.

C. Gang des Strafverfahrens, Grundlagen der Gerichtsverfassung

I. Grundlagen

1. Überblick

Das strafprozessuale Erkenntnisverfahren[1] gliedert sich in **drei Abschnitte.**[2] Es beginnt mit dem von der Staatsanwaltschaft mit Unterstützung der Polizei geführten **Ermittlungsverfahren** (= Vorverfahren; dazu → Rn. 56 ff., 154 ff.). Dieser Verfahrensabschnitt zielt darauf ab, einem (meist durch eine Strafanzeige nach § 158 StPO veranlassten) Anfangsverdacht durch unterschiedliche Ermittlungsmaßnahmen weiter nachzugehen, um auf der so gewonnenen Grundlage schließlich entscheiden zu können, ob hinreichender Tatverdacht als Voraussetzung für die Erhebung der öffentlichen Klage gegeben ist (§ 160 Abs. 1 StPO). 7

Entschließt sich die Staatsanwaltschaft zur Anklageerhebung, so stellt sich die **Frage, bei welchem Gericht die Eröffnung des Hauptverfahrens zu beantragen** ist (§§ 170 Abs. 1, 207 Abs. 1 StPO). Der verfassungsrechtlich verbürgte **Grundsatz des gesetzlichen Richters (Art. 101 GG)** verlangt danach, dass durch Zuständigkeitsregeln und Geschäftsverteilungspläne für jeden Fall im Vorhinein feststeht, welcher Richter zur Entscheidung aufgerufen ist.[3] Zu unterscheiden ist die sachliche Zuständigkeit (welches Gericht ist erstinstanzlich zuständig?)[4] von der örtlichen Zuständigkeit. 8

Sachlich zuständig[5] für Verfahren erster Instanz sind regelmäßig entweder die Amts- oder die Landgerichte. Maßgeblich für die Abgrenzung der Zuständigkeit dieser Gerichte ist vor allem das Gewicht der Tat: Die Amtsgerichte sind zuständig bei einer Straferwartung bis zu vier Jahren (§ 24 Abs. 1 GVG). Innerhalb der Amtsgerichte ist für Vergehen (§ 12 Abs. 2 StGB) bei einer Straferwartung bis zu zwei Jahren der Strafrichter zuständig (§ 25 GVG), während für Verbrechen (§ 12 Abs. 1 StGB) oder bei einer Straferwartung zwischen zwei und vier Jahren das Schöffengericht zuständig ist, das sich aus einem Berufsrichter (Ausnahme: Erweitertes Schöffengericht, § 29 Abs. 2 GVG) und zwei Laienrichtern als Schöffen zusammensetzt. Das Landgericht hat als Große Strafkammer (grundsätzlich besetzt mit drei Berufsrichtern und zwei Laien, § 76 GVG) insbesondere dann zu entscheiden, wenn die Straferwartung über vier Jahren liegt (§ 74 Abs. 1 GVG). Für spezielle Fälle sind bei den Landgerichten besondere Große Strafkammern eingerichtet: die Schwurgerichte 9

---

[1] In Abgrenzung vom sich ggf. anschließenden Vollstreckungsverfahren.

[2] Siehe HKV StrafR-HdB VII/*Kühne* § 9 Rn. 51 ff.; *Roxin/Schünemann* § 4 Rn. 3 ff.

[3] BGHSt 61, 296: gesetzwidrige Gerichtsbesetzung, wenn eine Richterin im Mutterschutz mitwirkt.

[4] *Beulke/Swoboda* StrafProzR Rn. 71.

[5] In der Fallbearbeitung *Ambos/Bock* JURA 2011, 874 (876); *Duttge/Klaffus* JuS 2022, 44 (48); *Schöpe* JuS 2015, 143 (145). Überblick bei HKV StrafR-HdB VII/*Zöller* § 15 Rn. 8 ff.

bei bestimmten Kapitaldelikten (§ 74 Abs. 2 GVG),[6] die Staatsschutzkammern (§ 74a GVG) sowie die Wirtschaftsstrafkammern (§ 74c GVG). Nur in seltenen Fällen besteht eine erstinstanzliche Zuständigkeit des OLG, nämlich bei solchen Delikten, die einen bestimmten Bezug zum Staatsschutz aufweisen (§ 120 GVG).

10 Für die Bestimmung der **örtlichen Zuständigkeit** sind §§ 7–21 StPO einschlägig. Zuständigkeitsbegründend sind danach u. a. der Tatort (§ 7 StPO; zum Begriff des Tatorts § 9 Abs. 1 StGB) sowie der Wohnort des Beschuldigten (§ 8 StPO).[7]

11 Mit der Erhebung der Anklage durch die Staatsanwaltschaft beginnt das **Zwischenverfahren.**[8] In diesem Verfahrensabschnitt hat das Gericht darüber zu befinden, ob hinreichender Tatverdacht besteht und somit das Hauptverfahren zu eröffnen ist (§ 199 Abs. 1 StPO). Kommt es zur Eröffnung des **Hauptverfahrens,** so bereitet das Gericht zunächst die Hauptverhandlung vor (§§ 213 ff. StPO), die dann im Zentrum dieses Verfahrensabschnitts steht. Im Mittelpunkt der Hauptverhandlung (Übersicht → Rn. 16) wiederum steht die Beweisaufnahme (§ 244 ff. StPO), der für die Überzeugungsbildung des Gerichts (§ 261 StPO) zentrale Bedeutung zukommt. Das erstinstanzliche Verfahren endet mit dem Urteil (§ 268 StPO).

12 Gegen erstinstanzliche Urteile sind stets **Rechtsmittel** zulässig. Während jedes erstinstanzliche Urteil mit der **Revision** (§§ 333 ff. StPO) einer Überprüfung in rechtlicher Hinsicht zugänglich ist,[9] steht das Rechtsmittel der **Berufung** (§§ 312 ff. StPO) nur gegen Urteile des AG zur Verfügung. Die Berufung ermöglicht eine erneute Überprüfung des Tatvorwurfs in rechtlicher und tatsächlicher Hinsicht.

13 Welches Gericht als Rechtsmittelgericht tätig werden muss, ist eine Frage der **funktionellen Zuständigkeit:** Für Berufungen gegen Urteile des AG ist die Kleine Strafkammer am LG grundsätzlich in der Besetzung mit einem Berufsrichter (Ausnahme: § 76 Abs. 3 GVG) und zwei Laien zuständig (§§ 74 Abs. 3, 76 Abs. 1 GVG). Für Revisionen gegen Urteile des AG (sogenannte Sprungrevision, § 335 StPO) und gegen Berufungsurteile des LG ist ein mit drei Berufsrichtern besetzter Senat am OLG zuständig (§§ 121 Abs. 1 Nr. 1 lit. b, 122 Abs. 1 GVG). Eine Besonderheit gilt für Bayern, wo von der in § 9 EGGVG eröffneten Möglichkeit zur Errichtung eines Obersten Landesgerichts Gebrauch gemacht wurde, das nach Art. 12 Nr. 1 AGGVG für die Entscheidung über die Revisionen in Strafsachen zuständig ist. Für Revisionen gegen erstinstanzliche Urteile von LG und OLG ist ein mit fünf Berufsrichtern besetzter Senat am BGH zuständig (§§ 135 Abs. 1, 139 Abs. 1 GVG).

14 Ist das Urteil nicht mehr mit Rechtsmitteln anfechtbar, so endet das Erkenntnisverfahren und es tritt **Rechtskraft** ein. Es kann sich aber die Frage stellen, ob ein Prozess überhaupt rechtskräftig abgeschlossen ist und – wenn ja – unter welchen Voraussetzungen die Rechtskraft durchbrochen werden kann (dazu → Rn. 303 ff.).

---

[6] Näher *Huber* JuS 2009, 406 ff.
[7] Überblick bei HKV StrafR-HdB VII/*Zöller* § 15 Rn. 27 ff.
[8] Guter Überblick bei *Rieß* JURA 2002, 735 ff.
[9] Allgemeine Zusatzfrage zur Statthaftigkeit der Revision bei *Beulke* Klausurenkurs III Rn. 643, 691.

2. Graphische Darstellung zum Ablauf des Verfahrens

15

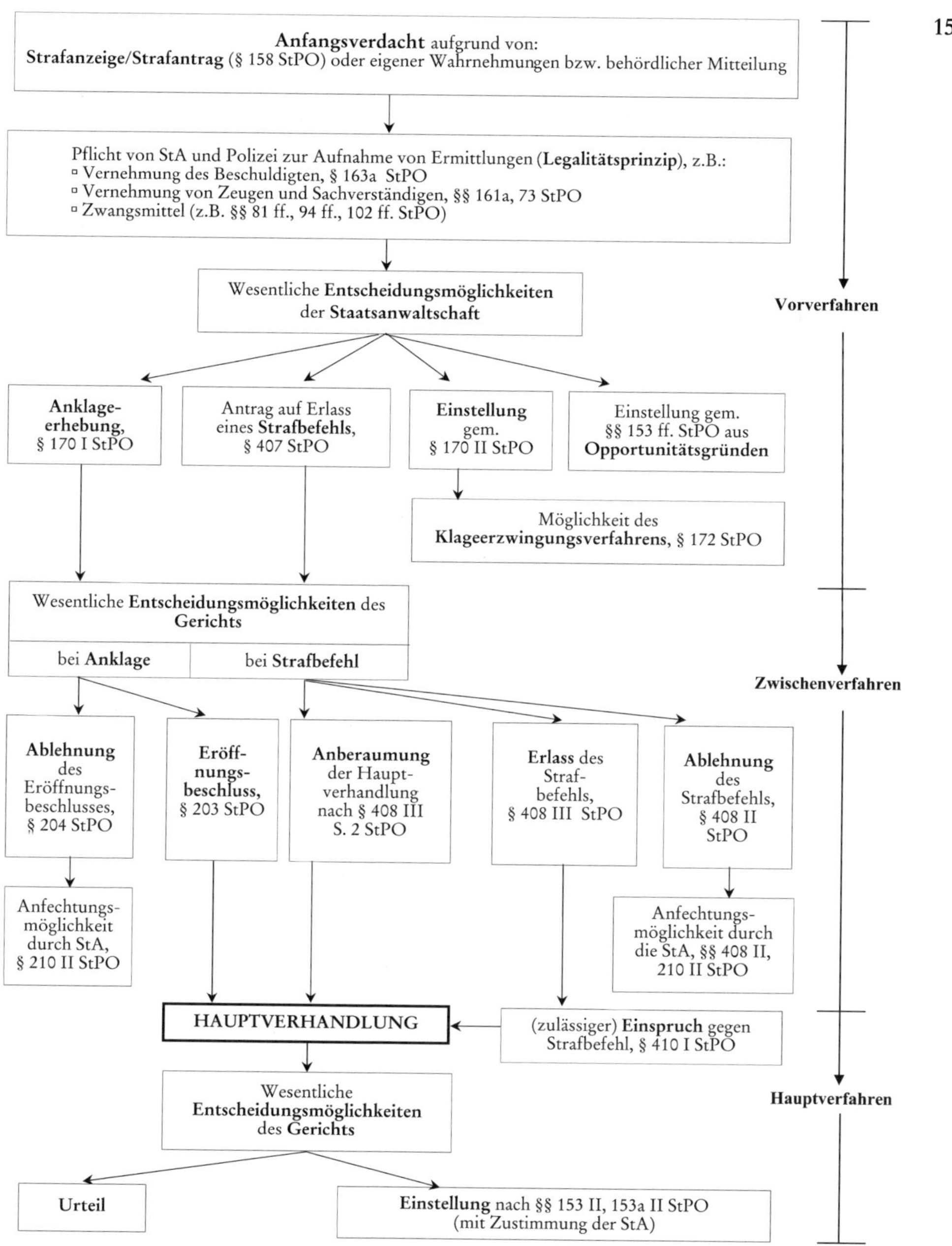

3. Überblick zum Gang der Hauptverhandlung

16 Die Hauptverhandlung folgt einer festen Ordnung, deren Einhaltung u. a. dazu dient, die Interessen der Öffentlichkeit wie auch der Verfahrensbeteiligten (insbesondere des Angeklagten) zu wahren und zugleich die Wahrheitsermittlung zu befördern. Im Einzelnen sind folgende Schritte vorgesehen:

- Aufruf der Sache; Feststellung der Anwesenheit und dass die Beweismittel herbeigeschafft sind (§ 243 Abs. 1 StPO)
- Die Zeugen verlassen den Sitzungssaal. Der Vorsitzende vernimmt den Angeklagten über seine persönlichen Verhältnisse (§ 243 Abs. 2 StPO)
- Verlesung des Anklagesatzes (§ 200 Abs. 1 S. 1 StPO) durch den Staatsanwalt (§ 243 Abs. 3 StPO)
- Unterrichtung über etwaige Verständigungsgespräche (§ 257c StPO) und deren wesentlichen Inhalt (§ 243 Abs. 4 StPO)
- Belehrung des Angeklagten über sein Aussageverweigerungsrecht (§ 243 Abs. 5 S. 1 StPO)
- In umfangreichen Verfahren vor dem LG oder OLG: ggf. „Opening Statement" der Verteidigung (§ 243 Abs. 5 S. 3 StPO)
- Bei Äußerungsbereitschaft: Vernehmung nach Maßgabe des § 136 Abs. 2 StPO (§ 243 Abs. 5 S. 2 StPO)
- Beweisaufnahme (§§ 244–257a StPO)
- Plädoyers (§ 258 Abs. 1, 2 StPO)
- Letztes Wort des Angeklagten (§ 258 Abs. 3 StPO)
- (Geheime) Beratung und Abstimmung des Gerichts (§§ 192–197 GVG, § 263 StPO)
- Urteilsverkündung (§ 268 StPO)
- Rechtsmittelbelehrung (§ 35a StPO).

4. Graphische Darstellung zu Gerichtsbesetzung und funktioneller Zuständigkeit

17 • = Berufsrichter ○ = Laienrichter

— = Berufung - - - = (Sprung-)Revision

a) AG als Eingangsinstanz

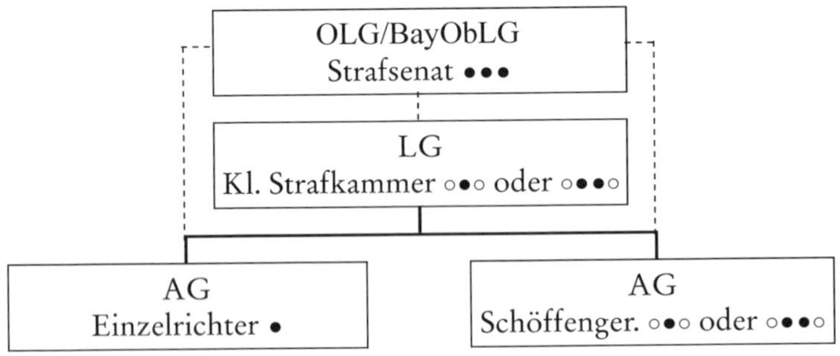

b) LG als Eingangsinstanz

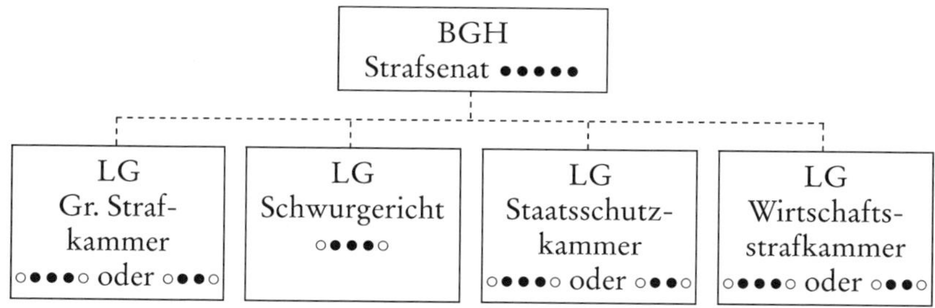

c) OLG als Eingangsinstanz

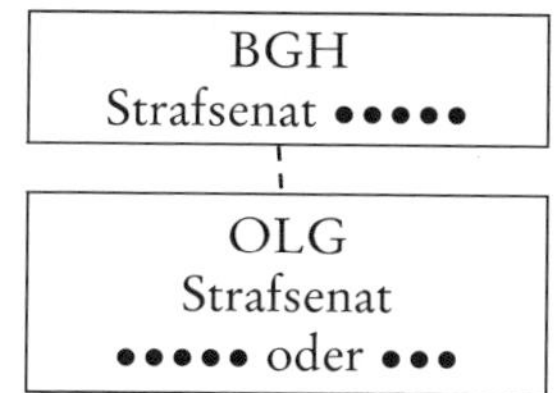

II. Vertiefung: zur sogenannten „beweglichen Zuständigkeit“

Fall:[10] Im Rahmen einer groß angelegten „Castorkampagne“ hatten Greenpeace-Aktivisten das Verbindungsgleis zwischen einem Kernkraftwerk und den Gleisen der Deutschen Bahn AG blockiert. Dies geschah mit Hilfe einer ausgeklügelten – in ihrer Funktionsweise von außen nicht erkennbaren – Klammerapparatur, die – ohne einen Eingriff in die Substanz der Schiene – bewirkte, dass ein Verschieben der Konstruktion oder ein Abheben von der Schiene nicht möglich war. Während der gesamten weiteren Blockade steckten jeweils vier Teilnehmer in wechselnder Besetzung einen Arm in zwei dafür vorgesehene Öffnungen auf jeder Seite des Stahlkastens. Zur Beendigung der mehrtägigen Blockade wurde der Teil der Schiene, auf dem sich der Stahlkasten befand, aus dem Gleis herausgeschnitten. Die Staatsanwaltschaft möchte Anklage zum LG erheben. Ist das zulässig? Nehmen sie Stellung zu verfassungsrechtlichen Problemen der einschlägigen Zuständigkeitsregelung![11] 18

Die Frage, welches Gericht sachlich zuständig ist, beantworten **§§ 24 ff., 74 GVG.** 19
Danach besteht die **Zuständigkeit des AG** bei Vergehen, wenn im konkreten Fall eine Strafe von höchstens vier Jahren Freiheitsstrafe zu erwarten ist. Vorliegend kommt eine Strafbarkeit wegen Sachbeschädigung (§ 303 StGB) in Tateinheit (§ 52 StGB) mit Nötigung (§ 240 StGB) in Betracht.[12] Bei beiden Tatbeständen handelt es sich um Vergehen. Nach dem Gewicht der Tatvorwürfe ist schon kaum mit einer Freiheitsstrafe, jedenfalls nicht mit einer solchen von über vier Jahren zu rechnen.

---

[10] Vgl. die Zusatzfrage bei *Beulke* Klausurenkurs III Rn. 643, 692; *Heinrich/Reinbacher* 6/18 ff.; ferner *Engländer* Rn. 33; *Schlüchter/Duttge* S. 28 f.

[11] Fall nach BGHSt 44, 34.

[12] Vgl. BGHSt 44, 34 (38 ff.).

Grundsätzlich wäre also nach § 24 Abs. 1 Nr. 2 GVG Anklage vor dem AG – und zwar innerhalb des AG wegen einer Straferwartung von unter zwei Jahren Freiheitsstrafe: zum Strafrichter (§ 25 Nr. 2 GVG)[13] – zu erheben.[14]

20 Jedoch eröffnet § 24 Abs. 1 Nr. 3 GVG die Möglichkeit, „wegen der **besonderen Bedeutung des Falles Anklage beim LG**“ zu erheben. Dabei handelt es sich um eine sogenannte „bewegliche Zuständigkeit“. Fraglich ist aber, ob diese Regelung dem verfassungsgerichtlichen Postulat des **gesetzlichen Richters (Art. 101 GG)** gerecht wird.[15] Denn dieser Grundsatz verlangt zum Ausschluss von Willkür und manipulativer Einflussnahme der Exekutive auf die Gerichte, dass für jeden Fall bereits im Vorhinein feststeht, welches Gericht und welcher konkrete Richter zuständig ist.[16] Dem wird teils durch stärker generalisierende Regelungen (z. B.: Zuständigkeit des Schwurgerichts für bestimmte Delikte, § 74 Abs. 2 GVG), teils auf Grund der konkreten Umstände des Einzelfalles (insbesondere: konkret zu erwartende Strafe, §§ 24 Abs. 1 Nr. 2, 25 Nr. 2, 74 Abs. 1 GVG) Rechnung getragen. Unterhalb der gesetzlichen Regelungen ergibt sich die Zuständigkeit aus den Geschäftsverteilungsplänen der Gerichte (also etwa welcher von mehreren Strafrichtern beim AG zuständig ist, §§ 21e, 21g GVG).

21 Die Regelung der beweglichen Zuständigkeit ist vor dem dargestellten Hintergrund deshalb problematisch, weil die Entscheidung über das Vorliegen der „besonderen Bedeutung des Falles“ mit der Anklageerhebung durch die Staatsanwaltschaft getroffen wird. Da die Staatsanwaltschaft nicht an der richterlichen Unabhängigkeit teilhat, sondern der Weisung des jeweiligen Justizministers unterworfen ist (→ Rn. 44), eröffnet sich damit ein **Einfluss der Exekutive** (und damit der Politik) auf die richterliche Zuständigkeit, der teilweise am Maßstab des Art. 101 GG für verfassungswidrig gehalten wird.[17]

22 Die h. M. ist dagegen der Auffassung, dass mit der Befugnis zur Anklageerhebung vor dem LG das berechtigte Ziel verfolgt werde, jenseits starrer Zuständigkeitsregelungen den Besonderheiten des einzelnen Falles stärker Rechnung tragen zu können. Nach Auffassung des BVerfG zielen diese Regelungen deshalb auf die Verwirklichung **materieller Gerechtigkeit.**[18] Die Vereinbarkeit mit dem Grundsatz des gesetzlichen Richters sieht das BVerfG gewahrt, wenn sichergestellt ist, dass die Regelung der beweglichen Zuständigkeit nach „justizgemäßen Gesichtspunkten generalisiert und sachfremden Einflüssen auf das Verfahren vorbeugt“.[19] Die Gefahr sachfremder Einflussnahme ist nach Auffassung des BVerfG durch den Umstand begrenzt, dass die Staatsanwaltschaft auf Grund ihrer „organischen Einbindung in die Justiz“ und ihrer Bindung an das Legalitätsprinzip (→ Rn. 41 f., 45 ff.) in besonderer Weise der Rechtspflege verpflichtet

---

[13] Nicht einschlägig ist dagegen § 25 Nr. 1 GVG: Zwar ist die Sachbeschädigung gem. § 374 Abs. 1 Nr. 6 StPO ein privatklagefähiges Delikt. Da jedoch die gleiche Tat im prozessualen Sinn (dazu → Rn. 172) auch unter dem Gesichtspunkt des § 241 StGB als ein Offizialdelikt zu würdigen ist, handelt es sich insgesamt nicht um eine im Wege der Privatklage verfolgbare Tat (vgl. Meyer-Goßner/Schmitt/*Schmitt* StPO § 374 Rn. 3).

[14] Tatsächlich waren im Originalfall lediglich Geldstrafen verhängt worden.

[15] Eingehend zu diesem Grundsatz *Otto* JuS 2012, 21 ff.

[16] Siehe z. B. BVerfGK 15, 247 (251 f.).

[17] So etwa *Hellmann* StrafProzR Rn. 589; ferner HKV StrafR-HdB VII/*Lindemann* § 3 Rn. 22. Die Entscheidung der Staatsanwaltschaft ist von Relevanz für das Strafmaß vor dem Hintergrund, dass statistisch Landgerichte härter urteilen als Amtsgerichte; vgl. *Streng*, Strafrechtliche Sanktionen, 3. Aufl. 2012, Rn. 490, 499.

[18] BVerfGE 9, 223 (227).

[19] BVerfGE 9, 223 (aus dem Leitsatz).

sei.[20] Die Staatsanwaltschaft sei die „Garantin für Rechtsstaatlichkeit und gesetzmäßige Verfahrensabläufe“.[21] Deshalb eröffne das Weisungsrecht der Vorgesetzten (§ 146 GVG) und das Recht der Landesjustizverwaltungen auf Aufsicht und Leitung (§ 147 Nr. 2 GVG) nur ein geringes Risiko justizfremder Einflüsse.[22]

Die Bindung an sachlich berechtigte gesetzliche Zuständigkeitsregelungen – und 23
damit den Ausschluss von Willkür – sieht das BVerfG weiterhin durch eine **verfassungskonforme Auslegung** gewährleistet, wonach der Staatsanwaltschaft kein Wahlrecht oder Ermessen zukomme: Liegen die Voraussetzungen eines Falles von besonderer Bedeutung vor, so *muss* die Staatsanwaltschaft Anklage zum Landgericht erheben. Bei dem Begriff der „besonderen Bedeutung“ handle es sich um einen unbestimmten Rechtsbegriff, der in vollem Umfang gerichtlicher Überprüfung unterliege.[23]

Diese **Überprüfung der Zuständigkeit** erfolgt nach § 209 StPO:[24] Hält das Gericht die Zu- 24
ständigkeit eines Gerichts niederer Ordnung für gegeben, so kann es das Hauptverfahren vor diesem Gericht eröffnen (§ 209 Abs. 1 StPO). Liegt also nach Auffassung des LG kein Fall von „besonderer Bedeutung“ vor, so kann es das Hauptverfahren vor dem AG eröffnen, das an diese Entscheidung gebunden ist. Hält das Gericht, bei dem die Anklage eingereicht ist, ein Gericht höherer Ordnung für zuständig – wenn also das AG einen Fall von „besonderer Bedeutung“ für gegeben erachtet – so legt es die Akten dem höheren Gericht zur Entscheidung vor (§ 209 Abs. 2 StPO).[25]

Geht man von der Verfassungsmäßigkeit der Regelung aus, so ist weiter fraglich, ob 25
im vorliegenden Fall die **„besondere Bedeutung“** gegeben ist. So liege es dann, wenn sich ein Fall „aus tatsächlichen oder rechtlichen Gründen aus der Masse der durchschnittlichen Strafverfahren nach oben heraushebt“.[26] Dafür lässt sich geltend machen, dass der Vorgang in der Öffentlichkeit und in den Medien große Beachtung gefunden hat.[27] Auch das Ausmaß der Rechtsverletzung kann für eine besondere Bedeutung sprechen. Dazu hat der BGH ausgeführt: „Die Blockade erstreckte sich auf einen erheblichen Zeitraum, wurde sorgfältig geplant und mit hohem organisatorischen und technischen Aufwand durchgeführt“.[28] Auch der Umfang des verschuldeten Schadens spreche für das Vorliegen einer Tat von besonderer Bedeutung. Sieht man es so, dann ist die Staatsanwaltschaft nicht nur berechtigt, sondern sogar verpflichtet, Anklage vor dem LG zu erheben.

---

[20] Zur Stellung der Staatsanwaltschaft zwischen Exekutive und Judikative *Beulke/Swoboda* StrafProzR Rn. 146.

[21] BVerfGE 133, 168 Rn. 92.

[22] BVerfGE 9, 223 (228).

[23] BVerfGE 9, 223 (228 f.).

[24] Eine Revision begründet die fehlerhafte Beurteilung der besonderen Bedeutung nur bei Willkür; Meyer-Goßner/Schmitt/*Schmitt* StPO § 338 Rn. 32.

[25] *Hellmann* StrafProzR Rn. 589 hält freilich auch die „Bestimmung des gesetzlichen Richters durch ein Gericht“ für einen Verstoß gegen Art. 101 Abs. 1 S. 2 GG.

[26] Meyer-Goßner/Schmitt/*Schmitt* GVG § 24 Rn. 8.

[27] BGHSt 44, 34 (36 f.).

[28] BGHSt 44, 34 (37).

D. Verfassung, EMRK und Prozessgrundsätze

I. Grundlagen

1. Verfassungsrechtliche Vorgaben

Die Verfolgung der Ziele des Strafverfahrens steht nicht im Belieben des Staates: Die Aufrechterhaltung einer **funktionstüchtigen Strafrechtspflege** ist im Interesse der Rechtsgeltung und des Güterschutzes ebenso verfassungsrechtlich gefordert[1] wie der **Schutz des Bürgers** vor einem Fehlgebrauch der (beträchtlichen!) Machtmittel, die den Strafverfolgungsbehörden und Gerichten bei Erfüllung ihrer Aufgaben zur Verfügung stehen.[2] Den Grundrechten kommt damit für das Verständnis und die Auslegung des Strafprozessrechts herausragende Bedeutung zu.[3] 26

Verfassungsrechtliche Vorgaben für das gesamte Strafverfahren sind vor allem das Rechtsstaatsprinzip (Art. 20 Abs. 3 GG) sowie die Beachtung der Menschenwürde (Art. 1 Abs. 1 GG) und des Persönlichkeitsrechts (Art. 2 Abs. 1 i. V. m. Art. 1 Abs. 1 GG) der Beteiligten. Da das Strafverfahren wesentlich auf Informationserlangung gerichtet ist (Ermittlung der Wahrheit, → Rn. 5), kommt auch dem aus Art. 2 Abs. 1 i. V. m. Art. 1 Abs. 1 GG abgeleiteten Recht auf informationelle Selbstbestimmung[4] zentrale Bedeutung zu. Wie bei allen staatlichen Eingriffen ist der Grundsatz der Verhältnismäßigkeit (d. h.: Geeignetheit, Erforderlichkeit und Verhältnismäßigkeit i. e. S.) zu beachten.[5] Diese allgemeinen Vorgaben gelten nicht nur zugunsten des Beschuldigten, sondern z. B. auch für die Inanspruchnahme von Zeugen. Je nach Art des staatlichen Eingriffs können auch spezielle Grundrechte – etwa Art. 14 Abs. 1 GG bei Beschlagnahmen (§ 98 StPO; dazu → Rn. 128, 131 ff.) – Beachtung verlangen. 27

2. Die Bedeutung der EMRK

Erhebliche Bedeutung hat in jüngerer Zeit die EMRK und die zu ihr ergangene Rechtsprechung des EGMR in Straßburg erlangt. Zum Verständnis hierzu bedarf es einiger Grundkenntnisse zum Rechtscharakter der EMRK und zur prozessualen Durchsetzung der in der EMRK verbürgten Rechte:[6] 28

---

[1] BVerfGE 34, 238 (248 f.); 80, 367 (375); 130, 1 (26); 133, 168 Rn. 57; *BVerfG* NJW 2002, 51 (52); kritisch zum Begriff der „Funktionstüchtigkeit der Strafrechtspflege" *Hassemer* StV 1982, 275; befürwortend *Landau* NStZ 2007, 121 ff.

[2] *Gusy* StV 2003, 153 ff.; *B. Heinrich* JURA 2003, 167 ff.; HKV StrafR-HdB VII/*Kudlich* § 1 Rn. 19 ff.; HKV StrafR-HdB VII/*Lindemann* § 2.

[3] Eingehend *Schwarz* JURA 2007, 334 ff.

[4] Grundlegend BVerfGE 65, 1 – Volkszählungs-Urteil.

[5] Näher Löwe/Rosenberg/*Kühne* Einl. Abschn. I Rn. 96 ff.

[6] Näher *Ambos* IntStrafR § 10 Rn. 13 ff.; *ders.* ZStW 115 (2003), 583 ff.; *Hecker* 3 Rn. 17 ff.; *Krey/Heinrich* Rn. 57 ff.; *Kühne* Rn. 29 f.; *Satzger* § 11 Rn. 7 ff.; *ders.* JURA 2009, 759 ff.;

29 Bei der EMRK handelt es sich um einen völkerrechtlichen Vertrag, der in Deutschland durch Gesetz in den Rang eines einfachen Bundesgesetzes überführt wurde.[7] Durch den Grundsatz der **konventionskonformen Auslegung**[8] wird aber faktisch ein Vorrang der EMRK vor dem deutschen Recht begründet: Nach der Rechtsprechung des BVerfG[9] ergibt sich aus Art. 20 Abs. 3 GG (Bindung an Gesetz und Recht), dass die nationalen Gerichte bei der Auslegung des Rechts die EMRK samt der Rechtsprechung des EGMR, selbst wenn sie gegen einen anderen Vertragsstaat ergangen ist, im Rahmen „methodisch vertretbarer Gesetzesauslegung" des nationalen Rechts zu beachten haben.[10] Dementsprechend ist die EMRK auch in der Fallbearbeitung zu berücksichtigen.

30 Die für das Strafverfahren zentrale Regelung enthält **Art. 6 EMRK** (lesen!).[11] Das dort verankerte **Recht auf ein faires Verfahren** wird in verschiedener Hinsicht – etwa: Recht auf Verteidigung und auf ein zügiges Verfahren – konkretisiert. Darin liegt auch ein wesentlicher Unterschied zum Grundgesetz, das zwar eine Ableitung der in der EMRK verbürgten Rechte regelmäßig erlaubt, vielfach aber ohne diese explizit zu benennen.

31 Glaubt sich ein Bürger in einem durch die EMRK gewährten Recht verletzt, so steht ihm nach Erschöpfung des innerstaatlichen Rechtswegs (einschließlich der Verfassungsbeschwerde) innerhalb einer Frist von sechs Monaten die **Individualbeschwerde** zum EGMR zu (Art. 34, 35 EMRK). Hält der EGMR die Zulässigkeitsvoraussetzungen für erfüllt, so trifft er ein Feststellungsurteil zu der Frage, ob die betroffene Vertragspartei (also: der jeweilige Staat) die Konvention gewahrt hat oder nicht. Diese Urteile sind völkerrechtlich verbindlich (Art. 46 Abs. 1 EMRK). Eine unmittelbare Bindungswirkung für die nationalen Gerichte entfalten die Entscheidungen des EGMR aber nicht. Dementsprechend hindert eine Beschwerde zum EGMR auch nicht den Eintritt der Rechtskraft (dazu → Rn. 303 ff.). Die Feststellung der Konventionswidrigkeit ist aber nach § 359 Nr. 6 StPO ein Wiederaufnahmegrund (zum Wiederaufnahmeverfahren → Rn. 314 ff.).[12]

3. Die einzelnen Prozessmaximen

32 Die sogenannten Prozessmaximen (oder: Prozessgrundsätze)[13] sollen die **grundsätzlichen Charakteristika** des deutschen Strafverfahrens auf den Begriff bringen. Sie sind nicht immer, aber häufig, aus der Verfassung abgeleitet.[14] Prozessgrundsätze

---

Weigend StV 2000, 384 ff. Im Übungsfall *Esser* JA 2014, 674 ff.; ferner *Schramm* JuS 2013, 1093 (1095).

7 BGBl. 1952 II S. 685 (wobei hier der Charakter als Transformations- oder Vollzugsgesetz nicht weiter interessiert; vgl. dazu *Klein* JZ 2004, 1176).

8 BVerfGE 74, 358; BGHSt 46, 93 (97).

9 BVerfGE 111, 307 (315 ff.) – Görgülü-Beschluss = *BVerfG* JZ 2004, 1171 m. Anm. *Klein;* vgl. auch *Mayer-Ladewig/Petzold* NJW 2005, 15; *Esser* StV 2005, 352.

10 BVerfGE 111, 307 (317); weiter – Einschränkung nur durch entgegenstehendes Verfassungsrecht – *Klein* JZ 2004, 1177.

11 Eingehend *Ambos* IntStrafR § 10 Rn. 17 ff.

12 Vgl. *Ambos* IntStrafR § 10 Rn. 15, der entgegen der h. M. die Wiederaufnahmemöglichkeit nicht nur für den Beschwerdeführer eröffnet sieht, sondern für jeden, der bei seiner Verurteilung von der konventionswidrigen Norm betroffen ist.

13 Vgl. *Beulke* Klausurenkurs III Rn. 1, 50 zu der möglichen strafprozessualen Zusatzfrage: „Nennen Sie die wichtigsten Prozessmaximen!"

14 HKV StrafR-HdB VII/*Lindemann* § 2 Rn. 40 ff.

beanspruchen teils für das gesamte Verfahren, teils nur für bestimmte Verfahrensabschnitte Beachtung.

Seinen allgemeinsten Ausdruck findet das Streben nach Gerechtigkeit für den gesamten Strafprozess im **Grundsatz eines fairen Verfahrens** (= fair trial), der aus dem Rechtsstaatsprinzip (Art. 20 Abs. 3 GG) in Verbindung mit dem allgemeinen Freiheitsrecht (Art. 2 Abs. 1 GG) hergeleitet wird[15] und in Art. 6 Abs. 1 S. 1 EMRK ausdrücklich anerkannt ist.[16] Als Konkretisierungen des fair trial-Prinzips werden etwa genannt: der Grundsatz der **Waffengleichheit,**[17] die **Gewährung rechtlichen Gehörs** (Art. 103 Abs. 1 GG),[18] das **Schweigerecht** des Beschuldigten (nemo tenetur-Grundsatz; Art. 2 Abs. 1 i.V.m. Art. 1 Abs. 1 GG),[19] der **Grundsatz des gesetzlichen Richters** (Art. 101 Abs. 1 S. 2 GG; dazu → Rn. 8, 20 ff.), der **Beschleunigungsgrundsatz** (Art. 6 Abs. 1 S. 1 EMRK; abgeleitet aus dem Rechtsstaatsprinzip [Art. 20 Abs. 3 GG];[20] näher → Rn. 48 ff.). Als spezielle Ausprägung des Beschleunigungsgrundsatzes gilt in der Hauptverhandlung die **Konzentrationsmaxime** (§ 229 StPO), die allerdings vor allem deshalb danach verlangt, die Abstände zwischen den Hauptverhandlungsterminen gering zu halten, damit es den Richtern am Ende noch möglich ist, ihre Überzeugung aus dem Inbegriff der Hauptverhandlung zu schöpfen (§ 261 StPO, → Rn. 36).[21] Diese Aufzählung zeigt schon, dass der Grundsatz des fairen Verfahrens in seinen Konturen ebenso weit wie unscharf ist.[22] Soweit möglich, sollte in der Argumentation auf die spezielleren Grundsätze Bezug genommen werden. 33

Um die materielle Wahrheit innerhalb des rechtsstaatlich gezogenen Rahmens zu ergründen, gilt im gesamten Verfahren der **Untersuchungsgrundsatz,**[23] der dem Gericht (§ 244 Abs. 2 StPO), aber auch der Staatsanwaltschaft (§ 160 Abs. 2 StPO) aufgibt, von sich aus be- und entlastende Tatsachen zu ermitteln. Bis zum gesetzlichen Nachweis der Schuld – also bis zur rechtskräftigen Verurteilung – gilt die **Unschuldsvermutung** (Art. 6 Abs. 2 EMRK), die das BVerfG aus dem Rechtsstaatsprinzip (Art. 20 Abs. 3 GG) ableitet.[24] Aus der Unschuldsvermutung wird auch die materiellrechtlich bedeutsame Konsequenz gezogen, dass bei verbleibenden Zweifeln über das Vorliegen von Strafbarkeitsvoraussetzungen der Grundsatz in dubio pro reo zur Anwendung kommt.[25] 34

Im Ermittlungsverfahren folgt aus dem **Anklagegrundsatz** (§ 151 StPO), dass der Richter nicht von sich aus tätig werden kann.[26] Die für ein Tätigwerden des Gerichts 35

---

15 BVerfGE 66, 313 (318); 130, 1 (25); 133, 168 Rn. 63; *BVerfG* NStZ 1995, 555 f.

16 Zusammenfassend *Geppert* JURA 1992, 597 ff.; *Mosbacher* GA 2018, 195 ff.; *Renzikowski* FS Lampe, 791 ff.

17 Dazu *Safferling* NStZ 2004, 181 ff.

18 Eingehend *Eschelbach* GA 2004, 228 ff.; *Otto* JuS 2012, 412 ff.

19 *BVerfG* NStZ 1995, 555, BGHSt 38, 214 (220 f.); 133, 168 Rn. 60; eingehend *Dannecker* ZStW 127 (2015), 370 ff. (für eine prozessuale Fundierung und gegen eine Fundierung in der Menschenwürde); *Kasiske* JuS 2015, 15 ff.

20 *BVerfG* JZ 2003, 999.

21 HKV StrafR-HdB VII/*Murmann* § 12 Rn. 94. § 10 EGStPO eröffnet die Möglichkeit einer Hemmung der Unterbrechungsfristen wegen Corona-Infektionsschutzmaßnahmen, dazu BGH NStZ 2021, 186; *Wagner* ZIS 2020, 223 ff.

22 *Beulke/Swoboda* StrafProzR Rn. 59.

23 Deshalb auch „Prinzip der materiellen Wahrheit"; gleichbedeutend auch: Instruktionsmaxime, Inquisitionsmaxime oder Ermittlungsgrundsatz.

24 BVerfGE 133, 168 Rn. 61.

25 Näher *Beulke/Swoboda* StrafProzR Rn. 55; *Ranft* Rn. 1639 ff.; *Stuckenberg* JA 2000, 568 ff.

26 Näher *Roxin/Schünemann* § 13; HKV StrafR-HdB VII/*Stam* § 10 Rn. 8 ff.; Überblick bei *Huber* JuS 2008, 779 f.

vorausgesetzte öffentliche Klage wird durch die Staatsanwaltschaft erhoben (**Offizialprinzip,** § 152 Abs. 1 StPO; Ausnahme: Privatklage, §§ 374 ff. StPO; dazu näher → Rn. 157 ff.). Die Staatsanwaltschaft ist zur Vermeidung von Willkür nach dem **Legalitätsprinzip** (dazu → Rn. 41 f., 45 ff.) verpflichtet, bei Vorliegen zureichender tatsächlicher Anhaltspunkte (= Anfangsverdacht) zu ermitteln (§ 152 Abs. 2 StPO) und, wenn eine Verurteilung wahrscheinlich ist (= bei hinreichendem Tatverdacht),[27] Anklage zu erheben (§ 170 Abs. 1 StPO).[28] Auch die Polizei ist an das Legalitätsprinzip gebunden (§ 163 Abs. 1 StPO). In der Praxis spielen allerdings die Ausnahmen vom Legalitätsprinzip, nämlich die unterschiedlichen Möglichkeiten des Absehens von Strafverfolgung nach dem **Opportunitätsprinzip** (§§ 153–154e StPO), eine bedeutsame Rolle (dazu → Rn. 161 ff.).[29]

36 In der Hauptverhandlung gilt der Grundsatz der **freien Beweiswürdigung** (§ 261 StPO),[30] d. h. es kommt für eine Verurteilung auf die persönliche Überzeugung des Richters von der Schuld des Angeklagten an,[31] wobei der Richter nicht an starre Beweisregeln gebunden ist.[32] Selbstverständlich ist der Richter damit nicht von der Verpflichtung zu rationaler, nachvollziehbarer Überzeugungsbildung befreit.[33] Das Gericht darf nur würdigen, was mündlich verhandelt worden ist (**Mündlichkeitsgrundsatz;**[34] Einschränkung: Selbstleseverfahren nach § 249 Abs. 2 StPO[35]) und es ist auf Grund seiner **Aufklärungspflicht** (§ 244 Abs. 2 StPO) als Ausprägung des allgemeinen Untersuchungsgrundsatzes (→ Rn. 34) verpflichtet, von sich aus alle entscheidungserheblichen Tatsachen durch Erhebung der ihm zur Verfügung stehenden Beweismittel zu ermitteln.[36] Dabei gilt im Interesse einer möglichst zuverlässigen Wahrheitsermittlung der **materielle Grundsatz der Unmittelbarkeit,**[37] der das Gericht verpflichtet, Tatsachen möglichst „aus der Quelle" selbst zu schöpfen und es deshalb verbietet, den Personalbeweis durch den Urkundenbeweis zu ersetzen (§ 250 StPO; Ausnahmen: §§ 251, 253, 254, 256 StPO).[38] Es ist also grundsätzlich der Zeuge zu vernehmen und verboten, stattdessen das Protokoll einer früheren polizeilichen Vernehmung zu verlesen. Davon zu unterscheiden ist der **formelle Grundsatz der Unmittelbarkeit,** der das Gericht verpflichtet, das Prozessgeschehen in der Hauptverhandlung, insbesondere die Beweisaufnahme, *selbst* wahrzunehmen (vgl. § 261 StPO; Ausnahme insb. die kommissarische Zeugenvernehmung, §§ 223 ff. StPO).[39] Schließlich soll die Hauptverhandlung unter Kontrolle der

---

[27] HK-StPO/*Zöller* § 170 Rn. 3; eingehend *Weiland* NStZ 1991, 574 ff.

[28] Überblick bei HKV StrafR-HdB VII/*Stam* § 10 Rn. 17 ff.

[29] Zur (erheblichen) praktischen Bedeutung dieser „Ausnahmen" vgl. *Naucke* § 5 Rn. 86.

[30] Eingehend hierzu *Geppert* JURA 2004, 105 ff.

[31] BGHSt 10, 208; *Hellmann* StrafProzR Rn. 799.

[32] Ausnahmen: die Beweiskraft des Sitzungsprotokolls nach § 274 StPO und der Wahrheitsbeweis durch Strafurteil nach § 190 StGB.

[33] *BGH* NStZ 1988, 236 f.; 1990, 402; *Hellmann* StrafProzR Rn. 800; *Roxin/Schünemann* § 45 Rn. 43 ff. m. w. N.

[34] Näher HKV StrafR-HdB VII/*Heger* § 13 Rn. 50 ff.; *Lesch* JA 1995, 691 ff.

[35] Das Selbstleseverfahren ist durch das Verbrechensbekämpfungsgesetz vom 28.10.1994 eingeführt worden und hat eine (zu) weitgehende Einschränkung des Mündlichkeitsprinzips (und infolgedessen letztlich auch des Öffentlichkeitsgrundsatzes) gebracht; zur Kritik etwa *Dahs* NJW 1995, 555 f.; *Ranft* Rn. 1656.

[36] Siehe etwa *Roxin/Schünemann* § 45 Rn. 2 ff.

[37] Eingehend HKV StrafR-HdB VII/*Heger* § 13 Rn. 62 ff.

[38] Siehe etwa *Roxin/Schünemann* § 46 Rn. 4; weitergehend – grundsätzliches Verbot des „Zeugen vom Hörensagen" – etwa *Hellmann* StrafProzR Rn. 662.

[39] Siehe etwa *Roxin/Schünemann* § 46 Rn. 3.

Öffentlichkeit stattfinden; es gilt deshalb der **Öffentlichkeitsgrundsatz** (§§ 169 ff. GVG; dort auch zu Einschränkungen; Art. 6 Abs. 1 S. 1, 2 EMRK).[40]

Nicht wenige der in den strafprozessualen Zusatzfragen angesprochenen Probleme ergeben sich aus **Kollisionen** dieser Prozessprinzipien, entweder untereinander oder mit verfassungsrechtlichen Vorgaben.[41] Die Kenntnis der Prinzipien und – soweit normiert – das Auffinden der sie konkretisierenden strafprozessualen Vorschriften sind deshalb vielfach die Schlüssel zu einer sachgerechten Argumentation. Das soll anhand von drei Fällen verdeutlicht werden: 37

II. Vertiefung

1. Legalitätsprinzip (hier: Bindung der Staatsanwaltschaft an Präjudizien); Stellung und Organisation der Staatsanwaltschaft

Fall:[42] Gegen X wird ein Ermittlungsverfahren wegen des Verdachts des Betruges (§ 263 StGB) geführt, weil er aus Traueranzeigen in Tageszeitungen die Namen von Hinterbliebenen entnommen und an diese unmittelbar nach Erscheinen der Anzeige rechnungsähnliche Schreiben unter Beifügung von teilausgefüllten Überweisungsträgern versandt hatte, bei denen sich erst bei genauerem Durchlesen erschloss, dass es sich um Angebote zur Veröffentlichung von Traueranzeigen im Internet handelte. Erfüllte sich die Hoffnung des X und zahlte der jeweilige Adressat in der Annahme, es handle sich um eine Rechnung für die in der Tageszeitung geschaltete Traueranzeige, den genannten Betrag, so veröffentlichte X eine entsprechende Anzeige im Internet (woran die Trauernden freilich keinerlei Interesse hatten). Staatsanwalt A möchte das Verfahren nach § 170 Abs. 2 StPO einstellen, weil er das Verhalten des X entgegen der Rechtsprechung des BGH nicht für strafbar hält. 38

a) Darf er das?

b) Kann der Leitende Oberstaatsanwalt B eine Anklageerhebung erzwingen?

Zur materiellrechtlichen Vorfrage: Materiellrechtlich ist die Frage problematisch, ob X des Betruges nach § 263 StGB verdächtig ist, obwohl die versandten Schreiben ihrem Inhalt nach lediglich unverbindliche Angebote enthielten und nur durch die Art der Gestaltung und die Wahl des Adressatenkreises den Eindruck vermittelten, es handle sich um Rechnungen für bereits vertragsgemäß erbrachte Leistungen. Der BGH hat in der Versendung solcher Schreiben eine konkludente Täuschung erblickt, 39

---

[40] Eingehend HKV StrafR-HdB VII/*Heger* § 13 Rn. 8 ff.; *Kohlmann* JA 1981, 581 ff.; *Kudlich* JA 2000, 970 ff.; *Ranft* JURA 1995, 573 ff. In der Fallbearbeitung *Weßlau/Otto* JuS 2009, 430 ff.

[41] Vgl. *Norouzi* JuS 2007, 991.

[42] Zusatzfrage bei *Heinrich/Reinbacher* 8/12 ff.; *Bosch* S. 546 ff.; ferner *Bosch* JURA 2015, 63 f.; *Engländer* Rn. 19; *Mansdörfer* Rn. 30 ff.; *Putzke/Scheinfeld* Rn. 65; Überblick bei *Rössner/Safferling* 3. Problem. Zum Weisungsrecht des Leitenden Oberstaatsanwalts in der Fallbearbeitung *Schöpe* ZJS 2014, 304 (305 f.). Die Zusatzfrage von *Hillenkamp* JuS 2003, 157 (164 f.) behandelt den umgekehrten (einfacheren) Fall, dass ein Staatsanwalt entgegen höchstrichterlicher Rechtsprechung Anklage erheben will: Für diesen Fall besteht Einigkeit, dass eine Anklage zulässig ist, da die Gerichte nur auf diesem Wege Gelegenheit erhalten können, ihre Rechtsprechung zu überprüfen. Dass die Staatsanwaltschaft für eine Anklageerhebung gute rechtliche Argumente haben muss und Aussichten auf eine Rechtsprechungsänderung bestehen müssen, sind Selbstverständlichkeiten, die aus dem Erfordernis eines hinreichenden Tatverdachts folgen (vgl. HKV StrafR-HdB VII/*Stam* § 10 Rn. 38).

wenn es dem Handelnden gerade um die Erregung der Fehlvorstellung über den Rechnungscharakter der Schreiben ging.[43] Nach dieser Rechtsprechung wäre das Verhalten von X nach § 263 StGB strafbar.

40 **Fallfrage a):** Die Frage nach einer Anklagepflicht der Staatsanwaltschaft bezüglich solcher Verhaltensweisen, die nach höchstrichterlicher Rechtsprechung strafbar sind, ist im Gesetz nicht explizit entschieden.

41 Bei der Lösung des Problems sind das Legalitätsprinzip (§ 152 Abs. 2 StPO: Pflicht der Staatsanwaltschaft zur Verfolgung strafbaren Verhaltens), der Anklagegrundsatz (§ 151 StPO: das Gericht kann nur durch eine Anklage mit einer Sache befasst werden) sowie das damit zusammenhängende Gewaltenteilungsprinzip, wonach die Rechtsprechung den Gerichten zugewiesen ist (Art. 92 GG), und schließlich die Stellung der Staatsanwaltschaft als von den Gerichten unabhängiges Organ der Rechtspflege (§ 150 GVG) zu berücksichtigen. Entscheidend für die Qualität einer Falllösung ist nicht das Ergebnis, sondern das **Erkennen der konfligierenden Gesichtspunkte** und die **Argumentation,** mit der ein Ausgleich gesucht wird.

42 Auf den ersten Blick für eine Anklagepflicht spricht das **Legalitätsprinzip.** Teilweise wird allerdings argumentiert,[44] dieses Prinzip verpflichte die Staatsanwaltschaft zwar zur Verfolgung strafbaren Verhaltens (§ 152 Abs. 2 StPO), besage aber nicht, dass die Staatsanwaltschaft – als Herrin des Ermittlungsverfahrens und gegenüber den Gerichten unabhängiges Organ der Rechtspflege (§ 150 GVG)[45] – bei der Beurteilung der Strafbarkeit eines Verhaltens an die Rechtsprechung gebunden ist. Vielmehr folge aus dem Anklagegrundsatz, dass eine Verurteilung nur erfolgen soll, wenn Staatsanwaltschaft und Gericht ein Verhalten übereinstimmend für strafbar erachten.[46] Dieser Einwand gegen eine Verfolgungspflicht der Staatsanwaltschaft kann allerdings nicht überzeugen.[47] Denn der zur Anklageerhebung verpflichtende hinreichende Tatverdacht (§ 170 Abs. 1 StPO) wird durch das Bestehen einer „überwiegenden Wahrscheinlichkeit der Verurteilung" definiert, womit es für das Bestehen dieses Verdachtsgrades gerade auf die zu erwartende Entscheidung der Gerichte[48] und nicht auf die Auffassung der Staatsanwaltschaft ankommt. Auch nach dem Sinn und Zweck des Legalitätsprinzips – Absicherung der Gleichheit vor dem Gesetz (Art. 3 Abs. 1 GG!) durch einheitliche Handhabung der Strafverfolgung – erscheint eine Bindung der Staatsanwaltschaft an Präjudizien sachgerecht, da die gleichmäßige Behandlung von Rechtsfragen durch den gerichtlichen Instanzenzug sichergestellt werden soll[49] und durch die „einsame Entscheidung des Staatsanwalts" unterlaufen würde.

43 Ob auch das **Gewaltenteilungsprinzip,** wonach die Rechtsprechung den Gerichten zugewiesen ist (Art. 92 GG), durch eine Verfahrenseinstellung verletzt würde, ist umstritten. Teilweise wird dies unter Hinweis darauf verneint, die Einstellung nach § 170 Abs. 2 StPO sei gerade nicht den Gerichten zugewiesen.[50] Das ist zwar zutreffend. Andererseits ergibt sich aber aus § 170 Abs. 1 StPO bei Vorliegen von

[43] BGHSt 47, 1 = *BGH* JR 2002, 75 m. Anm. *Loos.*

[44] Vgl. *Roxin/Schünemann* § 9 Rn. 14; SK-StPO/*Weßlau/Deiters* § 152 Rn. 18.

[45] BGHSt 24, 170 (171).

[46] HKV StrafR-HdB VII/*Heghmanns* § 16 Rn. 58 f.; HKV StrafR-HdB VII/*Stam* § 10 Rn. 38.

[47] BGHSt 15, 155 (158 ff.); *Beulke/Swoboda* StrafProzR Rn. 148.

[48] Sogar wenn keine gefestigte Rechtsprechung, sondern nur eine herrschende Meinung innerhalb der Rechtsprechung festzustellen ist; vgl. *OLG Zweibrücken* JuS 2007, 691 f. m. Anm. *Jahn.*

[49] Vgl. auch die Regelungen zur Vorlagepflicht in § 121 Abs. 2 GVG sowie § 132 Abs. 2 GVG.

[50] *Roxin/Schünemann* § 9 Rn. 14.

hinreichendem Tatverdacht eine Entscheidungskompetenz der Gerichte, die im Falle einer Verfahrenseinstellung durch die Staatsanwaltschaft infolge von deren Anklagemonopol (§ 151 StPO) unterlaufen würde. Eine Einstellungsentscheidung der Staatsanwaltschaft würde demnach in den Zuständigkeitsbereich der Gerichte eingreifen.[51] Zudem ist das Gewaltenteilungsprinzip noch in anderer Richtung verletzt: Es ist nämlich Sache des Gesetzgebers und nicht der Staatsanwaltschaft, eine gefestigte Rechtsprechung zu korrigieren.[52] Insgesamt sprechen danach die besseren Gründe dafür, die Staatsanwaltschaft als zur Anklageerhebung verpflichtet anzusehen. Die Unabhängigkeit der Staatsanwaltschaft von den Gerichten (§ 150 GVG) spricht nicht gegen diese Sichtweise, da diese Unabhängigkeit selbstverständlich nur innerhalb der gesetzlichen Aufgabenteilung besteht (vgl. z. B. § 175 StPO, wonach das Gericht im Rahmen des Klageerzwingungsverfahrens [dazu → Rn. 157 f.] sogar die Anklageerhebung durch die Staatsanwaltschaft anordnen kann).[53]

Fallfrage b): Die Staatsanwaltschaft ist **hierarchisch** aufgebaut; ihre Zuständigkeit orientiert sich an der der Gerichte (Einzelheiten in §§ 141 ff. GVG).[54] An ihrer Spitze stehen auf Bundes- wie auf Landesebene jeweils die Justizminister (§ 147 GVG). Der Leitende Oberstaatsanwalt hat als „erster Beamter der Staatsanwaltschaft“ beim LG[55] folgende Möglichkeiten, eine Anklageerhebung durchzusetzen: 44

- Er kann das Verfahren an sich ziehen und die Anklage gegebenenfalls selbst erheben (**Devolutionsrecht,** § 145 Abs. 1 Alt. 1 GVG).
- Er kann das Verfahren auf einen anderen Staatsanwalt übertragen (**Substitutionsrecht,** § 145 Abs. 1 Alt. 2 GVG).
- In Betracht kommt auch eine Weisung zur Fortführung des Verfahrens und gegebenenfalls zur Anklageerhebung (**Weisungsrecht,** § 146 GVG).[56] Zweifelhaft ist allerdings, ob das Weisungsrecht mit Blick auf die Achtung der höchstpersönlichen Rechtsüberzeugung des einzelnen Staatsanwalts unter dem Gesichtspunkt der Zumutbarkeit eine Einschränkung erfährt. Zumindest wenn eine Devolution oder Substitution ohne Nachteil für das Funktionieren der Strafrechtspflege möglich ist, dürften diese Maßnahmen gegenüber der Weisung vorzugswürdig sein. Teilweise wird in solchen Fällen sogar eine Ermessensreduzierung dahingehend angenommen, dass der vorgesetzte Staatsanwalt keine Weisung zur Anklageerhebung erteilen dürfte.[57] Überzeugend ist das nicht: Der Staatsanwalt bleibt grundsätzlich (nachdem er sich ggf. an den nächsthöheren Vorgesetzten gewandt hat) verpflichtet, die Weisung zu befolgen, sofern er durch sie nicht in seiner Menschenwürde verletzt wird oder durch ihre Befolgung eine Straftat oder Ordnungswidrigkeit begehen würde (vgl. § 56 Abs. 2 BBG; § 36 Abs. 2 BeamtStG).[58] Eine Anklagepflicht entgegen der persönlichen Rechtsüberzeugung dürfte aber keine Verletzung der Menschenwürde darstellen.[59]

---

51 *Klesczewski* Rn. 94.
52 *Beulke/Swoboda* StrafProzR Rn. 148.
53 A. A. *Krey/Heinrich* Rn. 239.
54 Eingehend HKV StrafR-HdB VII/*Heghmanns* § 16 Rn. 27 ff.
55 Beim OLG hat die entsprechende Funktion der Generalstaatsanwalt inne.
56 In der Fallbearbeitung *Schöpe* ZJS 2014, 304 (305 f.).
57 *Beulke/Swoboda* StrafProzR Rn. 143; *Bosch* JURA 2015, 62 f.; *Hillenkamp* JuS 2003, 165.
58 *Beulke/Swoboda* StrafProzR Rn. 143; *Engländer* Rn. 54.
59 A. A. *Beulke/Swoboda* StrafProzR Rn. 143.

2. Reichweite des Legalitätsprinzips bei außerdienstlicher Kenntniserlangung

45 **Fall:**[60] Staatsanwalt A erlangte bei Ausübung einer nicht genehmigten und auch nicht genehmigungsfähigen Nebentätigkeit Kenntnis davon, dass X durch betrügerische Manipulationen eine Kreditzusage der Y-Bank in Höhe von 8,2 Mio. EUR erwirkt hatte. Ist A verpflichtet, Ermittlungen gegen X einzuleiten?[61]

46 **Vorbemerkung:** Die Frage nach den Pflichten von Polizeibeamten oder Staatsanwälten bei außerdienstlicher Kenntniserlangung von begangenen Straftaten gehört zu den klassischen Prüfungsfragen aus dem Strafprozessrecht. Es ist bei der Behandlung dieser Frage zu bedenken, dass sie eine materiellrechtliche Kehrseite hat: Die Annahme einer prozessualen Verfolgungspflicht kann eine Haftung wegen Strafvereitelung im Amt nach §§ 258a, 13 StGB begründen und – bei noch andauernden Straftaten – u. U. auch eine Beihilfe durch Unterlassen zu der wahrgenommenen Tat.[62]

47 **Lösung des Falls:** Eine Pflicht zur Aufnahme von Ermittlungen könnte sich aus dem **Legalitätsprinzip** (§ 152 Abs. 2 StPO) ergeben. Das ist unproblematisch, soweit dem Staatsanwalt im Rahmen seiner dienstlichen Tätigkeit die Verdachtsgründe bekannt geworden sind. Im vorliegenden Fall besteht jedoch die Besonderheit, dass A von den begangenen Straftaten außerdienstlich Kenntnis erlangt hat. Damit ist die Begründung einer Verfolgungspflicht problematisch. Die früher stark vertretene Auffassung, wonach Staatsanwälte und Polizeibeamte immer im Dienst sind,[63] trägt nicht der Einsicht Rechnung, dass auch ein Beamter einen durch Art. 1, 2 GG geschützten Anspruch auf Privatheit hat.[64] Aufgrund dessen lehnt ein Teil der Literatur eine Verfolgungspflicht gänzlich ab.[65] Mit Blick auf die Bedeutung des Legalitätsprinzips und möglicherweise fortbestehende Belange des Rechtsgüterschutzes herrschend sind jedoch vermittelnde Lösungen, wonach das Interesse des Beamten an seiner Privatheit gegen das öffentliche Interesse an der Strafverfolgung **abzuwägen** sei.[66] Für eine Verfolgungspflicht lässt sich vorliegend insbesondere das mit Blick auf die Schadenshöhe beträchtliche Gewicht der Straftat anführen. Im Interesse der Rechtsklarheit wird allerdings teilweise eine Einschränkung der Verfolgungspflicht auf die Katalogtaten des § 138 StGB,[67] auf besonders schwer Strafta-

---

60 Zusatzfragen bei *Beulke* Klausurenkurs III Rn. 59, 103 ff.; *Bosch* S. 568 f.; *Dannecker* JURA 1988, 657 (663); *Heinrich/Reinbacher* 2/17 ff.; *Rosenau/Witteck* JURA 2002, 781 (784 f.): im Rahmen einer materiellrechtlichen Prüfung nach §§ 258a, 13 Abs. 1 StGB; StPO-Klausur bei Hellmann/*Stage* Rn. 359 ff.; *Mitsch/Ellbogen* Fall 1; Überblick bei *Engländer* Rn. 18; *Rössner/Safferling* 2. Problem.

61 Nach *BGH* wistra 2000, 92 m. Anm. *Wollweber* wistra 2000, 338 f.; *BVerfG* JZ 2004, 303 m. Anm. *Seebode.*

62 BGHSt 38, 388; *BGH* wistra 2000, 92; kritisch *Seebode* JZ 2004, 305 ff; in der Falllösung *Rosenau/Witteck* JURA 2002, 781 (784 f.).

63 Vgl. zum früheren Streitstand *Geerds* GS Schröder, 392 f. Fn. 10, 11. Tendenziell heute noch HKV StrafR-HdB VII/*Stam* § 10 Rn. 32 ff.

64 *BGH* StV 1999, 541 (542).

65 *Laubenthal* JuS 1993, 907 (911 f.); Meyer-Goßner/Schmitt/*Köhler* StPO § 160 Rn. 10; *Seebode* JZ 2004, 305 ff.

66 *BGH* wistra 2000, 92 (93); *Beulke/Swoboda* StrafProzR Rn. 149; Löwe/Rosenberg/*Erb* StPO § 160 Rn. 24.

67 Löwe/Rosenberg/*Erb* StPO § 160 Rn. 26; *Roxin/Schünemann* § 39 Rn. 3.

ten im Sinne von § 100c Abs. 2 Nr. 1–7 StPO[68] oder auf Verbrechen[69] favorisiert, zu denen der hier in Rede stehende Betrug nicht gehören würde. Damit wird zwar ein hohes Maß an Orientierungssicherheit für die betroffenen Beamten erreicht. Dem Gewicht der Tat im Einzelfall kann so aber nur begrenzt Rechnung getragen werden. Der BGH lehnt solche schematischen Einschränkungen deshalb ab, hat dafür aber neben dem Gewicht der Tat dem Umstand Bedeutung beigemessen, ob die Straftat während der Dienstausübung des Beamten fortwirkt, wie dies etwa bei Dauerdelikten oder bei auf ständige Wiederholung angelegte Handlungen der Fall sei.[70] Vorliegend dürfte ein Fortwirken der Straftat in die Dienstzeit hinein deshalb vorliegen, weil sich der Betrugsschaden noch nicht in der Auszahlung der Darlehenssumme realisiert hat. Folgt man dieser Auffassung, so wäre A verpflichtet, die Einleitung eines Ermittlungsverfahrens zu veranlassen.

3. Der Beschleunigungsgrundsatz

Fall:[71] Das LG hat den Angeklagten am 16.12.1997 wegen Mordes zu lebenslanger Freiheitsstrafe verurteilt. Die Revision des Angeklagten hat der BGH durch Beschluss vom 10.2.1999 gem. § 349 Abs. 2 StPO verworfen. Der gegen den Verwerfungsbeschluss erhobenen Verfassungsbeschwerde hat das BVerfG mit Beschluss vom 25.1.2005 stattgegeben und die Sache an den BGH zurückverwiesen. Der Angeklagte rügt nunmehr die Verletzung des Beschleunigungsgebots und sieht eine Verfahrensverzögerung in der verfassungswidrigen Verwerfung der Revision durch den BGH und der hierdurch erforderlichen Zurückverweisung durch das BVerfG. 48

a) Ist diese Argumentation richtig und
b) welche Rechtsfolgen könnten sich aus einer Verletzung des Beschleunigungsgrundsatzes ergeben?[72]

Vorbemerkungen: Der Beschleunigungsgrundsatz[73] ist ausdrücklich genannt in Art. 6 Abs. 1 EMRK („innerhalb angemessener Frist“); Verfassungsrang hat der Grundsatz durch seine Herleitung aus dem Rechtsstaatsprinzip (Art. 20 Abs. 3 GG).[74] Die in jüngerer Zeit zunehmend von Rechtsprechung und Literatur betonte Bedeutung des Beschleunigungsgrundsatzes wird den Belastungen gerecht, die ein Strafverfahren für den Beschuldigten (für den die Unschuldsvermutung gilt!) mit sich bringt. Das Gewicht dieser Belastungen wird bei fortdauernden Zwangseingriffen (insbesondere durch Eingriffe in Art. 2 Abs. 2 S. 2 GG bei U-Haft nach §§ 112 ff. StPO) noch gesteigert.[75] Der Beschleunigungsgrundsatz besteht aber auch mit Blick auf das verfassungsrechtlich anerkannte Interesse an einer effektiven Strafrechtspflege, da bei lang andauernden Verfahren die im öffentlichen Interesse liegen- 49

[68] SSW StGB/*Jahn* § 258a Rn. 10.
[69] *Hellmann* StrafProzR Rn. 52; *Krey/Heinrich* Rn. 611.
[70] BGHSt 38, 388 (391 ff.) = wistra 2000, 92 (93).
[71] Vgl. *BGH* NStZ 2006, 346 ff.; siehe auch *Foth* NStZ 2004, 337; *ders.* NStZ 2005, 457 f.; *Jahn* NJW 2006, 652 ff.; *Krehl/Eidam* NStZ 2006, 1 ff.; *Peglau* JuS 2006, 704 ff.; *Schmidt* NStZ 2006, 313 ff. Zusatzfrage zum Beschleunigungsgrundsatz bei *Heinrich/Reinbacher* 10/21 f.
[72] Nach *BGH* NStZ 2006, 346.
[73] Monographisch *Baumanns,* Der Beschleunigungsgrundsatz im Strafverfahren, 2011; eingehend *Krehl/Eidam* NStZ 2006, 1 ff.; *Landau* FS Hassemer, 1073 ff.; HKV StrafR-HdB VII/ *Murmann* § 12; *Tepperwien* NStZ 2009, 1 ff.; *Wohlers* NJW 2010, 2470 ff.
[74] *BVerfG* JZ 2003, 999.
[75] Z. B. BVerfGK 15, 474; *BVerfG* StV 2014, 35; JR 2014, 488.

de Verwirklichung der Gerechtigkeit später erfolgt[76] und eine Verschlechterung der Beweismittel (insbesondere beim Zeugenbeweis) droht.[77] Besondere Bedeutung kommt dem Beschleunigungsgrundsatz im Jugendstrafverfahren zu, da hier die erzieherisch motivierte strafrechtliche Reaktion gerade dann besonders effizient ist, wenn sie möglichst rasch auf die Tat folgt.[78]

50 **Fallfrage a):** Ob eine Verletzung des Beschleunigungsgrundsatzes vorliegt, hängt von den konkreten Möglichkeiten einer zügigeren Verfahrenserledigung ab und ist damit eine Frage des Einzelfalles. Erforderlich ist eine **Abwägung aller relevanten Umstände im Rahmen einer Gesamtwürdigung.**[79] Bei dieser Abwägung sollen allerdings solche Faktoren keine Berücksichtigung finden, die dem Beschuldigten zurechenbar sind, wozu auch die „intensive Wahrnehmung prozessualer Rechte durch den Verteidiger" gehöre.[80] Zu berücksichtigen seien dagegen „insbesondere der durch die Verzögerungen der Justizorgane verursachte Zeitraum der Verfahrensverlängerung, die Gesamtdauer des Verfahrens, die Schwere des Tatvorwurfs, der Umfang und die Schwierigkeit des Verfahrensgegenstands sowie das Ausmaß der mit der Dauer des schwebenden Verfahrens für den Betroffenen verbundenen besonderen Belastungen".[81] Ausschlaggebend ist nicht die Verzögerung während einzelner Verfahrensabschnitte, sondern ob das Verfahren insgesamt in angemessener Frist abgeschlossen wurde.[82]

51 Umstritten ist vor diesem Hintergrund das vorliegend aufgeworfene Problem, in wessen Sphäre **Verzögerungen durch erfolgreiche Rechtsmittel** (bzw. eine erfolgreiche Verfassungsbeschwerde) fallen:[83] Das BVerfG hat in mehreren Kammerentscheidungen die Auffassung vertreten, ein zur Aufhebung und Zurückverweisung führender Verfahrensfehler wurzele in der Sphäre des Gerichts und könne deshalb eine Verletzung des Beschleunigungsgebots begründen.[84] Der BGH dagegen meint, der durch Rechtsmitteleinlegungen (bzw. die Anrufung des BVerfG) entstehende zusätzliche Zeitbedarf sei „grundsätzlich Ausfluss der rechtsstaatlichen Ausgestaltung eines Rechtsmittelsystems, das die Möglichkeit eröffnet, fehlerhafte Entscheidungen zu korrigieren".[85] Allenfalls „eklatante Gesetzesverletzungen" könnten mit Blick auf den daraus entstehenden Korrekturbedarf eine Verletzung des Beschleunigungsgebots darstellen.[86] Die Argumentation des BGH überzeugt: Die Einräumung eines (von Verfassungswegen nicht geforderten)[87] Rechtszugs kann nicht dazu füh-

---

76 Eingehend zum öffentlichen Interesse an der Beschleunigung des Strafverfahrens *Laue* GA 2005, 648 ff.

77 Insofern skeptisch *Laue* GA 2005, 659 f.

78 *Rose* NStZ 2013, 315 ff.

79 *BVerfG* NJW 2003, 2225; *EGMR* NJW 2002, 2856 (2857) – Metzger/Deutschland; eingehend *Paeffgen* GA 2014, 281 ff.

80 *BGH* wistra 2002, 428 (429). Vgl. auch *OLG Hamm* NJW 2006, 2788 zu einem Fall, in dem der Verteidiger an zahlreichen Hauptverhandlungsterminen verhindert war. Dort auch zum Problem des Konflikts zwischen dem Interesse an Verfahrensbeschleunigung und dem Anspruch auf den Verteidiger des Vertrauens (dazu auch *BVerfG* StV 2007, 366). Eine „normale" Ausübung prozessualer Rechte kann den Beschuldigten jedenfalls nicht belasten; *Paeffgen* GA 2014, 282.

81 *BVerfG* NJW 2003, 2225.

82 *BGH* NStZ-RR 2011, 239 (240).

83 Zum Streitstand LK-StGB/*Schneider* § 46 Rn. 243.

84 *BVerfG* NStZ 2006, 47; NJW 2006, 672 (673); NJW 2005, 3485 (3487); ähnlich *EGMR* NJW 2002, 2856 (2857) – Metzger/Deutschland. Anders noch *BVerfG* NJW 2003, 2228.

85 *BGH* NStZ 2006, 346 (347).

86 *BGH* NStZ 2006, 346 (347); NStZ-RR 2014, 314.

87 Art. 19 Abs. 4 GG fordert keinen Instanzenzug.

ren, die dessen Sinn und Zweck entsprechende Korrektur von Verfahrensfehlern als rechtsstaatswidrige Verfahrensverzögerung zu interpretieren. Dem hat sich mittlerweile auch das BVerfG angeschlossen.[88] Die Gegenauffassung würde zudem die Konsequenz nach sich ziehen, dass jede ein Instanzurteil wegen Verfahrensfehlern aufhebende Revisionsentscheidung in der Folge die Frage nach der Kompensation der Verletzung des Beschleunigungsgebots aufwerfen würde.[89] Die Argumentation des Angeklagten ist demnach nicht richtig.[90]

Fallfrage b): Bei Vorliegen einer rechtsstaatswidrigen Verfahrensverzögerung stellt sich die Frage nach einer **Kompensation dieser Rechtsverletzung.** Der Verhältnismäßigkeitsgrundsatz verpflichtet „im Falle eines mit dem Rechtsstaatsprinzip nicht im Einklang stehenden überlangen Verfahrens zu sorgfältiger Prüfung, ob und mit welchen Mitteln der Staat gegen den Betroffenen (noch) strafrechtlich vorgehen kann".[91] Auch die EMRK begründet bei rechtsstaatswidrigen Verfahrensverzögerungen einen Wiedergutmachungsanspruch gegen den Staat („eine Art Staatshaftungsanspruch").[92] Wird dieser Anspruch nicht bereits im nationalen Strafverfahren erfüllt, so kann das konventionswidrige Verhalten eine Individualbeschwerde vor dem EGMR (§ 34 EMRK) begründen (der dann eine billige Entschädigung in Geld zusprechen kann, Art. 41 EMRK). Wird die Entschädigung dagegen bereits im nationalen Verfahren gewährt, so entfällt die Opfereigenschaft des Betroffenen im Sinne des Art. 34 EMRK.[93] In welcher Weise der Betroffene zu entschädigen ist, liegt, sofern im Ergebnis ein angemessener Ausgleich erzielt wird, im Ermessen des nationalen Gesetzgebers bzw. der nationalen Gerichte. Konsequenzen können zum einen bei der Aufrechterhaltung von Zwangsmaßnahmen und zum anderen bei der verfahrensabschließenden Entscheidung zu ziehen sein. Beim in U-Haft befindlichen Beschuldigten fällt dessen Freiheitsinteresse mit zunehmender Haftdauer immer stärker ins Gewicht. Dies führt unabhängig von der zu erwartenden Strafe zu Begrenzungen der Haftdauer.[94] Bei der **verfahrensabschließenden Entscheidung** sind – je nach Gewicht der Verletzung des Beschleunigungsgrundsatzes – unterschiedliche Formen der Kompensation denkbar: 52

- Feststellung des Verstoßes im Urteil[95]
- Einstellung des Verfahrens nach §§ 153, 153a StPO
- Absehen von der Strafverfolgung nach § 154 StPO
- Beschränkung der Strafverfolgung nach § 154a StPO
- Absehen von Strafe (§ 60 StGB)
- Verwarnung mit Strafvorbehalt (§§ 59 ff. StGB)
- Berücksichtigung bei der Strafzumessung (Strafzumessungslösung)

---

88 Mit einer Entscheidung des 2. Senats, BVerfGE 122, 248 (280).

89 Zutreffend *BGH* NStZ 2006, 346 (347).

90 Eklatant ist freilich die Dauer des Verfahrens vor dem *BVerfG.* Ob hierin eine rechtsstaatswidrige Verfahrensverzögerung liegt, hat der *BGH* NStZ 2006, 348 mit Blick auf die fehlende Kompensationsfähigkeit im vorliegenden Fall (dazu nachfolgend im Text) dahinstehen lassen. Im Beispiel war dieses Problem nach der Fallfrage nicht zu erörtern.

91 *BVerfG* NJW 2003, 2225.

92 BGHSt (GrS) 52, 124 (138).

93 *EGMR* StV 2006, 474 (477 f.); BGHSt 52, 124 (137).

94 *BVerfG* NJW 2006, 672 f. (Aufhebung des Haftbefehls gegen einen des Mordes dringend tatverdächtigen Angeklagten nach achtjähriger Verfahrensdauer); *OLG Brandenburg* StV 2007, 363; *OLG Hamm* StV 2007, 363; *OLG Naumburg* StV 2007, 364; *OLG Saarbrücken* StV 2007, 365; *OLG Sachsen-Anhalt* StraFo 2012, 266; *LG Frankfurt/Oder* StV 2007, 366; vgl. auch *Knauer* StraFo 2007, 309 ff.

95 BGHSt (GrS) 52, 124 (146).

- Berücksichtigung bei der Strafvollstreckung (Anrechnungslösung)
- Verfahrenshindernis von Verfassungs wegen (§§ 206a Abs. 1, 260 Abs. 3 StPO).

53 Ein **Verfahrenshindernis** nimmt der BGH nur in „ganz außergewöhnlichen Sonderfällen" an.[96] Diese Zurückhaltung ist auch grundsätzlich angemessen, wenn man bedenkt, dass selbst ein durch unerlaubte Vernehmungsmethoden erlangtes Geständnis (§ 136a StPO) – und damit ein regelmäßig deutlich gravierenderer Verstoß gegen die Rechtsstaatlichkeit des Verfahrens – lediglich zu einem Beweisverwertungsverbot, nicht aber zu einem Verfahrenshindernis führt.[97] Eine Einstellung muss aber dann erfolgen, wenn jede andere Möglichkeit der Kompensation unzureichend erscheint.[98] Lange Zeit wurden rechtsstaatswidrige Verfahrensverzögerungen in der Rechtsprechung vor allem bei der **Strafzumessung** berücksichtigt. Dabei ergaben sich nach Auffassung des BGH – gerade auch in Fällen wie dem vorliegenden – Grenzen der Berücksichtigungsfähigkeit bei Taten, die mit absoluten Strafen bedroht sind:[99] Die lebenslange Freiheitsstrafe bei Mord zeige, „dass nach dem Willen des Gesetzgebers Umstände, die das Unrecht der Tat oder die Schuld des Täters abschwächen (...), grundsätzlich keine Berücksichtigung finden können". Die Verhängung der lebenslangen Freiheitsstrafe sei nur in eng begrenzten Ausnahmefällen unverhältnismäßig; zu diesen Ausnahmefällen gehöre die rechtsstaatswidrige Verfahrensverzögerung aber regelmäßig nicht. Selbst wenn man vorliegend eine Verfahrensverzögerung bejaht hätte, bliebe diese nach der Strafzumessungslösung wegen der fehlenden Möglichkeit der Strafmilderung ohne Konsequenzen.

54 Mit einer Entscheidung des Großen Senats in Strafsachen[100] hat die Rechtsprechung die Kompensation im Rahmen der Strafzumessung aufgegeben und folgt nunmehr der **Anrechnungslösung** (gleichbedeutend: Vollstreckungsmodell). Die rechtsstaatswidrige Verfahrensverzögerung ist danach in der Regel[101] erst bei der Vollstreckung dergestalt zu berücksichtigen, dass „zur Entschädigung für die überlange Verfahrensdauer ein bezifferter Teil der verhängten Strafe als vollstreckt gilt". Die Strafzumessung erfolgt demnach ohne Berücksichtigung der rechtsstaatswidrigen Verfahrensverzögerung.[102] Die grundsätzliche Stärke der Anrechnungslösung gegenüber der Strafzumessungslösung liegt darin, dass sie die Kompensation für die Verletzung des Beschleunigungsgebots von der sachwidrigen Verknüpfung mit dem Schuldurteil befreit. Denn Versäumnisse von Strafverfolgungsbehörden und Gerichten haben mit der Schuld des Täters als Grundlage der Strafzumessung (§ 46 Abs. 1 S. 1 StGB) nichts zu tun. Das ist auch mit Blick auf die vielfältigen weiteren Rechtsfolgen, die an das Maß der Schuld anknüpfen, sachgerecht. Ob etwa eine Strafe zur Bewährung ausgesetzt werden kann (§ 56 StGB) oder ob sie Anlass für beamtenrechtliche (§ 41 BBG; § 24 BeamtStG) oder ausländerrechtliche (§§ 53, 54 AufenthG) Konsequenzen

---

96 BGHSt 46, 159 (171).

97 *Rieß* JR 1985, 45 (47).

98 *Ambos* NStZ 2002, 630; *I. Roxin* StV 2001, 490 (492).

99 Zum Folgenden *BGH* NStZ 2006, 348.

100 BGHSt (GrS) 52, 124. Damit hat sich der Große Senat der Auffassung des 3. Senats (*BGH* NJW 2007, 3294) angeschlossen, der mit seinem Vorlagebeschluss nach § 132 Abs. 4 GVG eine richterliche Rechtsfortbildung von grundsätzlicher Bedeutung erstrebte. Im Wesentlichen dem Großen Senat zustimmend etwa *Heghmanns* ZJS 2008, 197 ff.; kritisch etwa *Scheffler* ZIS 2008, 269 ff.

101 Die in Rn. 52 genannten Kompensationsmöglichkeiten nach dem Opportunitätsprinzip etc. sind damit nicht ausgeschlossen, vgl. BGHSt (GrS) 52, 124 (145); *BGH* NJW 2010, 1156.

102 Die lange Verfahrensdauer als solche – d. h. unabhängig von rechtsstaatswidrigen Versäumnissen – bleibt freilich auch wegen ihrer belastenden Wirkungen für den Beschuldigten als Strafzumessungsfaktor relevant; BGHSt (GrS) 52, 124 (141 f.); *BGH* wistra 2009, 347.

bietet, kann nicht davon abhängen, ob es zu rechtsstaatswidrigen Verfahrensverzögerungen gekommen ist. Die Anrechnung erlaubt weiterhin eine Lösung in solchen Fällen, in denen das Gericht die gesetzlich zulässige Mindeststrafe für schuldangemessen hält und damit eine Kompensation im Rahmen der Strafzumessung zur Unterschreitung des gesetzlichen Strafrahmens führen müsste.[103] Und schließlich eröffnet die Anrechnungslösung nunmehr auch die Möglichkeit, in Fällen wie dem vorliegenden, in denen eine absolute Strafandrohung gesetzlich vorgesehen ist, einen etwaigen Kompensationsbedarf durch eine Anrechnung auf die Mindestverbüßdauer des § 57a Abs. 1 Nr. 1 StGB zu befriedigen.[104]

Seit 2011 normiert § 198 GVG einen Anspruch auf **Entschädigung** bei überlanger Verfahrensdauer.[105] Entschädigungspflichtig können etwa wirtschaftliche Einbußen durch Verlust des Arbeitsplatzes, entgangene Unternehmensgewinne oder verzögerungsbedingte Verteidigerkosten sein.[106] Zudem gewährt § 198 Abs. 2 GVG einen pauschalierten Anspruch auf Ersatz immaterieller Schäden in Höhe von 1.200 € pro Verzögerungsjahr. Der Ersatz immaterieller Schäden ist aber ausgeschlossen, wenn bereits eine Wiedergutmachung im Strafverfahren durch eine der in Rn. 52 genannten Maßnahmen erfolgt ist (§ 199 Abs. 3 GVG). Stets setzt der Entschädigungsanspruch voraus, dass der Beschuldigte bei der Staatsanwaltschaft bzw. dem mit der Sache befassten Gericht eine **Verzögerungsrüge** erhoben hat (§§ 198 Abs. 3, 199 Abs. 2 GVG). Zuständig für Entschädigungsklagen ist das OLG, in dessen Bezirk das streitgegenständliche Verfahren durchgeführt wurde (§ 201 Abs. 1 GVG). 55

103 So lag es in dem Fall, der den 3. Strafsenat zu dem Vorlagebeschluss an den Großen Senat veranlasst hatte, *BGH* NJW 2007, 3204.

104 BGHSt (GrS) 52, 124 (135 f.); dazu auch *EGMR* StV 2009, 561 (563).

105 Eingeführt durch das Gesetz über den Rechtsschutz bei überlangen Gerichtsverfahren und strafrechtlichen Ermittlungsverfahren vom 24.11.2011. Dazu *Brummund* JA 2012, 213 ff.; *Sommer* StV 2012, 107 ff.; ferner *Steinbeiß-Winkelmann/Sporrer* NJW 2014, 177 ff.

106 *Sommer* StV 2012, 108 f.

E. Maßnahmen im Ermittlungsverfahren und ihre Anfechtung; zugleich zur Rolle des Verteidigers

I. Grundlagen

1. Die Staatsanwaltschaft als Herrin des Ermittlungsverfahrens

Sobald die Staatsanwaltschaft durch eine Anzeige (§ 158 Abs. 1 StPO) oder auf anderem Wege von dem Verdacht einer Straftat Kenntnis erhält, hat sie den Sachverhalt zu erforschen, um zu entscheiden, ob Anklage zu erheben ist (§ 160 Abs. 1 StPO). Der für die **Einleitung eines Ermittlungsverfahrens** erforderliche Verdachtsgrad ist der sogenannte **Anfangsverdacht** nach § 152 Abs. 2 StPO. Es müssen danach „zureichende tatsächliche Anhaltspunkte" vorliegen. Die daran gestellten Anforderungen sind gering: Es genügt, wenn Tatsachen vorliegen, aufgrund derer es nach kriminalistischer Erfahrung möglich erscheint, dass eine verfolgbare Straftat vorliegt.[1] 56

Umstritten ist die Frage, inwieweit sich ein Anfangsverdacht auch aus **rechtlich erlaubtem Verhalten** ergeben kann. Ausgelöst wurde die Diskussion durch den Fall des ehemaligen Bundestagsabgeordneten Edathy, der über einen Anbieter, der auch kinderpornographisches Material vertrieb, Bilder nackter Jungen erwarb. Zwar handelte es sich bei den erworbenen Bildern möglicherweise um legales Material, aber die Ermittlungsbehörden beriefen sich auf eine „kriminalistische Erfahrung", derzufolge ein pädophil veranlagter Besitzer legaler Bilder häufig auch über kinderpornographisches Material verfüge, dessen Besitz strafbar ist. Obwohl diese Schlussfolgerung tatsächlich plausibel erscheint, kann die Annahme eines ausschließlich auf ein legales Verhalten gestützten Anfangsverdachts nicht überzeugen.[2] Denn wer sich im Rahmen des Rechts bewegt, muss sich darauf verlassen können, dass aus seinem rechtstreuen Verhalten nicht auf die Begehung von Straftaten geschlossen wird. Andernfalls würden Menschen wegen ihrer Neigungen unter einen Generalverdacht gestellt, und die Entscheidung des Gesetzgebers, bestimmte Verhaltensweisen zu erlauben, würde konterkariert. Ein Anfangsverdacht kann aber begründet sein, wenn zu dem legalen Verhalten weitere Anhaltspunkte hinzutreten oder zweifelhaft ist und näherer Ermittlungen bedarf, ob sich ein Verhalten tatsächlich noch im Rahmen des Legalen bewegt.[3] 57

Das Ermittlungsverfahren endet grundsätzlich mit Anklageerhebung oder Einstellung des Verfahrens (§ 170 StPO; näher → Rn. 154 ff.). Auf Grund ihrer umfassenden Zuständigkeit ist die Staatsanwaltschaft die **Herrin des Ermittlungsverfahrens.**[4] Sie ist in der Gestaltung dieses Verfahrensabschnitts frei. Bei der Erfüllung ihrer Aufgaben bedient sich die Staatsanwaltschaft der Polizei (§ 161 Abs. 1 StPO), 58

---

[1] KK-StPO/*Diemer* § 152 Rn. 7; Meyer-Goßner/Schmitt/*Schmitt* StPO § 152 Rn. 4; Löwe/Rosenberg/*Mavany* StPO § 152 Rn. 28 ff.

[2] *Hoven* NStZ 2014, 361 ff.

[3] Letzteres hat das *BVerfG* (NJW 2014, 3085 [3087 f.]) im Fall Edathy angenommen, soweit sich die Bilder nach fachgerichtlicher Einschätzung zumindest im von „tatsächlichen Wertungen abhängigen Grenzbereich zwischen strafrechtlich relevantem und irrelevantem Material" bewegt haben.

[4] Einen allgemeinen Überblick zur Staatsanwaltschaft bieten HKV StrafR-HdB VII/*Heghmanns* § 16; *Kretschmer* JURA 2004, 452 ff.

insbesondere der sogenannten **Ermittlungspersonen** der Staatsanwaltschaft (§ 152 GVG; früher: „Hilfsbeamte"), welche bei eilbedürftigen Maßnahmen mitunter Kompetenzen haben, die über die sonstiger Polizeibeamter hinausgehen (z. B. in §§ 81a Abs. 2, 81c Abs. 5 StPO).

59 Zur juristischen Allgemeinbildung gehört es zu wissen, dass die Staatsanwaltschaft zwar nach dem Konzept des Gesetzes Herrin des Ermittlungsverfahrens ist, praktisch aber dieser Verfahrensabschnitt weitgehend **von der Polizei dominiert** wird.[5] Vielfach führt die Polizei die Ermittlungen vollkommen selbständig und übersendet erst die abgeschlossene Ermittlungsakte an die Staatsanwaltschaft (was mit § 163 Abs. 2 StPO kaum zu vereinbaren ist). Vorher wird die Staatsanwaltschaft vielfach nur dann eingeschaltet, wenn die Polizei eine richterlich anzuordnende Maßnahme für erforderlich hält und zu deren Beantragung die Staatsanwaltschaft benötigt.

60 Schon im Ermittlungsverfahren (§ 137 Abs. 1 StPO: „in jeder Lage des Verfahrens") kann sich der Beschuldigte zur Wahrung seiner Rechte eines **Verteidigers** – gleichsam als Gegenspieler zur Staatsanwaltschaft – bedienen. Auf dessen Stellung und Rechte wird unter → Rn. 75 ff. näher eingegangen.

2. Spezielle Eingriffsgrundlagen

61 Die von der Staatsanwaltschaft bzw. der Polizei zur Aufklärung des Sachverhalts vorzunehmenden Ermittlungshandlungen haben regelmäßig Eingriffscharakter. Staatliche Eingriffe in Grundrechte (des Beschuldigten oder Dritter) bedürfen einer speziellen Ermächtigungsgrundlage (Gesetzlichkeitsgrundsatz).[6] Dies folgt aus dem **Vorbehalt des Gesetzes** (Art. 20 Abs. 3 GG), wonach der Gesetzgeber alle Entscheidungen, die in nicht ganz unwesentlicher Weise den Bereich der Grundrechtsausübung betreffen, selbst zu regeln hat (so die „Wesentlichkeitstheorie" des BVerfG).[7] Aus dieser Ausprägung des Gewaltenteilungsprinzips lässt sich auch das Verbot einer analogen Anwendung von Ermächtigungsgrundlagen auf gesetzlich nicht geregelte Eingriffe ableiten.[8]

Von einer Ermächtigungsgrundlage umfasst sind aber nach h. M. solche Eingriffe, die zwar nicht unmittelbar vom Wortlaut der Norm gedeckt sind, aber der Vornahme des zulässigen Eingriffs dienen und nur untergeordnet in die Rechte des Betroffenen eingreifen. Eine solche **Annexkompetenz** liegt etwa hinsichtlich des Eingriffs in die Fortbewegungsfreiheit vor, wenn ein Beschuldigter zu einer Blutentnahme nach § 81a StPO in eine Klinik gebracht wird.[9]

62 Da strafprozessuale Zwangsmaßnahmen regelmäßig nachhaltig in die Grundrechte der Betroffenen eingreifen, enthält die StPO spezielle **Eingriffsermächtigungen,** die bestimmen, unter welchen Voraussetzungen Grundrechtseingriffe, wie z. B. eine Durchsuchung (§§ 102 ff. StPO) oder die Anordnung von Untersuchungshaft (§§ 112 ff. StPO), zulässig sind. Der Gesetzgeber schafft beständig neue oder erweitert bestehende Eingriffsgrundlagen und trifft damit – oft auch umstrittene –

---

5 Siehe etwa *Ambos* JURA 2003, 674 ff.; HKV StrafR-HdB VII/*Heghmanns* § 16 Rn. 2. Relativierend *Krey/Heinrich* Rn. 314 ff.

6 Vgl. *BVerfG* NStZ 1996, 45 f.; Übersicht bei *Volk/Engländer* GK StPO § 10 Rn. 5.

7 BVerfGE 49, 89 (126 f.); 58, 257 (268 ff.); v. Münch/Kunig/*Kotzur* GG Art. 20 Rn. 153 ff.

8 *Krey* S. 37 ff., 241 ff., 248; *ders.* FS Blau, 147 f.; *Grünwald* JZ 1981, 425; Heghmanns/Scheffler StrafVerf-HdB/*Murmann* III Rn. 4; SK-StPO/*Wohlers/Greco* Vor § 94 Rn. 2. A. A. Meyer-Goßner/Schmitt/*Schmitt* Einl. Rn. 198, 202; eingehend *Jäger* GA 2006, 615 ff.

9 *Bosch* JURA 2014, 58 f.; Heghmanns/Scheffler StrafVerf-HdB/*Murmann* III Rn. 3.

kriminalpolitische Entscheidungen. Das **Bedürfnis nach erweiterten Ermittlungsmöglichkeiten** wird zum Teil mit dem zunehmenden Auftreten von komplexen und konspirativen organisierten Formen der Kriminalität begründet (was z. B. als Argument für die Zulässigkeit des Abhörens von Wohnungen [„großer Lauschangriff"] angeführt wird, § 100c StPO).[10] Häufig sollen auch neue wissenschaftliche Methoden im Strafprozess nutzbar gemacht werden (z. B. DNA-Analyse, §§ 81e ff. StPO)[11] oder es geht darum, mit dem technischen Fortschritt mitzuhalten, der auch Straftätern ein Feld zur Tatbegehung oder zur Kommunikation bietet (z. B. Internet, Email, WhatsApp). So erlauben Online-Durchsuchung (§ 100b StPO; → Rn. 126) und Quellen-Telekommunikationsüberwachung (§ 100a Abs. 1 S. 2 StPO) z. B. den Zugriff auf Smartphones.[12] Je schwerer ein Eingriff wiegt, desto größer muss das öffentliche Interesse an dieser Maßnahme sein **(Verhältnismäßigkeitsgrundsatz).**[13] Wird durch eine Maßnahme in den **Kernbereich privater Lebensgestaltung** eingegriffen, so ist für eine Abwägung kein Raum; die Maßnahme ist dann unzulässig (dazu § 100d StPO).[14] Im Übrigen hängt das Gewicht des öffentlichen Interesses vor allem von der Schwere des Tatvorwurfs,[15] der Bedeutung der Zwangsmaßnahme für die Aufklärung des Sachverhalts[16] und dem Grad des Tatverdachts ab.[17] Die StPO unterscheidet folgende **Verdachtsgrade:**

Verdachtsgrad	**Definition**	**Maßnahmen (z. B.)**
Anfangsverdacht	Tatsachen, deren Vorliegen es nach kriminalistischer Erfahrung möglich erscheinen lässt, dass eine verfolgbare Straftat vorliegt[18]	• Einleitung des Ermittlungsverfahrens, § 152 StPO • Maßnahmen etwa nach §§ 81a, 100a, 102 StPO
Hinreichender Tatverdacht	Wahrscheinlichkeit der späteren Verurteilung[19]	• Anklageerhebung, § 170 Abs. 1 StPO • Eröffnung des Hauptverfahrens, § 203 StPO

---

10 Begr. Gesetzentwurf BReg BT-Drs. 15/4533, S. 1.

11 Zu Möglichkeiten und Grenzen der forensischen DNA-Analyse *Gronke/Gronke* NStZ 2021, 141 ff.; *Vennemann/Oppelt/Grethe/Anslinger/H. Schneider/P. M. Schneider* NStZ 2022, 72 ff.

12 Beide eingeführt durch das „Gesetz zur effektiveren und praxistauglicheren Ausgestaltung des Strafverfahrens v. 17.8.2017 (BGBl. I S. 3202); dazu etwa *Niedernhuber* JA 2018, 169 ff.; *Singelnstein/Derin* NJW 2017, 2646 ff.; *Freiling/Safferling/Rückert* JR 2018, 9 ff.; zusammenfassend zur „modernen Klaviatur der Strafverfolgung im digitalen Zeitalter" *Ruppert* JURA 2018, 994 ff.

13 Siehe etwa SSW StPO/*Beulke* Einl. Rn. 80.

14 Grundlegend zum „großen Lauschangriff" BVerfGE 109, 279.

15 Entsprechende Kataloge z. B. in §§ 98a, 100a, 100c, 110a StPO.

16 Viele Eingriffsgrundlagen enthalten Subsidiaritätsklauseln, z. B. §§ 100a Abs. 1 Nr. 3, 100c Abs. 1 Nr. 3, 110a Abs. 1 S. 3 StPO.

17 Übersicht bei *Schroeder/Verrel* Rn. 103; strafprozessuale Zusatzfrage hierzu bei *Beulke* Klausurenkurs III Rn. 278, 334a f.

18 Meyer-Goßner/Schmitt/*Schmitt* StPO § 152 Rn. 4.

19 BGHSt 23, 304 (306).

Verdachtsgrad	Definition	Maßnahmen (z. B.)
Dringender Tatverdacht	Hohe Wahrscheinlichkeit, dass der Beschuldigte eine verfolgbare Straftat begangen hat[20]	• Vorläufige Entziehung der Fahrerlaubnis, § 111a StPO[21] • Haftbefehl, §§ 112 ff. StPO

63 Der **„hinreichende Tatverdacht"** unterscheidet sich von den beiden anderen Verdachtsgraden grundsätzlich dadurch, dass an sein Vorliegen nicht die Berechtigung zur Vornahme von Maßnahmen zur weiteren Verdachtsklärung geknüpft ist. Als Voraussetzung von Anklageerhebung und Hauptverfahrenseröffnung setzt er vielmehr ein abgeschlossenes Ermittlungsverfahren bereits voraus. Sein Gegenstand ist deshalb auch nicht – wie bei den anderen Verdachtsgraden – die Wahrscheinlichkeit der Tatbegehung, sondern die Wahrscheinlichkeit einer Verurteilung.

64 Die gesetzliche Regelung der Eingriffsermächtigungen enthält nicht nur die Festlegung der materiellen Voraussetzungen für die jeweilige Maßnahme, sondern auch spezielle **Verfahrensnormen** für deren Anordnung und Durchführung.[22] Danach entscheidet in der Regel der Ermittlungsrichter (vgl. § 162 StPO) über die Anordnung des Eingriffs. Voraussetzung ist, dass die Staatsanwaltschaft die Maßnahme beantragt hat.[23] Eigene Anordnungsbefugnisse der Staatsanwaltschaft oder ihrer Ermittlungspersonen sowie der Polizei bestehen bei minder schweren Eingriffen.[24] In eilbedürftigen Fällen steht der Staatsanwaltschaft (mitunter zudem deren Ermittlungepersonen) auch bei gravierenden Eingriffen eine Anordnungskompetenz (mit anschließender richterlicher Überprüfung[25]) zu.[26] Dagegen ist die Entscheidung über besonders schwere Eingriffe ausnahmslos dem Gericht vorbehalten.[27] Trotz dieser Befugnisse des Gerichts bleibt die Staatsanwaltschaft Herrin des Ermittlungsverfahrens. Dies wird nicht nur durch das Antragserfordernis gewährleistet, sondern auch dadurch, dass das Gericht gem. § 162 Abs. 2 StPO bei der Entscheidung über die Anordnung der jeweiligen Maßnahme nur deren rechtliche Zulässigkeit, nicht aber die Zweckmäßigkeit zu überprüfen hat.[28]

Zielt eine prozessuale Fragestellung auf die Prüfung der Rechtmäßigkeit einer Ermittlungsmaßnahme, so sind für eine **gutachterliche Bearbeitung** zunächst die in Betracht kommenden gesetzlichen Ermächtigungsgrundlagen aufzufinden. Sodann ist zu prüfen, ob deren materielle und formelle Voraussetzungen erfüllt sind. Nur wenn der Eingriff eine gesetzliche Grundlage hat, ist er rechtmäßig.

---

[20] *BVerfG* NJW 1996, 1050; *BGH* NJW 1992, 1975; Meyer-Goßner/Schmitt/*Schmitt* StPO § 112 Rn. 5 ff.

[21] Unbedingt zu unterscheiden von der Beschlagnahme des Führerscheins nach § 94 Abs. 3 StPO, näher → Rn. 134.

[22] Z. B. §§ 81a Abs. 2, 81c Abs. 5, 98, 100, 100e StPO.

[23] *Volk/Engländer* GK StPO § 10 Rn. 13.

[24] Z. B. §§ 81b, 163b Abs. 1 StPO.

[25] Vgl. z. B. §§ 98 Abs. 2, 100e Abs. 1 S. 3 StPO.

[26] So z. B. §§ 98 Abs. 1, 105 Abs. 1 S. 1, 2, 100e Abs. 1 S. 2, 111j Abs. 1 S. 2, 127 Abs. 2 StPO.

[27] So z. B. Anordnung der U-Haft (vgl. § 114 Abs. 1 StPO; Art. 104 Abs. 2 GG) oder des „großen Lauschangriffs" (vgl. § 100e Abs. 2 StPO).

[28] Vgl. im Einzelnen Meyer-Goßner/Schmitt/*Köhler* StPO § 162 Rn. 14.

3. Die Ermittlungsgeneralklauseln

Ist ein Eingriff nicht von einer speziellen Ermächtigungsgrundlage gedeckt, so bleibt zu prüfen, ob er auf die sogenannten „Ermittlungsgeneralklauseln" der §§ 161 Abs. 1, 163 Abs. 1 StPO gestützt werden kann, wonach Staatsanwaltschaft und Polizei generell zur Vornahme von Ermittlungshandlungen berechtigt sind.[29] Der Anwendungsbereich dieser Eingriffsgrundlagen ist jedoch auf Grund des Vorbehalts des Gesetzes (Art. 20 Abs. 3 GG) eng begrenzt, denn die Ermittlungsgeneralklauseln treffen weder über die Art der zulässigen Eingriffe noch über deren formelle und materielle Eingriffsvoraussetzungen nähere Festlegungen. Da der Gesetzgeber diese Fragen nicht entschieden hat, berechtigen die Ermittlungsgeneralklauseln nur zu relativ geringfügigen Eingriffen.[30] Beispielhaft genannt werden kurzfristige Observationen (bei längerfristigen Observationen gilt § 163f StPO), Erkundigungen in der Nachbarschaft oder auch anonyme Kontaktaufnahmen über das Internet (etwa in „Chatrooms" oder sozialen Netzwerken)[31]; umstritten ist dagegen, ob auch die „Hörfalle" (→ Rn. 119) oder der Einsatz von V-Leuten[32] und Scheinaufkäufern auf die Generalklausel gestützt werden können[33] (vgl. noch → Rn. 256 f.). 65

II. Vertiefung

Im Folgenden wird zunächst das Verhältnis von präventiven zu repressiven Eingriffen anhand eines neueren Falls zu sogenannten „legendierten Kontrollen" beleuchtet (1.). Zur Verdeutlichung des Zwangsmittelrechts und zur Einschaltung eines Verteidigers werden Beispiele aus dem Bereich der Untersuchungshaft (2.) sowie der körperlichen Untersuchung behandelt (3.), und es wird der Problemkreis der sogenannten „Hörfalle" erörtert (4.). Die Systematik der Rechtsbehelfe gegen Ermittlungseingriffe wird anhand von Durchsuchungs- und Beschlagnahmefällen erarbeitet (5. und 6.). 66

1. Legendierte Kontrollen: Zur Abgrenzung präventiver und repressiver Eingriffe

Fall:[34] A stand aufgrund umfangreicher Ermittlungen in Verdacht, Handel mit Heroin zu treiben. Aufgrund einer Telefonüberwachung hatte die Polizei Kenntnis von einem geplanten Betäubungsmitteltransport erlangt. Die Polizei wollte verhindern, dass große Mengen Heroin auf den Markt gelangen und Beweise für die Tatbegehung durch A 66a

[29] Eingehend Heghmanns/Scheffler StrafVerf-HdB/*Murmann* III Rn. 8 ff.
[30] BGHSt 51, 211 (218).
[31] Dazu *Rosengarten/Römer* NJW 2012, 1764 ff.; *Soiné* NStZ 2014, 248 ff.
[32] Eingehend *Duttge* JZ 1996, 556 ff.
[33] Vgl. Meyer-Goßner/Schmitt/*Köhler* StPO § 161 Rn. 1; eingehend *Hefendehl* StV 2001, 700 ff.
[34] Nach BGHSt 62, 123; dazu *A. H. Albrecht* HRRS 2017, 446 ff.; *Böse* ZJS 2019, 323 ff.; *Mitsch* NJW 2017, 3124 ff.; *Rössner/Safferling* 9. Problem; *Schiemann* NStZ 2017, 657 f. In der Fallbearbeitung *Mansdörfer* Rn. 449 ff.

sichern. Da aber zugleich verhindert werden sollte, dass ein noch in Marokko befindlicher Mitbeschuldigter durch Ermittlungsmaßnahmen gewarnt würde, beschlossen sie, den Wagen von A im Rahmen einer scheinbar zufälligen Verkehrskontrolle anhalten und durchsuchen zu lassen. Zu diesem Zweck wandten sich die ermittelnden Beamten an die Verkehrspolizei, die sie für den Einsatz präzise instruierten. Die Einholung eines richterlichen Durchsuchungsbeschlusses wurde nicht für erforderlich gehalten. Bei der „Verkehrskontrolle" wurden 8 kg Kokain in einem Hohlraum unterhalb der Mittelkonsole gefunden und beschlagnahmt. War diese Maßnahme rechtmäßig?

66b Die Maßnahme wäre rechtmäßig, wenn die formellen und materiellen Voraussetzungen einer Ermächtigungsgrundlage erfüllt wären. In Betracht kommt eine **Durchsuchung nach §§ 102, 105 StPO.** A ist aufgrund konkreter Anhaltspunkte Beschuldigter einer Straftat (nach § 29a Abs. 1 Nr. 2 BtMG). Nach den Ermittlungen kann vermutet werden, dass die Durchsuchung des Pkw als einer dem A gehörenden Sache[35] zum Auffinden von Beweismitteln führen wird. Die Maßnahme war auch verhältnismäßig. In formeller Hinsicht setzt die Durchsuchung grundsätzlich eine richterliche Anordnung voraus (§ 105 Abs. 1 S. 1 StPO). Zwar besteht bei Gefahr im Verzug eine Eilkompetenz der Staatsanwaltschaft und ihrer Ermittlungspersonen. Da die Polizei frühzeitig über den geplanten Drogentransport unterrichtet war, war aber ein Beweismittelverlust bei Einholung einer richterlichen Entscheidung nicht zu befürchten; Gefahr im Verzug lag mithin nicht vor. Da die erforderliche richterliche Anordnung nicht eingeholt wurde, kann sich der Eingriff nicht auf §§ 102, 105 StPO stützen.

66c In Betracht kommen aber **präventivpolizeiliche Eingriffsgrundlagen.** Soweit **§ 36 Abs. 5 StVO** Polizeibeamten erlaubt, Verkehrsteilnehmer zur Verkehrskontrolle anzuhalten, besteht allerdings lediglich eine Grundlage zu verkehrsbezogenen Überprüfungen, nicht dagegen für die hier in Rede stehende Suche nach zum Handel bestimmten Drogen.[36] In Betracht kommen aber Ermächtigungsgrundlagen zur **Durchsuchung zum Zweck der Gefahrenabwehr nach allgemeinem Polizeirecht** (z. B. § 37 Abs. 1 Nr. 1, Nr. 3 HSOG; § 23 Abs. 1 Nr. 1, Nr. 3 Nds. SOG). Diese (länderspezifischen) Regelungen erlauben Durchsuchungen von Personen, wenn die tatsächlich begründete Annahme besteht, dass sie Sachen bei sich führen, die sichergestellt werden dürfen. Das ist mit Blick auf die mitgeführten Drogen der Fall.[37] Eine vorherige richterliche Anordnung setzen diese Vorschriften nicht voraus. Auf präventivpolizeilicher Grundlage wäre die Maßnahme folglich rechtmäßig.[38]

66d Fraglich ist, ob es der polizeirechtlichen Rechtmäßigkeit entgegensteht, dass A Beschuldigter in einem Strafverfahren war und die Polizei neben der Gefahrenabwehr (Verhinderung des Inverkehrbringens des Rauschgifts) auch die Beweissicherung im Verfahren gegen den Beschuldigten erstrebte. Es stellt sich damit die Frage nach dem **Verhältnis präventivpolizeilicher und strafprozessualer Ermächtigungsgrundlagen:** Es handelt sich um eine sogenannte „doppelfunktionale

[35] Hierfür sind nicht die zivilrechtlichen Eigentumsverhältnisse entscheidend, es genügt (Mit-)Gewahrsam; vgl. MüKoStPO/*Hauschild* § 102 Rn. 25.

[36] BGHSt 62, 123 Rn. 15.

[37] Vgl. BGHSt 62, 123 Rn. 16 f.; *BGH* NStZ 2016, 176.

[38] Kritisch *Lange-Bertalot/Aßmann* NZV 2017, 572 ff.

Maßnahme“, die sowohl der Verfolgung präventiver als auch repressiver Ziele diente.[39] Die rechtliche Einordnung solcher Fälle ist **umstritten:**

Zum Teil wird ein **absoluter Vorrang strafprozessualer Vorschriften** angenommen, weil andernfalls die teilweise strengeren Anforderungen umgangen würden, die die StPO an die Vornahme von Eingriffen stellt.[40] Danach wäre der Eingriff wegen Missachtung des Richtervorbehalts rechtswidrig (→ Rn. 66b). **66e**

Überwiegend wird für die Entscheidung über die maßgebliche Eingriffsgrundlage auf den **Schwerpunkt der Maßnahme** abgestellt.[41] Es stellt sich dann freilich die Frage, wo der Schwerpunkt der Durchsuchung liegt. Für eine im Kern strafprozessuale Maßnahme spricht der Umstand, dass die Verkehrskontrolle von den Strafverfolgungsbehörden im Rahmen des dortigen Ermittlungsverfahrens initiiert worden war und die Verkehrspolizei den Vorgaben der Ermittlungsbehörden folgte.[42] Andererseits kann auch der Umstand, dass die Verkehrspolizei den Vorgaben der Strafverfolgungsbehörden faktisch Folge leistete, nichts daran ändern, dass sie einen eigenen gefahrenabwehrrechtlichen Entscheidungsspielraum behält. Anders als die Staatsanwaltschaft (§ 161 Abs. 1 StPO) haben die ermittelnden Polizeibeamten gegenüber anderen Polizeibeamten keine Weisungsbefugnisse (§ 163 Abs. 1 StPO). Für einen präventiven Schwerpunkt lässt sich auch geltend machen, dass die erhebliche Menge von 8 kg Kokain eine bedeutsame Gefahr für das vom Betäubungsmittelstrafrecht geschützte Rechtsgut der Volksgesundheit begründet. Gerade bei Gefahren für hochwertige Rechtsgüter dürfte das Interesse an deren Verhinderung häufig stärker ins Gewicht fallen als die strafrechtliche Verfolgung.[43] Vor diesem Hintergrund erscheint vorliegend sowohl die Annahme eines präventiven als auch eines repressiven Schwerpunkts vertretbar. **66f**

Der BGH hat sich der Auffassung angeschlossen, die präventive und repressive Eingriffsgrundlagen **nebeneinander** für **anwendbar** hält.[44] Dafür macht er insbesondere geltend, dass Gefahrenabwehr und Strafverfolgung als staatliche Aufgaben mit unterschiedlicher Zielrichtung gleichberechtigt nebeneinander stünden. Praktisch sei es häufig so, dass die Grenzen zwischen präventivem und repressivem Handeln fließend seien und eine starre Verweisung auf strafprozessuale Regelungen es der Polizei unmöglich mache, auf unvorhersehbare Gefahrenlagen adäquat zu reagieren. Sieht man es so, so konnte die Polizei ihr Handeln auch auf präventivpolizeiliche Grundlagen stützen. Danach wäre die Maßnahme rechtmäßig gewesen. **66g**

Eine weitere (hier nicht gestellte) Frage ist die nach der **Verwertbarkeit** der durch die Durchsuchung erlangten **Beweismittel.** Hat man schon die Rechtmäßigkeit der Maßnahme abgelehnt, weil die strafprozessualen Eingriffsvoraussetzungen nicht gegeben sind, so liegt es nahe, eine objektiv willkürliche Missachtung des Richtervorbehalts anzunehmen und daraus ein Beweisverwertungsverbot abzuleiten (vgl. → Rn. 207).[45] Der BGH hat eine Verwertung **66h**

---

[39] Abzugrenzen von repressiven Maßnahmen, bei denen lediglich ein unselbständiger präventiver Nebeneffekt etwa dadurch erzielt wird, dass durch eine Festnahme zugleich die Begehung weiterer Straftaten ausgeschlossen wird; BGHSt 62, 123 Rn. 20.

[40] *Gubitz* NStZ 2016, 128; *Mitsch* NJW 2017, 3125 f.; *Schiemann* NStZ 2017, 658.

[41] *Beulke/Swoboda* StrafProzR Rn. 162. Vgl. auch RiStBV Anlage A III.

[42] Für einen repressiven Schwerpunkt ohne weitere Begründung *Beulke/Swoboda* StrafProzR Rn. 162. Der Originalfall des BGH bot für diese Sichtweise weitere Argumente, dazu *A. H. Albrecht* HRRS 2017, 450, die deshalb von einer rein repressiven Maßnahme ausgeht.

[43] So ist etwa der Schutz einer Geisel wichtiger als die strafrechtliche Verfolgung des Geiselnehmers; vgl. *Beulke/Swoboda* StrafProzR Rn. 162.

[44] BGHSt 62, 123 Rn. 24 f. Zustimmend *Cerny/Fickentscher* NStZ 2019, 697 ff.

[45] Vgl. *Engländer* Rn. 253; *Mitsch* NJW 2017, 3126.

der Beweismittel nach den in **§ 161 Abs. 3 S. 1 StPO** normierten Grundsätzen des sogenannten „hypothetischen Ersatzeingriffs" gebilligt: Da die auf präventivpolizeilicher Grundlage vorgenommene Durchsuchung auch nach §§ 102, 105 StPO hätte angeordnet werden können (→ Rn. 66b), sollen die so gewonnenen Informationen auch im Strafprozess zur Verfügung stehen.[46]

2. Die Untersuchungshaft; zugleich zur Stellung des Verteidigers und zum Akteneinsichtsrecht

67 **Fall:**[47] A ist dringend der Begehung zahlreicher Korruptions- und Betrugstaten verdächtig, wobei sich der Verdacht insbesondere auf die belastenden Aussagen der Zeugen X und Y stützt. Mit Blick auf das Gewicht der Tatvorwürfe und den Umstand, dass A ein Ferienhaus auf Mallorca besitzt, beantragt die Staatsanwaltschaft – unter Beifügung eines entsprechenden Beschlussentwurfs – beim zuständigen Amtsgericht den Erlass eines Haftbefehls wegen Fluchtgefahr, der auch antragsgemäß ergeht und durch die Staatsanwaltschaft vollstreckt wird. Dieser Haftbefehl enthält eine kurze Sachverhaltsschilderung auf der Grundlage des Akteninhalts und bezeichnet als Beweismittel die Zeugen X und Y sowie die „sonstigen Ermittlungen". Da die Zeugen X und Y Angaben zu weiteren möglichen, dem A noch unbekannten Beweismitteln gemacht haben, legt die Staatsanwaltschaft Wert darauf, dass A von dem Inhalt dieser Aussagen keine Kenntnis erhält. Die Ermittlungen haben nämlich gezeigt, dass A andere Beweismittel bereits vor seiner Verhaftung beseitigt hatte.

a) Welche Rechtsbehelfe stehen A gegen seine Inhaftierung zur Verfügung? Beurteilen Sie die Erfolgsaussichten!
b) Kann A's Verteidiger V die Einsicht in die Ermittlungsakten – einschließlich der protokollierten Aussagen von X und Y – gegen den Willen der Staatsanwaltschaft erzwingen?
c) Nehmen Sie an, V erhält von der Staatsanwaltschaft umfassend Akteneinsicht durch Übersendung der Akten in sein Büro. Aus den Akten ergibt sich, dass die Staatsanwaltschaft einen Arrestbeschluss (§§ 111e ff. StPO) bezüglich eines Bankkontos des A beim Ermittlungsrichter beantragt hat. Darf V dies dem A mitteilen?

a) Einführung

aa) Untersuchungshaft (§§ 112 ff. StPO)

68 Die Untersuchungshaft dient in erster Linie dem Zweck der Verfahrenssicherung.[48] Dazu soll sie

- die Anwesenheit des Beschuldigten für das Verfahren sicherstellen,
- die ordnungsgemäße Beweiserhebung sicherstellen,
- die Strafvollstreckung sichern.

---

[46] BGHSt 62, 123 Rn. 37 ff. (nach damaliger Rechtslage noch § 161 Abs. 1 S. 1 StPO). Ablehnend *Cerny/Fickentscher* NStZ 2019, 697 (700 ff.).

[47] Zur Untersuchungshaft vgl. die Zusatzfragen bei *Beulke* Klausurenkurs III Rn. 609, 638 ff.; *Bosch* S. 558 ff.; *Heinrich/Reinbacher* 13/14 ff.; *Mansdörfer* Rn. 133 ff.; auch Hellmann/*Stage* Rn. 207 ff.; *Rackow* JA 2011, 23 (28 ff.); zum Strafverteidiger vgl. die Zusatzfragen bei *Beulke* Klausurenkurs III Rn. 198, 241 f.; *Engländer* Rn. 74; *Bosch* S. 555 ff.; *Rackow* JA 2011, 23 (29); *Schöpe* ZJS 2014, 304 (309 f.); zur Akteneinsicht vgl. den Fall bei *Bosch* JURA 2014, 940 f.

[48] Ausnahme: § 112a StPO; siehe dazu den Text.

Die Untersuchungshaft stellt als „Freiheitsberaubung Unschuldiger" (Unschuldsvermutung!) einen besonders intensiven Grundrechtseingriff (Art. 2 Abs. 2 S. 2 GG) dar, der aber zur Sicherstellung einer funktionstüchtigen Strafrechtspflege unter Beachtung strenger Anforderungen hinsichtlich der Anordnungsvoraussetzungen wie auch des einzuhaltenden Verfahrens legitimierbar ist (vgl. auch Art. 5 EMRK). Die Verhängung der Untersuchungshaft nach **§ 112 StPO** ist unter folgenden **Voraussetzungen** zulässig: 69

- Dringender Tatverdacht (→ Rn. 62)
- Haftgrund (§ 112 Abs. 2 StPO) – alternativ:
  - Flucht (Nr. 1)
  - Fluchtgefahr (Nr. 2)
  - Verdunkelungsgefahr (Nr. 3)
- Verhältnismäßigkeit (§ 112 Abs. 1 S. 2 StPO).

In den Haftgründen des § 112 StPO spiegelt sich der Zweck der Verfahrenssicherung wider. **§ 112a StPO** normiert zusätzlich den – gegenüber § 112 StPO subsidiären (§ 112a Abs. 2 StPO) – Haftgrund der **Wiederholungsgefahr,** der die Inhaftierung von als gefährlich eingeschätzten Beschuldigten zum Schutze der Allgemeinheit erlaubt. Dieser Haftgrund ist im Unterschied zu denen des § 112 StPO präventiv-polizeilicher Natur. 70

Liegt kein Haftgrund vor, so ist die Untersuchungshaft nicht erforderlich und damit unverhältnismäßig. Das gilt – entgegen dem klaren Wortlaut dieser Vorschrift – auch in den Fällen des Verdachts eines **Kapitaldelikts** nach **§ 112 Abs. 3 StPO.** Die bloße Beunruhigung der Bevölkerung („Ein Mörder läuft frei herum") legitimiert keine Freiheitsentziehung.[49] Das BVerfG[50] hat deshalb klargestellt, dass in den Fällen des § 112 Abs. 3 StPO bei verfassungskonformer Interpretation des Gesetzes ebenfalls ein Haftgrund vorausgesetzt ist, wobei die Anforderungen an dessen Vorliegen reduziert sind: es genügt eine nach den Umständen des Falles nicht auszuschließende Flucht- oder Verdunkelungsgefahr bzw. die ernstliche Befürchtung, dass der Beschuldigte weitere Verbrechen ähnlicher Art begeht. 71

Ausprägung des Verhältnismäßigkeitsprinzips ist die Pflicht zur **Aussetzung des Vollzugs** des Haftbefehls, wenn weniger einschneidende Maßnahmen, insbesondere die Leistung einer Sicherheit („Kaution"), Einschränkungen der Freizügigkeit oder Kontaktverbote mit Zeugen oder Mitbeschuldigten, die Erwartung hinreichend begründen, dass der Zweck der Haft auch ohne deren Vollzug erreicht werden kann (§ 116 StPO). 72

Die Anordnung der Untersuchungshaft liegt in der Hand des **Richters** (Art. 104 Abs. 2, 3 GG; §§ 114, 125, 128, 162 Abs. 1 S. 2 StPO, auch zur örtlichen Zuständigkeit). **Rechtsbehelfe** sind die Haftprüfung (§§ 117 ff. StPO; Zuständigkeit nach § 126 StPO) und die Beschwerde (§ 304 StPO). Diese Rechtsbehelfe unterscheiden sich vor allem dadurch, dass nur die Beschwerde das Verfahren in eine höhere Instanz bringen kann (näher → Rn. 80 f.). Zudem ist bei der Beschwerde durch § 310 StPO die Möglichkeit eröffnet, die Entscheidung des Beschwerdegerichts mit der weiteren Beschwerde anzugreifen (§ 310 StPO). 73

---

[49] BVerfGE 19, 342 (350).
[50] BVerfGE 19, 342 (350 f.).

74 Das Verfahren bei Untersuchungshaft lässt sich folgendermaßen veranschaulichen:

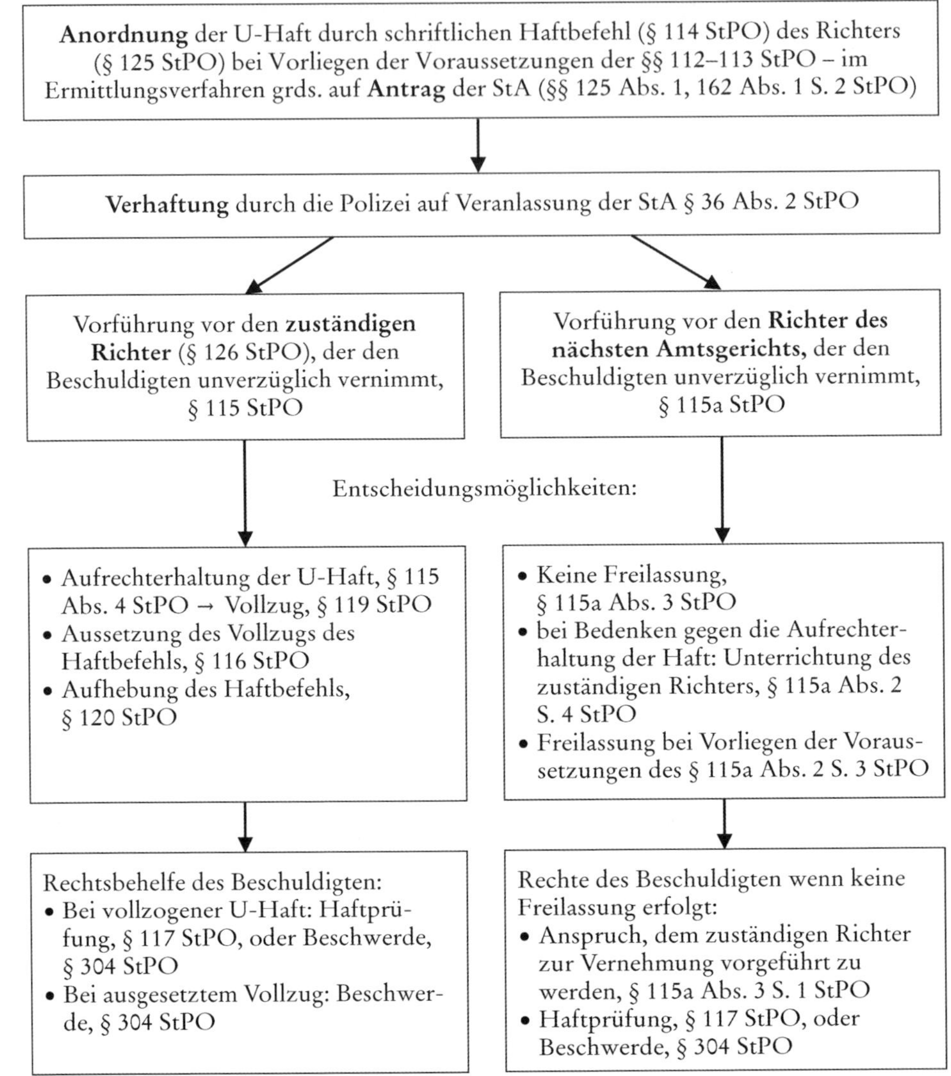

bb) Exkurs: Der Europäische Haftbefehl

74a Die allgemeine Internationalisierung der Lebensverhältnisse, der Bedeutungsverlust nationaler Grenzen durch den Einsatz moderner Technik (z. B. Internet), die Freizügigkeit in der EU (Art. 21, 45 AEUV) bei Öffnung der Grenzen und viele andere Faktoren haben zu einem Anstieg **grenzüberschreitender Kriminalität** geführt. Die Durchführung von Strafverfahren und die Vollstreckung verhängter Strafen können damit nicht mehr allein aufgrund nationaler Untersuchungshaft sichergestellt werden. In Deutschland regeln §§ 78 ff. IRG den Auslieferungsverkehr mit den Mitgliedsstaaten der EU. Kern dieser Regeln zum Europäischen Haftbefehl ist das **Prinzip der gegenseitigen Anerkennung,** demzufolge dem von der Justizbehörde eines Mitgliedsstaates ausgestellten Europäischen Haftbefehl[51] ohne weitere Prüfung Folge zu leisten ist, sofern es um die Verfolgung einer Tat geht, die den im Rahmenbeschluss Europäischer Haftbefehl[52] aufgeführten Deliktsgruppen zugehört (§ 81 Nr. 4 IRG).[53]

Zwar sieht der Rahmenbeschluss und dessen Umsetzung im deutschen IRG bestimmte **Ablehnungsgründe** vor, die einer Überstellung des Betroffenen entgegengehalten werden können oder auch müssen (z. B. bei bereits erfolgter rechtskräftiger Aburteilung der Tat in einem anderen Mitgliedsstaat, § 83 Abs. 1 Nr. 1 IRG).[54] Dem Prinzip der gegenseitigen Anerkennung liegt aber das wechselseitige Vertrauen unter den Mitgliedsstaaten der EU zugrunde, dass die grund- und menschenrechtlichen Standards überall eingehalten werden.[55] Das kann im Einzelfall aber bezweifelt werden, etwa wenn ein Angeklagter in Italien in seiner Abwesenheit zu einer 30-jährigen Freiheitsstrafe verurteilt wurde[56] oder die Übergabe an einen Mitgliedsstaat erfolgen soll, in dem die Haftbedingungen (möglicherweise) nicht den menschenrechtlichen Mindeststandards entsprechen[57] oder wenn nach der jüngsten Justizreform in Polen Zweifel an der Rechtsstaatlichkeit der dortigen Justiz auftreten.[58] Sowohl das BVerfG als auch der EuGH halten in Ausnahmefällen eine Abweichung vom Prinzip der gegenseitigen Anerkennung für geboten, wenn im konkreten Fall eine Missachtung der grund- und menschenrechtlichen Standards durch den Staat, in dem der Europäische Haftbefehl ausgestellt wurde, naheliegt.[59] 74b

Für den Erlass eines Europäischen Haftbefehls ist ein zweistufiges **Verfahren** erforderlich: Zunächst bedarf es eines vom Richter erlassenen Haftbefehls nach §§ 112 ff. StPO. Sodann ergeht der Europäische Haftbefehl, für dessen Ausstellung in Deutschland zunächst die Staatsanwaltschaft zuständig war. Nach Auffassung des EuGH ist diese aber aufgrund ihrer Weisungsunterworfenheit gegenüber dem (Landes-)Justizministerium (§§ 146 f. GVG) nicht als „ausstellende Justizbehörde" im Sinne von Art. 6 Abs. 1 des Rahmenbeschlusses[60] anzuerkennen.[61] Erforderlich ist damit eine Ausstellung durch ein Gericht, dessen Zuständigkeit sich aus §§ 131 Abs. 1 und 162 Abs. 1 bzw. 3 StPO ergibt.[62] 74c

cc) Zur Stellung des Verteidigers und zum Akteneinsichtsrecht (§§ 137 ff. StPO)

Dem in einem Strafverfahren Beschuldigten fehlen regelmäßig die zu seiner sachgerechten Verteidigung erforderlichen Rechtskenntnisse. Zudem befindet er sich häufig in einem „psychischen Ausnahmezustand" und ist mitunter, insbesondere wenn er sich in Haft befindet, auch in seinen tatsächlichen Verteidigungsmöglichkeiten eingeschränkt. Deshalb darf sich der Beschuldigte „in jeder Lage des Verfahrens" eines Verteidigers bedienen (§ 137 Abs. 1 StPO); über dieses Recht ist er auch zu 75

---

51 Zu den Grundlagen des Europäischen Haftbefehls *Schäfer* JuS 2019, 856 ff.

52 Rahmenbeschluss 2002/584/JI des Rates v. 13.6.2002 (ABl. L 190 v. 18.7.2002, S. 1), geändert durch Rahmenbeschluss 2009/299/JI (ABl. L 81 v. 27.3.2009, S. 24).

53 Der Katalog der Deliktsgruppen ist weit gefasst; dazu – kritisch – *Ambos* IntStrafR § 12 Rn. 49 ff.

54 Näher *Ambos* IntStrafR § 12 Rn. 52.

55 Vertiefend *Böse* GA 2020, 521 ff.

56 BVerfGE 140, 317.

57 *EuGH* NJW 2016, 1709; *BVerfG* NJW 2021, 3176 (LS).

58 *EuGH* Urt. v. 25.7.2018 – C-216/18.

59 Siehe die vorstehend zitierten Entscheidungen. Ein Spannungsverhältnis besteht zwischen *EuGH* und *BVerfG* hinsichtlich der Frage, inwieweit diese Prüfung auch am Maßstab der nationalen Verfassung zu erfolgen hat; *Satzger* NStZ 2016, 514 ff.; *Beulke/Swoboda* StrafProzR Rn. 29. Zur Auflösung dieses Spannungsverhältnisses durch Erstreckung der Prüfungskompetenz des BVerfG auf die Unionsgrundrechte *Brodowski* StV 2021, 682 ff.

60 Rahmenbeschluss 2002/584/JI des Rates v. 13.6.2002 (ABl. L 190 v. 18.7.2002, S. 1), geändert durch Rahmenbeschluss 2009/299/JI (ABl. L 81 v. 27.3.2009, S. 24).

61 *EuGH* NJW 2019, 2145 ff.; dazu *Ruffert* JuS 2019, 920 ff.; kritisch *Böhm* NZWiSt 2019, 325 ff.

62 *BVerfG* NJW 2020, 3375; SSW StPO/*Ziegler* § 162 Rn. 5; kritisch *Trüg/Ulrich* NJW 2019, 2811 ff.

belehren (§ 136 Abs. 1 S. 2 StPO). Der Verteidiger weist zu der persönlichen Lage des Beschuldigten eine professionelle Distanz auf, die zur wirkungsvollen Wahrnehmung der Interessen seines Mandanten erforderlich ist. Eine solche Interessenwahrnehmung ist trotz der Verpflichtung der Staatsanwaltschaft, auch entlastende Umstände zu ermitteln (§ 160 Abs. 2 StPO), zur Herstellung von **„Waffengleichheit“**[63] (im Sinne einer Ausbalancierung der Rechte unter Berücksichtigung der Verschiedenartigkeit der Prozessrollen)[64] erforderlich. Damit ist das Recht auf eine wirkungsvolle Verteidigung Ausdruck eines fairen, rechtsstaatlichen Verfahrens (Art. 6 Abs. 3 lit. c EMRK). Nur ein faires Verfahren, in dem sich der Beschuldigte wirksam verteidigen kann, vermag die rechtsfriedensstiftende Funktion des Strafverfahrens (→ Rn. 5) zu erfüllen. Daraus rechtfertigt sich auch das Institut der **notwendigen Verteidigung** (§ 140 StPO), wonach der Beschuldigte insbesondere bei besonders schwerwiegenden Vorwürfen oder wenn ihm U-Haft droht, eines Verteidigers bedarf, der gegebenenfalls vom Gericht zu bestellen ist (Pflichtverteidiger, §§ 141 ff. StPO).[65] Daraus folgt weiter, dass der Verteidiger „Teilhaber, nicht Gegner einer funktionstüchtigen Strafrechtspflege“ ist.[66] Er kann deshalb auch nicht weisungsgebundener Vertreter des Beschuldigten sein,[67] sondern ist mit eigenen Rechten ausgestatteter **Beistand** und in dieser Funktion zugleich der Staatsanwaltschaft und dem Gericht gleichgeordnetes **Organ der Rechtspflege**[68] (vgl. auch § 1 BRAO: „Der Rechtsanwalt ist unabhängiges Organ der Rechtspflege“). Zu den **Aufgaben** des Verteidigers gehören:

- die umfassende Beratung des Beschuldigten
- die Abgabe von Stellungnahmen für den Beschuldigten (in jeder Lage des Verfahrens [vgl. § 137 StPO], Schlussvortrag [§ 258 StPO])
- die Ausübung prozessualer Rechte (z. B. die Einlegung von Rechtsmitteln im Rahmen von § 297 StPO)
- allgemein: das Bemühen um einen für den Beschuldigten günstigen Verfahrensausgang.

76 Damit der Verteidiger diese Aufgaben erfüllen kann, bedarf sein Verhältnis zum Beschuldigten des Schutzes und er muss mit den erforderlichen Verfahrensrechten ausgestattet sein. Für das Verhältnis des Verteidigers zu seinem Mandanten zentral ist das **Recht auf Kommunikation:** Dem Beschuldigten ist – auch wenn er inhaftiert ist – unüberwachter schriftlicher und mündlicher (ggf. auch telefonischer[69]) Verkehr mit dem Verteidiger gestattet (§ 148 Abs. 1 StPO).[70] Daraus folgt ein Verbot der Überwachung der Telekommunikation zwischen dem Verteidiger und

---

[63] *BVerfG* NJW 1975, 103; 1983, 1043; *Safferling* NStZ 2004, 181 ff.

[64] Meyer-Goßner/Schmitt/*Schmitt* Einl. Rn. 88. Dabei ist insbesondere zu berücksichtigen, dass die Staatsanwaltschaft nicht „Gegner“ des Beschuldigten, sondern zur Objektivität verpflichtet ist (§ 160 Abs. 2 StPO); vgl. BVerfGE 133, 168 Rn. 59.

[65] Einzelheiten bei *Müller-Jacobsen* NJW 2020, 575 ff.; *Swoboda/Carlsen/Rühs* JURA 2021, 1005 ff.

[66] Meyer-Goßner/Schmitt/*Schmitt* StPO Vor § 137 Rn. 1.

[67] BGHSt 12, 367 (369).

[68] BGHSt 38, 111 (114); *Krey/Heinrich* Rn. 342; kritisch zur Organtheorie etwa *Putzke/Scheinfeld* Rn. 393. A. A. die Parteiinteressentheorie (dazu *Beulke/Swoboda* StrafProzR Rn. 228) und die Vertragstheorie (HKV StrafR-HdB VII/*Jahn/Brodowski* § 17 Rn. 37 ff. und passim). Eingehend zu den unterschiedlichen Ansätzen *Bosch* JURA 2014, 938 ff. In der Fallbearbeitung *Schöpe* ZJS 2014, 304 (310).

[69] *BVerfG* HRRS 2012 Nr. 280; *BGH* NStZ 2011, 592.

[70] Einschränkungen in eng begrenzten Ausnahmefällen: § 148 Abs. 2 StPO, §§ 31–38 EGGVG.

seinem Mandanten,[71] das mittlerweile in § 160a Abs. 1 StPO gesetzlich geregelt ist. Dieses Überwachungsverbot findet allerdings seine Grenze, wenn der Verdacht besteht, dass der Verteidiger an der Tat oder an einer Datenhehlerei, Begünstigung, Strafvereitelung oder Hehlerei beteiligt ist (§ 160a Abs. 4 S. 1 StPO). Hinsichtlich des schriftlichen Verkehrs garantiert § 97 Abs. 1 Nr. 1, Abs. 2 StPO die Beschlagnahmefreiheit von schriftlichen Mitteilungen zwischen Beschuldigtem und Verteidiger (näher → Rn. 139).

Schon im Ermittlungsverfahren stehen dem Verteidiger **Anwesenheitsrechte** zu bei richterlichen Untersuchungshandlungen (§§ 168c Abs. 2, 168d StPO), bei staatsanwaltschaftlichen und richterlichen sowie polizeilichen Vernehmungen seines Mandanten (§ 168c Abs. 1; § 163a Abs. 3 S. 2, Abs. 4 StPO i. V. m. § 168c Abs. 1 StPO),[72] nicht aber bei Vernehmungen von Mitbeschuldigten.[73] Der Verteidiger hat ein eigenes, vom Willen des Angeklagten unabhängiges **Beweisantragsrecht.**[74] Zentral ist das Recht auf **Akteneinsicht** (§ 147 StPO), durch dessen Ausübung der Verteidiger auf den Kenntnisstand der Ermittlungsbehörden und des Gerichts gebracht wird. Damit ist dieses Recht eine wesentliche Voraussetzung der prozessualen „Waffengleichheit" und für die Verwirklichung des Anspruchs auf rechtliches Gehör (Art. 103 Abs. 1 GG; näher → Rn. 91). 77

Grenzen der Verteidigerrechte ergeben sich nach h. M. aus der Stellung als Organ der Rechtspflege: Dem Verteidiger ist es verboten, seine Rechte zur Verfolgung verfahrensfremder Zwecke zu missbrauchen.[75] Er darf sich „nur der prozessual und standesrechtlich erlaubten Mittel bedienen, ein Recht zur Lüge hat er ebenso wenig wie ein Recht zur Beratung bei der Lüge. Insbesondere ist es ihm untersagt, durch aktive Verdunkelung und Verzerrung des Sachverhalts die Wahrheitserforschung zu erschweren oder Beweisquellen zu verfälschen."[76] Überschreitet er diese Grenzen, so kann dies prozessual die Ausschließung des Verteidigers rechtfertigen (§§ 138a ff. StPO) und materiellrechtlich eine Strafbarkeit wegen Strafvereitelung (§ 258 StGB) begründen.[77] 78

b) Falllösung

Fallfrage a): Statthafte Rechtsbehelfe gegen den Haftbefehl sind die Beschwerde nach §§ 301 ff. StPO[78] sowie die Haftprüfung (§§ 117 ff. StPO). Letztere kann nur beantragt werden, wenn der Haftbefehl vollzogen wird, der Beschuldigte also tatsächlich inhaftiert ist (§ 117 Abs. 1 StPO). Da danach vorliegend beide Rechtsbehelfe statthaft sind, kann A zwischen Haftbeschwerde und Haftprüfung wählen; 79

---

[71] Dazu Heghmanns/Scheffler StrafVerf-HdB/*Murmann* III Rn. 212.

[72] Dazu, dass bei einem Verstoß gegen § 168c StPO die richterliche Vernehmung als nichtrichterliche in die Hauptverhandlung eingeführt werden kann, *BGH* NStZ 2021, 687 m. Anm. *Schneider.*

[73] Gegen eine Analogie zu § 168c Abs. 1 StPO wegen Fehlens einer planwidrigen Regelungslücke BGHSt 42, 391 (393 ff.). Im Rahmen einer Zusatzfrage *Putzke* JuS 2019, 1094 (1101 f.).

[74] Meyer-Goßner/Schmitt/*Schmitt* StPO § 244 Rn. 30.

[75] BGHSt 38, 111 (114); Zusatzfrage bei *Bosch* S. 555 ff.

[76] *BGH* NStZ 1999, 188 (189); BGHSt 63, 174 (Vereitelung der Beschlagnahme von Unterlagen durch absichtlich falsche Angaben über deren Besitz; dazu *Jäger* JA 2019, 154 ff.). Vgl. in der Fallbearbeitung *Schöpe* ZJS 2014, 304 (309 f.); ferner *Bosch* JURA 2014, 943 ff.

[77] *BGH* NStZ 1999, 188; NStZ 2006, 510 (dazu *Böhm* NJW 2006, 2371 ff.); *BVerfG* StV 2006, 522.

[78] Dazu noch → Rn. 81 ff.

hat er sich aber für die Haftprüfung entschieden, ist eine Beschwerde unzulässig (Subsidiarität der Haftbeschwerde: § 117 Abs. 2 S. 1 StPO).

80 Beantragt A eine **Haftprüfung,** so ist im Ermittlungsverfahren grundsätzlich der Ermittlungsrichter beim AG für die Entscheidung zuständig (§§ 126 Abs. 1 S. 1, 125 StPO). Durch die Haftprüfung wird also keine neue Instanz eröffnet, sondern der Richter hat seine eigene Entscheidung zu überprüfen.[79] Auf Antrag des Beschuldigten ist mündlich zu verhandeln (§ 118 Abs. 1 StPO).

81 Entscheidet sich A für eine **Haftbeschwerde,** so ist diese zwar ebenfalls bei dem Gericht einzulegen, das den Haftbefehl erlassen hat (§ 306 Abs. 1 StPO). Hilft der hierfür im Ermittlungsverfahren zuständige Ermittlungsrichter (§ 125 Abs. 1 StPO)[80] der Beschwerde aber nicht ab, so bringt die Beschwerde das Verfahren in die nächste Instanz, regelmäßig also vor eine Große Strafkammer am Landgericht (§ 73 Abs. 1 GVG i. V. m. § 76 Abs. 1 GVG).[81] Eine mündliche Verhandlung kann A hier nicht erzwingen (§ 118 Abs. 2 StPO).

82 Hinsichtlich der **Begründetheit** stellt sich für die Haftprüfung wie auch für die Haftbeschwerde zunächst die Frage, ob die materiellen Anordnungsvoraussetzungen des § 112 StPO erfüllt sind. Der nach § 112 Abs. 1 S. 1 StPO erforderliche **dringende Tatverdacht** (= hohe Wahrscheinlichkeit der Tatbegehung, → Rn. 62) liegt vor. Weiter müsste ein **Haftgrund** gegeben sein. Vorliegend ist der Haftbefehl auf **Fluchtgefahr** (§ 112 Abs. 2 Nr. 2 StPO) gestützt. Es müsste also auf Grund bestimmter Tatsachen die Gefahr bestehen, dass A sich dem Strafverfahren entziehen werde. Eine solche „Gefahr" liegt vor, wenn eine Flucht wahrscheinlicher ist als dass sich der Beschuldigte für das Verfahren zur Verfügung hält; erforderlich ist eine Gesamtabwägung.[82] Anhaltspunkte für eine Fluchtgefahr sind vorliegend die hohe Straferwartung und der durch das Ferienhaus begründete Auslandskontakt. Da gegenteilige Anhaltspunkte – etwa feste berufliche oder private Bindungen – nicht ersichtlich sind, liegt Fluchtgefahr vor.

83 Das Gericht hat sich nicht auf den Haftgrund der **Verdunkelungsgefahr** (§ 112 Abs. 2 Nr. 3 StPO) gestützt, obwohl die Existenz von Beweismitteln, die nach dem Willen der Staatsanwaltschaft vor dem Beschuldigten geheim gehalten werden sollen, auch deren Vorliegen naheliegend erscheinen lässt. Wäre der Haftgrund der Fluchtgefahr nicht einschlägig, so wäre der Haftbefehl im Rahmen von Haftprüfung bzw. Haftbeschwerde nur dann nach § 120 StPO aufzuheben, wenn eine Umstellung auf Verdunkelungsgefahr nicht möglich wäre.[83]

84 Weiter muss der Erlass eines Haftbefehls **verhältnismäßig** sein (§ 112 Abs. 1 S. 2 StPO), was angesichts des Gewichts der Tatvorwürfe der Fall ist. Da weiterhin auch die formellen Anordnungsvoraussetzungen erfüllt sind, der Haftbefehl insbesondere vom zuständigen Richter erlassen wurde (§§ 114, 125 StPO), wäre der Haftbefehl im Rahmen eines Haftprüfungsverfahrens aufrechtzuhalten bzw. wäre eine Haftbeschwerde insoweit unbegründet.

---

79 Im Haftprüfungsverfahren wird also die ohnedies bestehende Pflicht des Gerichts, in jeder Lage des Verfahrens das Fortbestehen der Haftvoraussetzungen zu prüfen, durch den Antrag des Beschuldigten formalisiert (SK-StPO/*Paeffgen* § 117 Rn. 2).

80 Hinsichtlich der örtlichen Zuständigkeit ist zu beachten, dass § 125 Abs. 1 StPO (Zuständigkeit des AG, bei dem ein Gerichtsstand begründet ist [§§ 7 ff. StPO] oder in dessen Bezirk sich der Beschuldigte aufhält) durch § 162 Abs. 1 S. 2 StPO ergänzt wird (Amtsgericht, in dessen Bezirk die antragstellende Staatsanwaltschaft ihren Sitz hat).

81 Siehe Meyer-Goßner/Schmitt/*Schmitt* GVG § 76 Rn. 16.

82 *OLG Hamm* NStZ-RR 2010, 158; *KG* StV 2012, 350; *Beulke/Swoboda* StrafProzR Rn. 322; Meyer-Goßner/*Schmitt* StPO § 112 Rn. 17.

83 Meyer-Goßner/Schmitt/*Schmitt* StPO § 120 Rn. 2.

Ist der Haftbefehl rechtmäßig, so ist sowohl im Haftprüfungsverfahren (vgl. § 117 Abs. 1 StPO) als auch im Haftbeschwerdeverfahren weiterhin zu prüfen, ob sein **Vollzug** nach § 116 Abs. 1 StPO **auszusetzen** ist. Die Aussetzungsmöglichkeit stellt eine besondere Ausprägung des Verhältnismäßigkeitsgrundsatzes dar, wenn zwar die Anordnung, nicht aber der Vollzug des Haftbefehls zur Sicherung des Verfahrens erforderlich ist. Als mildere Mittel nennt § 116 StPO beispielhaft bestimmte Meldepflichten und Anweisungen hinsichtlich des Aufenthaltsortes sowie die Leistung einer Sicherheit (die im Falle einer Flucht verloren ist). Da die Beantwortung der Frage, ob mildere Mittel zur Verfahrenssicherung ausreichen, eine (mit Unsicherheiten behaftete) Prognose voraussetzt, kann keine absolute Gewissheit verlangt werden.[84] Es kommt darauf an, ob die mildere Maßnahme das Gewicht des Haftgrunds in einer Weise reduziert, dass eine Aussetzung des Vollzugs mit den Belangen der Strafverfolgung vereinbar ist. Dies ist bei einer „erheblichen Verminderung" der Fluchtgefahr der Fall (vgl. die Formulierung in § 116 Abs. 2 StPO, die auch für die Auslegung von dessen Abs. 1 heranzuziehen ist). Ob vorliegend mildere Mittel die Fluchtgefahr in diesem Umfang reduzieren können, lässt sich auf der Grundlage des Sachverhalts nicht abschließend beantworten.[85] 85

Fallfrage b): Das Recht des Verteidigers auf Akteneinsicht regelt **§ 147 StPO.** Danach ist der Verteidiger grundsätzlich zur Akteneinsicht befugt (§ 147 Abs. 1 StPO), die ihm aber nach § 147 Abs. 2 S. 1 StPO durch die Staatsanwaltschaft (§ 147 Abs. 5 S. 1 StPO) verwehrt werden kann, wenn der Abschluss des Ermittlungsverfahrens noch nicht in den Akten vermerkt ist (§ 169a StPO) und die Einsichtnahme den Untersuchungszweck gefährden würde. 86

Fraglich ist, ob V im Falle verweigerter Akteneinsicht diese erzwingen kann. Nach § 147 Abs. 5 S. 2 StPO ist in bestimmten Fällen der versagten Akteneinsicht die **Beantragung gerichtlicher Entscheidung** zulässig. In § 147 Abs. 5 S. 2 StPO genannt sind zum einen die – hier nicht einschlägigen – Fälle der Versagung der Akteneinsicht nach Abschluss der Ermittlungen sowie der Einsicht in die in § 147 Abs. 3 StPO genannten Aktenbestandteile. Weiterhin ist der Antrag auf gerichtliche Entscheidung zulässig, wenn sich der Beschuldigte nicht auf freiem Fuß befindet. Da dies vorliegend der Fall ist, kann V einen Antrag auf gerichtliche Entscheidung stellen. 87

Umstritten ist die praktisch bedeutsame Frage, ob auch jenseits der Fälle des § 147 Abs. 5 S. 2 StPO (also z. B. dann, wenn sich A nicht in Haft befände) die Möglichkeit besteht, eine gerichtliche Überprüfung der Entscheidung, mit der die Staatsanwaltschaft die Gewährung von Akteneinsicht versagt hat, zu erreichen. Diese Möglichkeit wird überwiegend deshalb abgelehnt, weil der Gesetzgeber mit der Aufzählung der Konstellationen, in denen eine gerichtliche Überprüfung vorgesehen ist, zugleich auch eine Beschränkung auf diese Fälle zum Ausdruck gebracht habe.[86] Für alle übrigen Fälle wäre nach dieser Auffassung allein die Dienstaufsichtsbeschwerde gegen die die Akteneinsicht versagende Entscheidung zulässig.[87] Gegen diese Einschränkung der gerichtlichen Überprüfbarkeit wird aber geltend gemacht, dass sich der Anspruch auf gerichtlichen Rechtsschutz überhaupt nicht aus § 147 Abs. 5 S. 2 StPO ergebe (und deshalb auch nicht durch diese Vorschrift, die danach nur deklaratorischen Charakter habe, begrenzt werde).[88] Es bestehe vielmehr ein allgemeiner Anspruch auf richterliche Überprüfung der staatsanwaltschaftlichen Versagungsentscheidung aus Art. 19 Abs. 4 GG (Rechtsweggaran- 88

---

[84] Dazu und zum Folgenden SK-StPO/*Paeffgen* § 116 Rn. 10.

[85] Ist eine fundierte Entscheidung nach den Sachverhaltsangaben ausgeschlossen, so ist es sachgerecht (da unumgänglich), lediglich die relevanten Gesichtspunkte anzusprechen und das Ergebnis offen zu lassen.

[86] Meyer-Goßner/Schmitt/*Schmitt* StPO § 147 Rn. 39 f.

[87] SSW StPO/*Beulke* § 147 Rn. 51.

[88] SK-StPO/*Wohlers* § 147 Rn. 112.

tie gegen Akte der hoheitlichen Gewalt). Folgt man der letztgenannten Auffassung, so liegt hinsichtlich des Rechtswegs eine Analogie zu § 147 Abs. 5 S. 2 StPO nahe (d. h.: Entscheidung durch den Ermittlungsrichter).[89] Diskutabel ist aber auch der Rechtsweg nach §§ 23 ff. EGGVG (dazu → Rn. 179 f.).

89 Für die Entscheidung über den statthaften Antrag auf gerichtliche Entscheidung **zuständig** ist der Ermittlungsrichter bei dem Amtsgericht, in dessen Bezirk die Staatsanwaltschaft, deren Entscheidung angefochten wird, ihren Sitz hat (§§ 147 Abs. 5 S. 2, 162 StPO).

90 Fraglich ist, ob der Antrag auch **begründet** wäre. Die Verweigerung der Akteneinsicht ist grundsätzlich zulässig, wenn ihre Gewährung den **Untersuchungszweck gefährden** kann (§ 147 Abs. 2 S. 1 StPO).[90] Eine Gefährdung des Untersuchungszwecks könnte hier daraus folgen, dass sich aus den Aussagen von X und Y Informationen zu weiteren potentiellen Beweismitteln ergeben. Da A nach dem Stand der Ermittlungen bereits Verdunkelungshandlungen durch Beiseiteschaffen von Beweismitteln vorgenommen hat, liegen konkrete Anhaltspunkte dafür vor,[91] dass A bei Kenntniserlangung bezüglich weiterer potentieller Beweismittel Verdunkelungshandlungen vornehmen könnte. Insoweit wäre mithin der Untersuchungszweck bei Kenntnis vom Akteninhalt gefährdet. Dies würde allerdings noch keine vollständige Versagung der Akteneinsicht rechtfertigen, soweit sich aus der Kenntnis der übrigen Aktenteile keine Gefährdungen des Untersuchungszwecks ergeben.[92] Die Akteneinsicht wäre also zumindest unter Aussonderung der protokollierten Aussagen von X und Y zu gewähren.

91 Es besteht aber darüber hinaus schon länger in Rechtsprechung und Literatur Einigkeit, dass zur **effizienten Verteidigung gegen einen Haftbefehl** dem Beschuldigten jedenfalls die den Haftbefehl tragenden Beweismittel und Umstände zur Kenntnis zu bringen sind.[93] Der EGMR ist unter Berufung auf Art. 5 Abs. 4 EMRK darüber insoweit hinausgegangen, als er meinte, dem Beschuldigten müsse (über seinen Verteidiger) Kenntnis vom gesamten, dem Gericht vorliegenden Akteninhalt verschafft werden, und zwar unabhängig davon, „ob der Beschuldigte in irgendeiner Weise darlegen könne, dass die Beweisstücke, von denen er Kenntnis haben möchte, für seine Verteidigung wesentlich sind".[94] Dem trägt das Gesetz in § 147 Abs. 2 S. 2 StPO insoweit Rechnung, als dem Verteidiger eines inhaftierten Beschuldigten „die für die Beurteilung der Rechtmäßigkeit der Freiheitsentziehung wesentlichen Informationen" zugänglich zu machen sind, und zwar „in der Regel" durch die Gewährung von Akteneinsicht. Entsprechend der Rechtsprechung des EGMR genügt danach eine bloß mündliche Information über den Akteninhalt nicht, weil es sonst „für einen Beschuldigten kaum möglich (ist), die Richtigkeit einer solchen Darstellung wirksam anzugreifen".[95] Aus Gründen der Verfahrensfairness, insbesondere mit

---

89 SK-StPO/*Wohlers* § 147 Rn. 112.

90 Zur Verfassungsmäßigkeit *BVerfG* wistra 2004, 179.

91 Allgemeine Vermutungen reichen nicht aus; vgl. SK-StPO/*Wohlers* § 147 Rn. 97.

92 SK-StPO/*Wohlers* § 147 Rn. 97.

93 *BVerfG* StV 1994, 465 ff. Eingehend zum Akteneinsichtsrechts des Strafverteidigers in Fällen der U-Haft *Beulke/Witzigmann* NStZ 2011, 254 ff.

94 *EGMR* NJW 2002, 2013 (2014 f.) – Lietzow/Deutschland; *EGMR* NJW 2002, 2015 (2017) – Schöps/Deutschland; *EGMR* NJW 2002, 2018 (2019) – Garcia Alva/Deutschland; zusammenfassend *Ambos* NStZ 2003, 14 f.

95 *EGMR* NJW 2002, 2018 (2019) – Garcia Alva/Deutschland. Der Zusatz, dass „in der Regel" Akteneinsicht zu gewähren ist, geht auf eine Beschlussempfehlung des Rechtsausschusses (BT-Drs. 16/13097, S. 19) zurück, der so die Anerkennung der zitierten Rechtsprechung des EGMR bereits im Regierungsentwurf (BT-Drs. 16/11644, S. 34) deutlicher zum Ausdruck

Blick auf den Gedanken der Waffengleichheit, wird man verlangen müssen, dass Einsicht in alle Akten gewährt wird, die dem Gericht bei seiner Entscheidung vorliegen.[96]

§ 147 Abs. 2 S. 2 StPO erfasst ausdrücklich nur den Fall des Beschuldigten, der sich aufgrund eines Haftbefehls in Untersuchungshaft befindet oder bei dem nach einer vorläufigen Festnahme (§ 127 StPO) ein Haftbefehl beantragt ist. Umstritten ist, ob der Regelungsgehalt dieser Vorschrift sinngemäß auch dann gilt, wenn ein **Haftbefehl noch nicht vollstreckt oder sein Vollzug ausgesetzt** (§ 116 StPO) ist.[97] Dagegen lässt sich ein Umkehrschluss aus § 147 Abs. 2 S. 2 StPO anführen, der diese Fälle gerade nicht erfasst. Andererseits begründet auch schon der Erlass eines Haftbefehls einen gravierenden Grundrechtseingriff, da stets der Vollzug droht. Der Beschuldigte hat also auch in diesem Stadium ein großes Interesse daran, auf der Grundlage umfassender Akteneinsicht gegen den Haftbefehl vorzugehen. „Es kann nicht sein, dass sich der Beschuldigte erst verhaften lassen muss, um Einsicht in die Akten zu erhalten und sodann gegen den Haftbefehl vorzugehen."[98] 92

Fallfrage c): Fraglich ist hier, ob V berechtigt (oder gar verpflichtet) ist, A den gesamten Akteninhalt – einschließlich der Information über die bevorstehende Kontenpfändung – weiterzugeben. Grundsätzlich besteht weithin Einigkeit darüber, dass der Verteidiger zur Information des Beschuldigten berechtigt ist, diesem den gesamten Akteninhalt, auch durch Weitergabe von Ablichtungen aus der Akte, mitzuteilen.[99] Dies folgt daraus, dass die Akteneinsicht originäres Recht des Beschuldigten ist, das lediglich regelmäßig durch den Verteidiger ausgeübt wird.[100] Zweifelhaft ist aber, ob dies auch für solche Aktenbestandteile gilt, bei deren Kenntnisnahme durch den Beschuldigten der Zweck der Maßnahme gefährdet wäre. Die Antwort auf diese Frage hängt zunächst von der rechtlichen Stellung des Verteidigers ab: Wäre der Verteidiger allein den Interessen seines Mandanten verpflichtet („Interessentheorie"), so müsste man die Weitergabe der Information jedenfalls für zulässig halten. Diese Auffassung wird aber der überindividuellen Bedeutung einer sachgerechten Verteidigung nicht gerecht. Ist der Verteidiger nicht nur Beistand des Beschuldigten, sondern auch als „Organ der Rechtspflege" den Interessen einer funktionstüchtigen Strafrechtspflege (einschließlich dem öffentlichen Interesse an der Abschöpfung rechtswidrig erlangter Vermögensvorteile) verpflichtet (→ Rn. 75 ff.), so ist ein Recht zur Weitergabe solcher Informationen, mit denen dieses Interesse vereitelt wird, zumindest zweifelhaft. Der BGH hat aus der Organstellung gefolgert, dass der Verteidiger den Beschuldigten mit Blick auf die entgegenstehenden Strafverfolgungsbelange nicht über bevorstehende Zwangsmaßnahmen unterrichten darf.[101] In der Literatur wird dagegen teilweise eingewandt, es sei allein Sache der Strafverfolgungsorgane, bei Gefährdung des Untersuchungszwecks die Akteneinsicht nach § 147 Abs. 2 StPO zu versagen.[102] Diese Auffassung überzeugt: Für eine Verlagerung der durch § 147 Abs. 2 StPO der Staatsanwaltschaft auferlegten Prüfungspflichten auf den Verteidiger lässt sich ein Sach- 93

---

bringen wollte. Letztlich dürfte kaum eine andere Form der Unterrichtung als durch Akteneinsicht in Betracht kommen; *Beulke/Witzigmann* NStZ 2011, 257.

96 Vgl., auch zum Streitstand, *Beulke/Witzigmann* NStZ 2011, 258 ff. Die Staatsanwaltschaft könnte eine Offenlegung bestimmter Ermittlungsergebnisse also nur vermeiden, indem sie darauf verzichtet, den Haftbefehl auf die entsprechenden Erkenntnisse zu stützen.

97 Dazu *Beulke/Witzigmann* NStZ 2011, 257 f.; *Michalke* NJW 2013, 2335.

98 *Beulke/Witzigmann* NStZ 2011, 258.

99 BGHSt 29, 99 (102); SK-StPO/*Wohlers* § 147 Rn. 80, 82.

100 SK-StPO/*Wohlers* § 147 Rn. 5.

101 BGHSt 29, 99 (103).

102 *Bosch* JURA 2014, 940 f.; *Donath/Mehle* NJW 2009, 1399 f.; SK-StPO/*Wohlers* § 147 Rn. 83.

grund nicht finden. Fehler der Staatsanwaltschaft muss die Verteidigung nicht ausbügeln, zumal es schon nicht die Aufgabe der Verteidigung sein kann, die Entscheidung der Staatsanwaltschaft auf ihre Sachgerechtigkeit hin zu überprüfen. Eine dahingehende Verteidigerpflicht würde weder der Stellung der Staatsanwaltschaft noch der Funktion der Verteidigung gerecht. Die Organstellung des Verteidigers steht dem nicht entgegen, denn die Belange der Strafrechtspflege (Rechtsfriedensfunktion!; → Rn. 5) sind nur gewahrt, wenn der Verteidiger ein vertrauensvolles Verhältnis zu seinem Mandanten aufbauen kann.[103] Müsste er von den Ermittlungsbehörden ausgehändigte Aktenbestandteile vor seinem Mandanten geheim halten, so wäre das weitere Vertrauensverhältnis empfindlich gestört und eine effiziente Verteidigung nicht mehr möglich. Folglich darf V auch die Information über die bevorstehende Kontenpfändung an A weitergeben.

3. Körperliche Untersuchung nach § 81a StPO; zugleich zum Richtervorbehalt

94 **Fall:**[104] Der Beschuldigte A stand im dringenden Verdacht, mit Betäubungsmitteln in nicht geringer Menge unerlaubt Handel zu treiben (§ 29a Abs. 1 Nr. 2 BtMG). Nachdem er von Polizeibeamten bei einem Drogenhandel beobachtet worden war, verschluckte er im Moment der vorläufigen Festnahme etwas, wobei nach Lage der Umstände anzunehmen war, dass es sich um weitere Rauschgiftportionen handelte. Da die mutmaßlich verschluckten „Rauschgiftbömbchen" als Beweismittel im Verfahren gegen A in Betracht kamen, wurde A zur Einnahme eines Sirup-Brechmittels aufgefordert, was er verweigerte. Daraufhin erging gem. § 81a StPO die Anordnung der Staatsanwaltschaft, den Sirup zwangsweise mittels einer Magensonde zuzuführen. Als A sich weiter weigerte, wurde er von zwei Polizeibeamten zu Boden gedrückt und eine Ärztin verabreichte dem strampelnden Beschuldigten das Brechmittel. A erbrach, biss aber die Zähne zusammen, so dass zwar der flüssige Mageninhalt passierte, die Rauschgiftbömbchen aber gehalten und von A wieder verschluckt wurden. Auf ärztlichen Vorschlag ordnete die Staatsanwaltschaft nunmehr die Injektion eines Mittels an, das auf das Zentralnervensystem wirkt und zu zwanghaftem Erbrechen führt. Auf diese Weise gelangten die Ermittlungsbehörden schließlich an die Rauschgiftbömbchen. Nach der Prozedur war der Beschuldigte bewegungsunfähig und wurde auf einem Aktenbock in die Haftzelle gerollt. Rechtmäßigkeit der Maßnahme?[105]

95 Fraglich ist, ob die Maßnahme auf § 81a StPO gestützt werden kann. Diese Vorschrift erlaubt zum einen einfache **körperliche Untersuchungen** (§ 81a Abs. 1 S. 1 StPO), bei denen die Beschaffenheit des Körpers sachkundig erforscht wird, ohne dass es hierfür eines Eingriffs in die körperliche Integrität bedürfte. Führt eine Untersuchung zu Verletzungen des Körpers oder sind solche Verletzungen zumindest nicht aus-

[103] Vgl. BVerfGE 133, 168 Rn. 63.

[104] Siehe die Klausur bei *Fahl* JuS 2001, 47 (52 f.) (wo die hier erörterten Probleme im Rahmen der Rechtswidrigkeit [§ 81a StPO als Rechtfertigungsgrund?] behandelt werden); *Conrad* JuS 2018, 451 ff.; *Mansdörfer* Rn. 172 ff.; *Mitsch/Ellbogen* Fälle 2 und 8; *Morgenstern* JURA 2008, 625 (629 f.); Zusatzfrage bei *Heinrich/Reinbacher* 16/23 ff.; ferner *Bosch* JURA 2014, 58; *Engländer* Rn. 134; *Putzke* JURA 2015, 95 (107); *Putzke/Scheinfeld* Rn. 252 ff.; *Rössner/Safferling* 6. Problem; *Schlüchter/Duttge* S. 66. Zu materiellstrafrechtlichen Fragen des (tödlichen) Brechmitteleinsatzes (Strafbarkeit wegen des Verabreichens nach § 227 StGB?) BGHSt 55, 121; *BGH* StV 2013, 150 ff.; dazu *Krüger/Kroke* JURA 2011, 289 ff.

[105] Nach *OLG Frankfurt* NJW 1997, 1647 m. Anm. *Weßlau* StV 1997, 341 ff.; dazu auch *Grüner* JuS 1999, 122 ff.; *Rogall* NStZ 1998, 66 ff. Zur strafrechtlichen Haftung des Arztes BGHSt 55, 121.

geschlossen, so liegt dagegen ein **körperlicher Eingriff** vor, der unter den Voraussetzungen von § 81a Abs. 1 S. 2 StPO zulässig ist. Da die Verabreichung des Brechmittels mittels Magensonde ebenso wie die Injektion das Körperinnere betreffen bzw. die körperliche Integrität beeinträchtigen, liegen jedenfalls keine einfachen körperlichen Untersuchungen nach § 81a Abs. 1 S. 1 StPO vor. In Betracht kommt danach nur ein körperlicher Eingriff. Auch dies ist hier aber deshalb zweifelhaft, weil die Maßnahmen nicht darauf abzielten, Erkenntnisse über den Körper des Beschuldigten zu gewinnen, sondern die Ermittlungsbehörden wollten Beweismittel gewinnen, nämlich die mutmaßlich verschluckten „Rauschgiftbömbchen" sicherstellen. Dem Auffinden von Beweismitteln beim Beschuldigten dient aber üblicherweise die Durchsuchung (§ 102 StPO). Damit stellt sich die Frage nach der **Abgrenzung** des Anwendungsbereichs von § 81a StPO von dem der Durchsuchung nach § 102 StPO. Diese Abgrenzung erfolgt grundsätzlich nach dem Zweck der Maßnahme: Zielt die Maßnahme auf eine Untersuchung der körperlichen Beschaffenheit, so ist § 81a StPO einschlägig; zielt sie auf die Suche nach Beweismitteln, so ist § 102 StPO einschlägig.[106] Von diesem Grundsatz ist aber gerade dort eine Ausnahme zu machen, wo im Körperinneren nach Beweismitteln gesucht wird.[107] Die Anwendung von § 102 StPO auf solche Fälle wäre nämlich sachwidrig. Denn einerseits erlaubt § 102 StPO keine Beeinträchtigungen der körperlichen Integrität und andererseits ist § 81a StPO gerade auf solche Eingriffe und das besondere Schutzbedürfnis des Beschuldigten (Hinzuziehung eines Arztes!) zugeschnitten. Betrifft eine Maßnahme das Körperinnere (und nicht nur natürliche Körperöffnungen[108]), so liegt folglich ein körperlicher Eingriff auch dann vor, wenn nach Beweismitteln gesucht wird. Der Wortlaut des § 81a StPO deckt diese Fälle ohne weiteres ab.[109]

Die Verabreichung des Brechmittels und die Injektion stellen danach körperliche Eingriffe dar. Zweifel an der Zulässigkeit der Maßnahmen ergeben sich daraus, dass sie einen Verstoß gegen den aus der Menschenwürde abgeleiteten Grundsatz darstellen könnten, dass niemand zur aktiven Mitwirkung an seiner eigenen Überführung verpflichtet ist (**nemo tenetur** se ipsum accusare).[110] Das OLG Frankfurt hat dazu ausgeführt: „Die zwangsweise Verabreichung eines Brechmittels verstößt gegen diesen Grundsatz der Passivität. Denn sie soll den Beschuldigten zwingen, aktiv etwas zu tun, wozu er nicht bereit ist, nämlich sich zu erbrechen".[111] Richtig ist das nicht, da der nemo tenetur-Grundsatz mit Blick auf seine Ableitung aus der Menschenwürde nur auf die Willens*bildung* gerichteten Zwang verbietet (etwa eine Pflicht zur Einnahme des Brechmittels). Nicht ausgeschlossen ist damit die Anwendung willensausschließenden Zwangs, wie er bei zahlreichen Zwangseingriffen – auch bei der Zuführung eines Brechmittels – ausgeübt wird. Auch mit dem Ausnutzen unbeherrschbarer körperlicher Reaktionen – wie dem Erbrechen –, wird der (an diesem Körperverhalten ja gerade nicht beteiligte) Wille des Beschuldigten nicht 96

[106] Meyer-Goßner/Schmitt/*Schmitt* StPO § 81a Rn. 9; Löwe/Rosenberg/*Krause* StPO § 81a Rn. 19; a. A. AK-StPO/*Wassermann* § 81a Rn. 2.

[107] *Binder/Seemann* NStZ 2002, 234 f.; *Kindhäuser/Schumann* § 8 Rn. 49; Löwe/Rosenberg/*Krause* StPO § 81a Rn. 20; *KG* JR 2001, 163 m. Anm. *Hackethal;* a. A. *OLG Frankfurt* NJW 1997, 1647 (1648).

[108] Für die Anwendung von § 81a StPO auch in diesen Fällen *Bosch* JURA 2014, 51.

[109] *Rogall* NStZ 1998, 66 f.

[110] Allgemein dazu *Ranft* Rn. 338 ff., 352 ff. Gegen die Ableitung aus der Menschenwürde *Dannecker* ZStW 127 (2015), 370 (377 ff.).

[111] *OLG Frankfurt* NJW 1997, 1647 (1648); ebenso *Dallmeyer* StV 1997, 606 ff. Im Ergebnis auch *EGMR* StV 2006, 617 ff. – Jalloh/Deutschland; (zutreffend kritisch zu dessen Begründung *Schumann* StV 2006, 664 f.).

gebeugt.[112] Das zeigt sich auch an einem Vergleich mit der unzweifelhaft von § 81a StPO gedeckten Blutentnahme: bei diesem Eingriff wird das Funktionieren des Blutkreislaufs des Beschuldigten ausgenutzt, ohne dass er damit unerlaubt zur Mitwirkung an seiner Überführung gezwungen wird.

Während also die Blutentnahme geduldet werden muss, besteht mit Blick auf den nemo tenetur-Grundsatz keine Pflicht, an einer Atemalkoholkontrolle aktiv durch **„Blasen in das Röhrchen"** mitzuwirken.[113] Umstritten ist allerdings, ob der Beschuldigte über die Freiwilligkeit seiner Mitwirkung zu belehren ist.[114]

97 Zu erwägen ist weiterhin, dass die Maßnahmen ihrer Art nach entwürdigenden Charakter haben und deshalb einen **Verstoß gegen die Menschenwürde** darstellen könnten. Diese Auffassung ist verschiedentlich vertreten worden.[115] Auch der EGMR hat im zwangsweisen Verabreichen von Brechmittel einen Verstoß gegen Art. 3 EMRK (Verbot unmenschlicher und erniedrigender Behandlung) erblickt,[116] wobei allerdings die Umstände des Einzelfalls (es handelte sich um ein Betäubungsmittelvergehen von geringerem Gewicht, die Maßnahme war nach Auffassung des Gerichtshofs zur Beweissicherung nicht erforderlich, die Beibringung erfolgte unter Anwendung erheblicher Gewalt) eine wichtige Rolle spielten.[117] Das Gewicht des Brechmitteleinsatzes für sich genommen kann eine Verletzung der Menschenwürde aber wohl kaum begründen.[118]

98 Nimmt man nicht bereits einen Verstoß gegen die Menschenwürde an, so ist weiter zu fragen, ob ein Verstoß gegen den Grundsatz der Verhältnismäßigkeit vorliegt.[119] Dabei ist klar, dass die Sicherstellung von Beweismitteln zur Straftataufklärung einen **legitimen Zweck** darstellt und der Brechmitteleinsatz zum Erreichen dieses Zwecks **geeignet** war. Zweifelhaft ist aber, ob als **milderes Mittel** zur Sicherstellung der Beweismittel die Möglichkeit in Betracht kam, das natürliche Ausscheiden der Rauschgiftbömbchen abzuwarten. Jedenfalls dann, wenn nicht (etwa mit Blick auf weitere Ermittlungen) ein besonderes Interesse an einer möglichst zügigen Gewinnung von Beweismitteln besteht oder die Maßnahme (auch) der Abwendung von Gesundheitsgefahren dient (für beides bietet der vorliegende Sachverhalt keine Anhaltspunkte), könnte es danach schon an der Erforderlichkeit fehlen.[120] An diesem

---

112 Zutreffend *Fahl* JuS 2001, 52; *Kasiske* JuS 2015, 17 f.; *Weßlau* StV 1997, 342 f.

113 Vgl. *Cierniak/Herb* NZV 2012, 409 (410); *Geppert* NStZ 2014, 481 (482 ff.); *Mosbacher* JuS 2015, 131 (132); *Rössner/Safferling* 5. Problem; Meyer-Goßner/Schmitt/*Schmitt* StPO § 81a Rn. 11; KK-StPO/*Senge* § 81a Rn. 5a.

114 Bejahend *AG Frankfurt/M.* NZV 2010, 266; *LG Freiburg* NZV 2009, 614; *Geppert* NStZ 2014, 481 (484 ff.); *Mosbacher* JuS 2015, 131 (132 f.). Wird eine Belehrungspflicht bejaht, so stellt sich die Folgefrage, ob eine Verletzung dieser Pflicht zu einem Beweiswerverwertungsverbot führt. Bereits eine Belehrungspflicht ablehnend *OLG Brandenburg* NStZ 2014, 524; *KG* NStZ-RR 2014, 384; *Cierniak/Herb* NZV 2012, 409 (411 ff.).

115 *OLG Frankfurt* NJW 1997, 1647 (1648); vgl. auch *Mansdörfer* Rn. 194 (der diesen Aspekt im Rahmen der Verhältnismäßigkeit thematisiert); *Zaczyk* StV 2002, 126 f.

116 *EGMR* StV 2006, 618 ff. – Jalloh/Deutschland; grundsätzlich zustimmend SSW StPO/*Bosch* § 81a Rn. 9; *Schuhr* NJW 2006, 3538 ff.

117 Zutreffend dazu *Schumann* StV 2006, 663 f.; weiterreichend sieht *Safferling* JURA 2008, 100 ff. „die StPO auf dem menschenrechtlichen Prüfstand".

118 So die h. M., vgl. SK-StPO/*Rogall* § 81a Rn. 48; in einem obiter dictum auch das *BVerfG* StV 2000, 1 m. Anm. *Naucke.*

119 Die Beachtung des Grundsatzes der Verhältnismäßigkeit bedarf auch dann der Prüfung, wenn die im Gesetz explizit genannten Voraussetzungen einer Ermächtigungsgrundlage erfüllt sind.

120 Dazu *EGMR* StV 2006, 617 (619) – Jalloh/Deutschland; *OLG Karlsruhe* NStZ 2005, 399 (400); *Binder/Seemann* NStZ 2002, 236 f.; *Mansdörfer* Rn. 193.

Ergebnis lassen sich aber Zweifel aufgrund der Überlegung anmelden, dass auch eine Beweisgewinnung durch ein überwachtes natürliches Ausscheiden einen erheblichen Eingriff in das Persönlichkeitsrecht des Betroffenen darstellt und unter Umständen eine längerdauernde Freiheitsentziehung erforderlich macht, als dies beim Brechmitteleinsatz der Fall ist. Es lässt sich vor diesem Hintergrund gut vertreten, dass das Abwarten des natürlichen Ausscheidens kein milderes Mittel darstellt.[121]

Wer die Erforderlichkeit bejaht, hätte weiter zu prüfen, ob auch ein Verstoß gegen den **Verhältnismäßigkeitsgrundsatz im engeren Sinne** (= Angemessenheit) in Betracht kommt. Teilweise wird angenommen, der zwangsweise Brechmitteleinsatz sei mit Blick auf dessen Eingriffsintensität nur zur Aufklärung schwerer Straftaten zulässig.[122] Ausgeschlossen ist die Maßnahme jedenfalls bei Bagatelldelikten.[123] Da es sich beim unerlaubten Handel mit Betäubungsmitteln in nicht geringer Menge um ein Verbrechen handelt, liegt eine schwere Straftat vor, so dass es jedenfalls vertretbar ist, den Brechmitteleinsatz für verhältnismäßig zu halten. 99

Hält man die bislang geprüften materiellen Voraussetzungen für erfüllt, ist die Anordnung auch insoweit zulässig, als ihre Durchführung durch eine **Ärztin** erfolgte und der Sachverhalt keine konkreten Anhaltspunkte für **Gesundheitsgefahren** bietet (§ 81a Abs. 1 S. 2 StPO).[124] Die nur vorübergehende Beeinträchtigung reicht insoweit nicht aus.[125] 100

Hinsichtlich des Verfahrens stellt sich dann weiter die Frage nach der Rechtmäßigkeit der **Anordnung durch die Staatsanwaltschaft.** Nach § 81a Abs. 2 StPO ist für die Anordnung grundsätzlich der Richter zuständig (Ausnahmen nach § 81a Abs. 2 S. 2 StPO bei bestimmten Verkehrsdelikten).[126] Eine Anordnung durch die Staatsanwaltschaft und ihre Ermittlungspersonen kommt nur bei **Gefahr im Verzug** in Betracht. Das ist der Fall, wenn die vorherige Einholung der richterlichen Anordnung den Erfolg der Maßnahme gefährden würde. Das BVerfG hat der Annahme einer solchen Eilkompetenz mit Blick auf die grundrechtssichernde Funktion des Richtervorbehalts enge Grenzen gezogen.[127] 101

Die **Bedeutung des Richtervorbehalts** liegt vor allem darin, dass der Richter aufgrund seiner Unabhängigkeit in besonderer Weise als Garant einer rechtsstaatlichen Kontrolle der Ermittlungsbehörden unter Einbeziehung der Belange des Beschuldigten gilt. Der richterlichen Entscheidung kommt gerade dort besondere Bedeutung zu, wo dem Beschuldigten rechtliches 102

---

121 *Benfer* JR 1998, 55; *Schäfer* NJW 1997, 2438; ferner *Putzke/Scheinfeld* Rn. 254.

122 Vgl. Meyer-Goßner/Schmitt/*Schmitt* StPO § 81a Rn. 22 (nur unter „strenger Beachtung des Verhältnismäßigkeitsgrundsatzes"); *Weßlau* StV 1997, 343 f.; dagegen SK-StPO/*Rudolphi* (Loseblattausgabe), § 81a Rn. 48; *Bosch* JURA 2014, 58: Legen einer Magensonde stets unverhältnismäßig.

123 *Binder/Seemann* NStZ 2002, 237; Meyer-Goßner/Schmitt/*Schmitt* StPO § 81a Rn. 22.

124 Wer über – im Sachverhalt nicht mitgeteiltes – zusätzliches Wissen verfügt, kann aber unter Hinweis auf die Risiken der Verwendung von Sondenmaßnahmen beim sich wehrenden Beschuldigten sowie unter Hinweis auf das Auftreten von Nebenwirkungen beim heftigen Erbrechen (z. B. Bluterbrechen) und vereinzelte Todesfälle auch gut das gegenteilige Ergebnis vertreten; vgl. BGHSt 55, 121; *Binder/Seemann* NStZ 2002, 234 ff.; *Mansdörfer* Rn. 189; *Morgenstern* JURA 2008, 630; *Weßlau* StV 1997, 343 f.; *EGMR* StV 2006, 617 (619 f.) – Jalloh/Deutschland.

125 Löwe/Rosenberg/*Krause* StPO § 81a Rn. 31.

126 Der Verzicht auf eine richterliche Anordnung insbesondere in den Fällen der §§ 315c Abs. 1 Nr. 1a, Abs. 2, 3 und 316 StGB wurde mit dem Gesetz zur effektiveren und praxistauglichen Ausgestaltung des Strafverfahrens vom 17.8.2017 eingeführt.

127 BVerfGE 103, 153 ff. (zu § 105 StPO); dazu *Amelung* NStZ 2001, 337 ff.; *Ostendorf/Brüning* JuS 2001, 1063; *BVerfG* NStZ 2011, 289 (*Kudlich* JA 2010, 752 ff.) m. Anm. *Rabe von Kühlewein* (zu § 81a Abs. 2 StPO).

Gehör vor Vornahme einer Maßnahme nicht gewährt werden kann, weil der Eingriff heimlich oder sehr schnell erfolgen muss. Das **Bundesverfassungsgericht** hat seine Rechtsprechung zum Richtervorbehalt maßgeblich anhand der **Wohnraumdurchsuchung** (§ 105 StPO) entwickelt, wo der primären Zuständigkeit des Richters mit Blick auf das Gewicht des Grundrechtseingriffs sogar Verfassungsrang zukommt (Art. 13 Abs. 2 GG).[128] Das BVerfG hat – gegen eine häufig zu beobachtende Handhabung in der (früheren) Praxis[129] – klargestellt, dass die richterliche Durchsuchungsanordnung die Regel und die Eilanordnung die Ausnahme sein müsse. Der Begriff der Gefahr im Verzug sei eng auszulegen und das Vorliegen seiner Voraussetzungen unterliege in vollem Umfang der richterlichen Kontrolle. „Reine Spekulationen, hypothetische Erwägungen oder lediglich auf kriminalistische Alltagserfahrungen gestützte, fallunabhängige Vermutungen" seien als Grundlage einer Annahme von Gefahr im Verzug nicht hinreichend.[130] Gefahr im Verzug könne auch nicht dadurch entstehen, dass die Strafverfolgungsbehörden ihre Voraussetzungen selbst herbeiführen, indem sie mit dem Antrag an den Ermittlungsrichter so lange zuwarten, bis tatsächlich Beweismittelverlust droht.[131] Zur Wahrung der Regelzuständigkeit des Richters könne es erforderlich sein, dessen Erreichbarkeit durch Einrichtung eines Eil- und Notdienstes, insbesondere auch zur Nachtzeit, zu sichern.[132] Auf **andere Ermittlungsmaßnahmen** wie § 81a StPO[133], bei denen der Richtervorbehalt lediglich einfachgesetzlich geregelt ist, lassen sich die zur Wohnraumdurchsuchung entwickelten Grundsätze zwar „nicht schematisch" übertragen.[134] Aber auch hier ist grundsätzlich zur Durchsetzung der Interessen des Betroffenen ein Bemühen zu fordern, eine richterliche Entscheidung zu erlangen, wobei eine mündliche (telefonische) richterliche Anordnung gegenüber einer Eilentscheidung von Staatsanwaltschaft oder (subsidiär[135]) Polizei vorzuziehen ist.[136] Ist allerdings der Erlass einer Ermittlungsanordnung einmal **beim Ermittlungsrichter beantragt** und sieht sich dieser ohne Aktenvorlage hierzu nicht in der Lage, so ist für Annahme von Gefahr im Verzug grundsätzlich kein Raum mehr.[137]

103 Vorliegend spricht einiges dafür, dass bei Einholung einer – notfalls mündlichen – richterlichen Anordnung **keine Beweisverschlechterung** zu besorgen gewesen wäre. Zusätzlich kann auf die Eingriffsintensität der Maßnahme verwiesen werden, die deutlich höher liegt als beim typischen Fall der Blutentnahme und deshalb verstärkt nach einer richterlichen Entscheidung verlangt.[138] Damit wäre die Staatsanwaltschaft zur Anordnung der Maßnahme nicht zuständig und der Eingriff mithin rechtswidrig gewesen.[139] Nur schwer vertretbar erscheint es, unter Hinweis auf die

---

[128] Siehe zum Folgenden BVerfGE 103, 142 (153 ff.); 139, 245 (264 ff.); in der Fallbearbeitung *Murmann* Ad Legendum 2018, 201 ff.; *Wickel* JA 2019, 747 (756 f.).

[129] Vgl. *Amelung* NStZ 2001, 337.

[130] BVerfGE 103, 142 (155); BGHSt 61, 266 Rn. 20.

[131] BVerfGE 103, 142 (155). Vgl. den Fall bei *OLG Düsseldorf* NStZ 2017, 177; dazu *Murmann* Ad Legendum 2018, 201 ff.

[132] BVerfGE 103, 156; 151, 67 (dazu *Jahn* JuS 2019, 822 ff.; *Rabe von Kühlewein* NStZ 2019, 501 ff.; *Muckel* JA 2019, 471 ff.; *Sachs* JuS 2019, 1039 f.); *BVerfG* NJW 2007, 1444; vgl. auch *OLG Hamm* NJW 2009, 3109 (3110).

[133] Zur Gefahr im Verzug bei § 81a StPO etwa *Kraft* JuS 2011, 591 f.

[134] *BVerfG* StraFo 2011, 145 (146). Vgl. allgemein zur Übertragbarkeit der zu § 102 StPO entwickelten Grundsätze auf andere Ermächtigungsgrundlagen *Krehl* JR 2001, 491 ff.

[135] SSW StPO/*Bosch* § 81a Rn. 18; eingehend und differenzierend *Metz* NStZ 2012, 242 ff.

[136] *BVerfG* NStZ 2011, 289 m. Anm. *Rabe von Kühlewein;* Meyer-Goßner/Schmitt/*Schmitt* StPO § 81a Rn. 25a.

[137] BVerfGE 139, 245 (264 ff.); dazu *Jahn* JuS 2015, 1135 ff.; BGHSt 61, 266 Rn. 19 ff. In der Falllösung *Wickel* JA 2019, 747 (756 f.). Das liegt anders, wenn nach dem zunächst erfolglosen Antrag beim Ermittlungsrichter neue Tatsachen bekannt werden, die ein unverzügliches Handeln erforderlich machen, dazu der Fall bei *El-Ghazi/Meglalu* JuS 2020, 761 (765 f.).

[138] Das *BVerfG* (BVerfGE 16, 194 [201]) verlangt bei besonders gewichtigen Eingriffen generell eine richterliche Entscheidung.

[139] Vgl. *OLG Karlsruhe* NStZ 2005, 399; *Morgenstern* JURA 2008, 629. Nach der Fallfrage nicht zu erörtern war das Problem, ob die Rechtswidrigkeit der Maßnahme zur Unverwert-

begrenzte Verweildauer der Rauschgiftbömbchen im Magen eine Eilkompetenz zu bejahen.[140]

4. Hörfalle: Begriff der „Vernehmung"; Umgehung von Belehrungspflichten nach § 136 StPO; Verstoß gegen § 136a StPO; Tätigkeit Privater auf Veranlassung der Ermittlungsbehörden

Fall:[141] Zeuge Z teilte der Polizei mit, A habe ihm gegenüber eingeräumt, einen schweren Raub begangen zu haben. Da andere Ermittlungsmethoden keine Aussicht auf Erfolg geboten hätten, veranlasste Kriminalhauptkommissar K den Z, mit A ein Telefongespräch zu führen. Dieses Gespräch wurde ohne Wissen des A von Polizeibeamten an einem Zweithörer mitgehört. Im Verlauf des Gesprächs bestätigte A, Täter des Raubes gewesen zu sein. Ist die geschilderte Vorgehensweise der Polizei zulässig?[142] 104

a) Einführung

Die grundsätzliche Schwierigkeit des vorliegenden Falles besteht darin, dass eine gesetzliche Grundlage, die die geschilderte Art der Informationserlangung ausdrücklich regelt, in der Strafprozessordnung nicht vorhanden ist. Der gesetzliche „Normalfall" der Erlangung mündlicher Äußerungen des Beschuldigten ist vielmehr dessen in §§ 133–136a, 168c StPO geregelte Vernehmung (wobei diese Regelungen im Falle von Vernehmungen durch die Staatsanwaltschaft oder die Polizei durch § 163a StPO modifiziert werden). Damit stellt sich die Frage, ob die Maßnahme auch ohne explizite gesetzliche Grundlage rechtsstaatlichen Anforderungen genügt oder ob die gesetzlich vorgesehenen Verfahrensgarantien auf den hier vorliegenden Fall der heimlichen Erlangung mündlicher Äußerungen entweder unmittelbar oder doch zumindest analog Anwendung finden müssen. 105

b) Falllösung

Die Rechtmäßigkeit der Maßnahme ist unter mehreren Gesichtspunkten zweifelhaft:[143] 106

---

barkeit der gewonnenen Beweismittel führt, vgl. dazu *Fahl* JuS 2001, 53; *Grüner* JuS 1999, 125 f.; *EGMR* StV 2006, 617 (620 ff.) – Jalloh/Deutschland; *OLG Karlsruhe* NStZ 2005, 399; zu Beweisverwertungsverboten → Rn. 200 ff.

[140] So aber *Mansdörfer* Rn. 182. Zu ähnlichen Fragen bezogen auf die Ermittlung der BAK *OLG Frankfurt* NStZ-RR 2011, 46 (47).

[141] Aus der Übungsfallliteratur *Beulke* Klausurenkurs III Rn. 106, 152 ff.; *Bosch* S. 553 ff.; *Heinrich/Reinbacher* 31/15 ff.; *Mansdörfer* Rn. 205 ff.; *Schroeder/Meindl* Fall 9; zum heimlichen Abhören eines Gesprächs mit der Ehefrau im Besucherraum der Haftanstalt (§ 100f StPO) *Kubiciel/Stam* JA 2014, 512 (518 f.); im Übungsfall *Zimmermann* JuS 2011, 629 (634 f.). Zur Frage der Beweisverwertung *Rössner/Safferling* 24. Problem.

[142] Nach BGHSt (GrS) 42, 139 = *BGH* JR 1997, 163 m. Anm. *Derksen* = *BGH* NStZ 1996, 502 m. Anm. *Rieß;* dazu *Bernsmann* StV 1997, 116 ff.; *Bosch* JURA 1998, 236 ff.; *Hellmann* StrafProzR Rn. 443 f.; *Kudlich* JuS 1997, 696 ff.; *Popp* NStZ 1998, 95 f.; *Renzikowski* JZ 1997, 710 ff.; *Roxin/Schünemann* § 24 Rn. 40; *ders.* NStZ 1997, 18 ff.; *Weßlau* ZStW 110 (1998), 1 ff.; *Volk/Engländer* GK StPO § 9 Rn. 20 f.

[143] Mit Blick auf den uferlosen Streitstand (dazu m. w. N. etwa *Ranft* Rn. 364 ff.) kann die nachfolgende Darstellung freilich nur einen knappen Aufriss bieten.

Zunächst könnte ein Verstoß gegen **§§ 100a, 100e StPO, Art. 10 GG** vorliegen.[144] Eine Überwachung des Fernmeldeverkehrs wäre hier nämlich schon deshalb rechtswidrig gewesen, weil weder eine Anordnung durch den Richter noch eine (nur bei Gefahr im Verzug zulässige) Anordnung durch die Staatsanwaltschaft vorlag (§ 100e Abs. 1 StPO). Diese Anforderungen bestünden freilich nur, wenn das Mithören am Zweithörer einen Eingriff in das Fernmeldegeheimnis darstellen würde, denn §§ 100a, 100e StPO sind die von der Verfassung geforderten gesetzlichen Grundlagen für Eingriffe der öffentlichen Gewalt in das Fernmeldegeheimnis auf dem Gebiet des Strafverfahrens. Dem Schutzbereich des Art. 10 GG unterfallen die übermittelten Informationen jedoch nur so lange, wie sie sich im Herrschaftsbereich des Fernmeldebetreibers befinden. Hinter dieser Einschränkung steht der Gedanke, dass die Schutzbedürftigkeit der Bürger, die sich der Mittel der Telekommunikation bedienen, gerade aus der Inanspruchnahme der unter fremder Herrschaft stehenden Kommunikationswege resultiert.[145] Der Schutz des Fernmeldegeheimnisses endet damit, in aller Regel, am Endgerät. Das kann ausnahmsweise anders sein, wenn direkt an diesem eine Abhöreinrichtung angebracht ist.[146] Kommt das Gespräch dagegen beim Adressaten an und wird dort über einen Zweithörer mitgehört, so ist nicht mehr der Übermittlungsvorgang betroffen.[147] Hier realisieren sich danach nicht die Risiken der Telekommunikation, sondern es wird lediglich das Vertrauen in den Gesprächspartner enttäuscht.[148] Damit sind die Voraussetzungen der §§ 100a, 100e StPO für den vorliegenden Fall nicht maßgeblich.

107 In Betracht kommt weiterhin ein Verstoß gegen die Pflicht zur **Belehrung des Beschuldigten.** Grundsätzlich besteht eine Pflicht zur Belehrung des Beschuldigten (insbesondere über sein Schweigerecht) bei seiner Vernehmung durch Beamte des Polizeidienstes (§ 163a Abs. 4 StPO i. V. m. § 136 Abs. 1 S. 2 StPO). § 136 StPO ist jedoch nach Auffassung des BGH nicht einschlägig. Denn die in dieser Vorschrift vorausgesetzte **Vernehmung** liege nur vor, wenn der Vernehmende der Auskunftsperson in amtlicher Funktion gegenübertritt und eine Aussage verlangt **(„formeller Vernehmungsbegriff“).**[149] Da Z lediglich als Privatperson auftrat, bestehe keine Belehrungspflicht.

108 Zurückgewiesen ist damit ein von Teilen der Literatur vertretener sogenannter **„funktionaler Vernehmungsbegriff“**, der nicht das offizielle Auftreten des Vernehmenden, sondern das gezielte Herbeiführen von Äußerungen des Beschuldigten für ausschlaggebend hält.[150] Nach diesem funktionalen Vernehmungsbegriff käme es nicht darauf an, dass der Beschuldigte sich der Vernehmungssituation vorliegend überhaupt nicht bewusst war. Der BGH wendet gegen den funktionalen Vernehmungsbegriff ein, allein der formelle Vernehmungsbegriff entspreche „der überkommenen Bedeutung des Wortes in der Rechtssprache“.[151] Außerdem werde allein mit dem formellen Vernehmungsbegriff dem Bedürfnis nach einer einheitlichen Verwendung

[144] Eingehend dazu *Kudlich* JuS 1997, 697 f.; zusammenfassend Heghmanns/Scheffler StrafVerf-HdB/*Murmann* III Rn. 189 ff.
[145] BVerfGE 85, 386 (396); 100, 313 (358); 106, 28; 115, 166 (186).
[146] BVerfGE 106, 28 (37 f.).
[147] BGHSt (GrS) 42, 139 (154); *Franke* JR 2000, 469; *Kudlich* JuS 1997, 697; *Sternberg-Lieben* JURA 1995, 302 f.
[148] Vgl. BVerfGE 106, 28 (37 f.); Heghmanns/Scheffler StrafVerf-HdB/*Murmann* III Rn. 189.
[149] BGHSt (GrS) 42, 139 (145); 55, 138 (143); *BGH* NStZ 2011, 596 (597); zustimmend *Derksen* JR 1997, 168; HK-GS/*Jäger* StPO § 136 Rn. 35; *Sternberg-Lieben* JURA 1995, 306 f.; *Weßlau* ZStW 110 (1998), 6 ff.
[150] Löwe/Rosenberg/*Gleß* StPO § 136 Rn. 12, 91 ff., § 136a Rn. 13; *Renzikowski* JZ 1997, 713 ff.; *Roxin* NStZ 1995, 466 f.
[151] BGHSt (GrS) 42, 139 (145 f.).

des Vernehmungsbegriffs in der StPO Rechnung getragen. Denn es liege auf der Hand, dass es etwa den Regelungen zum Verdeckten Ermittler (§§ 110a ff. StPO) zuwiderlaufe, wenn die durch diesen veranlassten Äußerungen des Beschuldigten als (funktionale) Vernehmungen (mit entsprechenden Belehrungspflichten!) zu qualifizieren wären.

Keine Vernehmungen sind nach den dargestellten Grundsätzen **Spontanäußerungen,** bei denen es schon an der gezielten Herbeiführung einer Äußerung durch die Strafverfolgungsbehörden fehlt:[152] Wenn etwa eine Person (von der in diesem Verfahrensstadium möglicherweise noch nicht einmal gesagt werden kann, ob sie als Beschuldigte oder als Zeugin in Betracht kommt) von sich aus gegenüber der Polizei Angaben macht, so bestehen in diesem Stadium noch keine Belehrungspflichten. Das gilt auch bei der sogenannten **informatorischen Befragung,** bei der sich die Polizei – insbesondere unmittelbar nach Eintreffen am Tatort – über die Lage zunächst ein Bild verschaffen will („Haben Sie etwas gesehen?"; „Wer war beteiligt?").[153] Ergibt sich aus spontanen oder auf eine informatorische Befragung hin erfolgten Äußerungen der Beschuldigtenstatus (oder auch der eines aussageverweigerungsberechtigten Zeugen), so hat dann aber eine Belehrung zu erfolgen.[154] 109

§ 136 StPO ist nach Meinung des BGH auch **nicht entsprechend** anzuwenden. Zweck der in § 136 StPO normierten Belehrungspflicht sei es nämlich lediglich, den Beschuldigten vor der Fehlvorstellung zu schützen, gegenüber einer amtlich auftretenden Vernehmungsperson zur Aussage verpflichtet zu sein. Eine solche Fehlvorstellung kann aber offenbar nicht entstehen, wenn der Beschuldigte davon ausgeht, sich lediglich gegenüber einer Privatperson zu offenbaren.[155] 110

Dagegen wird geltend gemacht, die Belehrungspflicht sei Ausdruck des Rechtsgedankens, dass der Beschuldigte vor staatlich veranlasster **irrtumsbedingter Selbstbelastung** zu schützen sei. Wenn auch keine Vernehmung im formellen Sinn gegeben sei, liege doch immerhin eine „vernehmungsähnliche Situation" vor, in der der Beschuldigte nicht weniger schutzbedürftig sei als in einer förmlichen Vernehmung.[156] Bei dieser Sichtweise stellt die „Hörfalle" eine Umgehung des Regelungsgehalts von § 136 Abs. 1 S. 2 StPO dar, so dass die Maßnahme rechtswidrig wäre (und ein Verwertungsverbot hinsichtlich der gewonnenen Beweismittel nahe liegen würde).[157] 111

Fraglich ist weiter, ob sich die Polizeibeamten **unerlaubter Vernehmungsmethoden** i. S. v. **§ 136a StPO** bedient haben.[158] Gegen eine unmittelbare Anwendung dieser Vorschrift lässt sich – auch hier – zunächst ins Feld führen, dass § 136a StPO ebenfalls eine Vernehmung voraussetzt.[159] Der von § 136a StPO intendierte Schutz der Willensentschließung und Willensbetätigung gegen massive staatliche Eingriffe ist jedoch Ausdruck eines allgemeinen Rechtsgedankens, der auch dort gilt, wo sich die Behörden bei der Führung ihrer Ermittlungen Privatpersonen bedienen. Die in § 136a StPO genannten Methoden bleiben also auch außerhalb von Vernehmungssituationen verboten. Die h. M. ist jedoch der Auffassung, bei der Hörfalle liege 112

---

[152] *BGH* StV 1990, 194; *Beulke/Swoboda* StrafProzR Rn. 174, 181; *Hinderer* JA 2012, 115 f.; *Putzke/Scheinfeld* Rn. 57. Teilweise wird allerdings schon im Vorfeld von Befragungen eine Vernehmungssituation angenommen, wenn nämlich Äußerungen nach der Art der Situation zu erwarten sind und sich daraus ein Bedarf nach einer Belehrung ergibt; vgl. *Fezer* StV 1990, 195 f. und die Zusatzfrage bei *Frisch/Murmann* JuS 1999, 1203.

[153] Eingehend SK-StPO/*Rogall* Vor § 133 Rn. 42 ff.

[154] Vgl. *BGH* NJW 2009, 3589, wo sich Polizeibeamte im Anschluss an ein spontanes Geständnis über einen längeren Zeitraum Einzelheiten hatten berichten lassen.

[155] BGHSt (GrS) 42, 139 (146 ff.); zustimmend *Hellmann* StrafProzR Rn. 444; *Sternberg-Lieben* JURA 1995, 308; ablehnend *Ambos* Beweisverwertungsverbote S. 33.

[156] Eingehend *Kühne* FS Wolter, 1009 ff.

[157] *Derksen* JR 1997, 168 f.; *Renzikowski* JZ 1997, 713 ff.; *Roxin* NStZ 1995, 466 f.; *ders.* NStZ 1997, 19 f.; *Schroth* JuS 1998, 976 f.

[158] Strafprozessuale Zusatzfrage zu § 136a StPO bei *Ambos/Rackow* JURA 2006, 943 (949).

[159] Dazu *Kudlich* JuS 1997, 698.

keine **„Täuschung"** im Sinne von § 136a StPO vor.[160] Dieser Begriff müsse nämlich mit Blick auf die Intensität der anderen tatbestandlich genannten Formen der Beeinträchtigung der Willensfreiheit restriktiv interpretiert werden. Das bloße Verschweigen der Kenntnisnahme des Gesprächs durch die Polizei soll danach nicht ausreichen, weil die Entschließungsfreiheit des Betroffenen hinsichtlich der Frage, ob er sich äußern will oder nicht, unberührt bleibe.[161] Wenn der Beschuldigte auch die Tragweite seiner Äußerungen nicht erkannt hat, lasse sich die (konkludente) Täuschung über die amtliche Kenntnisnahme des Gesprächs mit den anderen in § 136a StPO verbotenen, die Würde des Menschen verletzenden Mitteln nicht auf eine Stufe stellen.[162]

113 Freilich eine **angreifbare Argumentation** des BGH, denn die Täuschung über die Qualität des Gesprächs als Strafverfolgungsmaßnahme ist gerade dadurch besonders subtil und effektiv, dass sich der Beschuldigte nicht einmal einem Strafverfolgungsorgan, dem er mit Misstrauen begegnen könnte, gegenüber sieht.[163]

114 Auch die **Heimlichkeit** des polizeilichen Vorgehens stellt nach Auffassung des BGH keinen Verfahrensverstoß dar, da es keinen Grundsatz der „offenen Befragung" im Strafverfahren gebe.[164]

115 Schließlich liege auch kein Verstoß gegen den Grundsatz **nemo tenetur se ipsum accusare** vor (keine Pflicht des Beschuldigten, aktiv an dem gegen ihn gerichteten Verfahren mitzuwirken). Dieser Grundsatz wolle lediglich die Freiheit von Zwang zur Aussage oder zur Mitwirkung am Strafverfahren garantieren. Er diene hingegen nicht dem Schutz vor unbewussten Selbstbelastungen.[165] A habe sich auf Grund freier Willensentschließung für die Offenbarung seiner Täterschaft im Gespräch mit Z entschieden. Die Motive dieser Äußerungen – insbesondere die fehlende Kenntnis von Grund und Folgen des Gesprächs – unterfielen nicht dem Schutzbereich des nemo tenetur-Grundsatzes.

116 Diese Argumentation läuft ersichtlich parallel zu der oben (→ Rn. 110) erörterten Frage, ob vorliegend Belehrungspflichten über das Schweigerecht entsprechend § 136 StPO bestehen. Das liegt daran, dass die Belehrungspflichten gerade der Absicherung des nemo tenetur-Grundsatzes dienen. Dementsprechend ist auch die Reichweite des nemo tenetur-Grundsatzes in gleicher Weise umstritten wie die analoge Anwendung von § 136 StPO: In der Literatur wird verschiedentlich die Auffassung vertreten, dem Staat müsse „es generell verboten sein, dem Beschuldigten die Entscheidung darüber, ob er den Strafverfolgungsorganen etwas anvertrauen will oder nicht, durch Zwang oder Täuschung abzunehmen".[166]

117 In **neueren Entscheidungen** hat der BGH, insbesondere unter dem Eindruck der Rechtsprechung des EGMR,[167] der Zulässigkeit verdeckter heimlicher Befragungen zumindest **Grenzen** gezogen.[168] Unzulässig sind danach **massive Einflussnahmen** beim nicht aussagebereiten Beschuldigten. So sei es mit dem Grundsatz der Selbstbelastungsfreiheit „nicht vereinbar, dem

---

160 BGHSt (GrS) 42, 139 (149) m. w. N.; *Renzikowski* JZ 1997, 712; *Sternberg-Lieben* JURA 1995, 307 f.; a. A. *Ambos* Beweisverwertungsverbote S. 33, 65 ff.; HK-GS/*Jäger* StPO § 136a Rn. 23.

161 SK-StPO/*Rogall* § 136a Rn. 57 m. w. N.

162 BGHSt (GrS) 42, 139 (149); *BGH* NStZ 2011, 596 (598).

163 *Bernsmann* StV 1997, 117 f.; *Derksen* JR 1997, 169.

164 BGHSt (GrS) 42, 139 (150 f.); *Soiné* NStZ 2010, 597 f. A. A. *Fezer* NStZ 1996, 289 f.; *Dencker* StV 1994, 674 f.

165 BGHSt (GrS) 42, 139 (151 ff.). So auch *Franke* JR 2000, 470; Meyer-Goßner/Schmitt/*Schmitt* Einl. Rn. 29c. Zweifelnd mit Blick auf *EGMR* StV 2003, 257 (259) – Allan/Großbritannien nunmehr BGHSt 52, 11 (16 ff.).

166 *Bernsmann* StV 1997, 118; siehe auch *Derksen* JR 1997, 170; *Weßlau* ZStW 110 (1998), 31 ff.

167 *EGMR* StV 2003, 257 (259) – Allan/Großbritannien m. Anm. *Gaede*.

168 Siehe, die Rechtsprechung des *EGMR* referierend, *BGH* NStZ 2011, 596 (597 f.).

Beschuldigten, der sein Schweigerecht in Anspruch genommen hat, in gezielten, vernehmungsähnlichen Befragungen, die auf Initiative der Ermittlungsbehörden ohne Aufdeckung der Verfolgungsabsicht durchgeführt werden, wie etwa durch Verdeckte Ermittler, selbstbelastende Angaben zur Sache zu entlocken".[169] Nichts anderes kann natürlich für **abgenötigte Äußerungen** gelten, wie es in folgendem **Fall** lag:[170] Der Beschuldigte war verdächtig, das Angebot zur Begehung eines Mordes an seiner Ehefrau angenommen zu haben (§ 30 StGB). Der in Haft befindliche Beschuldigte erhielt Besuch von einem nicht offen ermittelnden Polizeibeamten, der sich als Auftragsmörder ausgab und behauptete, es sei zu Unklarheiten bezüglich des ausersehenen Tatopfers gekommen. Der Polizeibeamte legte dem Beschuldigten Bilder von dessen Ehefrau sowie einer unbeteiligten Frau vor, fragte, welche getötet werden solle und erklärte, im Fall verbleibender Zweifel könne man auch beide „wegmachen". Der zunächst nicht gesprächsbereite Beschuldigte wurde durch diese Drohung mit der Aussicht, dass auch unbeteiligte Dritte zu Tode kommen könnten, schließlich dazu bewegt, Angaben zu machen. Infolge dieser Nötigung (§ 240 StGB) sah der BGH den Kernbereich der Selbstbelastungsfreiheit des Angeklagten als verletzt an (weshalb die Aussage des nicht offen ermittelnden Polizeibeamten nicht verwertbar sei). Wird durch das täuschende Verhalten jedoch kein psychischer Druck auf den Beschuldigten aufgebaut, so lassen der EGMR[171] wie auch der BGH eine Verwertung zu.[172] Schließlich hat der BGH auch bei **Befragungen durch Polizeibeamte außerhalb von Vernehmungen** Grenzen aus dem Grundsatz der **Selbstbelastungsfreiheit** in folgendem aktuellen **Fall** gezogen:[173] Die 75-jährige A stand unter Brandstiftungsverdacht und wurde zum Zwecke der Behandlung etwaiger, infolge des Brandes erlittener gesundheitlicher Beeinträchtigungen von einer Polizeibeamtin zur Klinik eskortiert. Nachdem sich A zunächst nach Belehrung auf ihr Schweigerecht berufen hatte, äußerte sie sich auf Nachfrage gegenüber der Polizeibeamtin während des Transports in die Klinik und dann auch in deren Anwesenheit gegenüber dem Arzt zu der Tat. Der BGH hat diese Vorgehensweise der Polizeibeamtin als Verstoß gegen den nemo tenetur-Grundsatz bewertet, da sich A **nicht eigenverantwortlich** zu den Äußerungen entschieden habe. Das ergibt sich für den BGH aus einer Gesamtbetrachtung folgender Umstände: A sei in gesundheitlich schlechter Verfassung gewesen, habe unter dem Einfluss einer Überdosis Psychopharmaka gestanden und bei deutlicher erhöhter Pulsfrequenz Todesangst gehabt. In diesem Zustand habe sie von dem Brandgeschehen ab unter permanenter polizeilicher Begleitung und Befragung gestanden. Das sei insbesondere im Hinblick auf die Anwesenheit der Polizeibeamtin bei der ärztlichen Befragung problematisch, da die dringend behandlungsbedürftige A hier zur Erlangung eines korrekten ärztlichen Befundes gezwungen gewesen sei, das Brandgeschehen zu schildern.[174] Der Verstoß gegen den Grundsatz der Selbstbelastungsfreiheit führe zur Unverwertbarkeit der Äußerungen.

Die Hörfalle könnte schließlich deshalb unzulässig sein, weil sie einen Verstoß gegen den aus dem Rechtsstaatsprinzip (Art. 20 Abs. 3 GG) abgeleiteten **Gesetzlichkeitsgrundsatz** (Vorbehalt des Gesetzes) darstellen könnte, wonach der Gesetzgeber alle für die Verwirklichung der Grundrechte wesentlichen Angelegenheiten selbst zu regeln hat (→ Rn. 61).[175] Die Informationsbeschaffung durch Einschaltung Privater stellt einen staatlichen Eingriff[176] in das allgemeine Persönlichkeitsrecht (Art. 2 **118**

[169] BGHSt 52, 11. Als Zusatzfrage bei *Heinrich/Reinbacher* 33/7 ff.

[170] BGHSt 55, 138; dazu *Bosch* JA 2010, 754 ff.; *Jahn* JuS 2010, 832 ff.; *J. Kretschmer* HRRS 2010, 343 ff.

[171] *EGMR* HRRS 2009 Nr. 360 Rn. 83 ff. – Bykov/Russland. Als Zusatzfrage bei *Heinrich/Reinbacher* 21/18 ff.

[172] *BGH* NStZ 2011, 596 (598) mit ablehnenden Anm. *Eisenberg* JR 2011, 409 ff.; *Schumann* JZ 2012, 265 ff.; *Roxin* StV 2012, 131 ff.; zusammenfassend *Kasiske* JuS 2015, 18 f.

[173] *BGH* NJW 2018, 1986 m. Anm. *Jahn.*

[174] Insoweit sprechen gute Gründe für eine Verletzung des Kernbereichs des Persönlichkeitsrechts durch einen Eingriff in das Arzt-Patienten-Verhältnis; offen gelassen *BGH* NJW 2018, 1986 (1988), dafür *Jahn* NJW 2018, 1989.

[175] BVerfGE 98, 218 (251).

[176] Die Maßnahme verliert nicht den Charakter eines staatlichen Eingriffs dadurch, dass der Beschuldigte seine Informationen (zunächst) nur an eine Privatperson weitergibt; *Dencker* StV 1994, 671 f.; *Duttge* JZ 1996, 563; *Lilie/Rudolph* NStZ 1995, 515; *Renzikowski* JZ 1997,

Abs. 1 GG) dar, und zwar auch in seinen Ausprägungen als Recht auf eine geschützte Privatsphäre[177] und des Rechts auf informationelle Selbstbestimmung.[178] Die Person ist – soweit keine gesetzliche Einschränkung vorgesehen ist – berechtigt, frei von Zwang oder Täuschung darüber zu entscheiden, welche Informationen sie dem Staat zukommen lassen will.[179]

119 Eine spezielle Ermächtigungsgrundlage für den Eingriff in diese Grundrechte liegt nicht vor. Der BGH war allerdings der Auffassung, die **Ermittlungsgeneralklauseln** der §§ 161 Abs. 1, 163 Abs. 1 StPO stellten eine hinreichende gesetzliche Grundlage dar.[180] Dies wird aber den grundrechtlichen Belangen des Betroffenen nicht gerecht, zumal sich das Gewicht des Eingriffs durch die Heimlichkeit der Informationserhebung in zweifacher Hinsicht vergrößert: Zum einen ist der Beschuldigte zunächst nicht darüber orientiert, ob und welche Informationen der Staat erlangt hat.[181] Zum anderen wird durch die Heimlichkeit der Maßnahme die Rechtsschutzmöglichkeit des Betroffenen verzögert (§ 101 StPO), was die Eingriffsintensität mit Blick auf die jedenfalls zeitweise leerlaufende Rechtsweggarantie (Art. 19 Abs. 4 GG) intensiviert.[182] Da die Generalklauseln danach keine ausreichende Ermächtigungsgrundlage darstellen, handelt es sich um eine ungesetzliche Maßnahme, die gegen den Vorbehalt des Gesetzes verstößt.

120 Auch das BVerfG[183] hat in einer wegen Unzulässigkeit nicht zur Entscheidung angenommenen Verfassungsbeschwerde[184] angedeutet, dass eine im Auftrag der Ermittlungsbehörden durch Vertrauenspersonen[185] vorgenommene gezielte heimliche Befragung eines Zeugen wegen des damit verbundenen Eingriffs in das Recht auf informationelle Selbstbestimmung der gesetzli-

---

715. Zutreffend auch *BGH* NStZ 1996, 200 (201) (Vorlagebeschluss): „Die Polizei bedient sich hier einer Privatperson, durch die sie den Beschuldigten ‚aushorcht'; sie handelt in Wahrheit selbst".

[177] Vgl. BGHSt 44, 13 (16). Art. 8 EMRK („Jede Person hat das Recht auf Achtung ihres Privat- und Familienlebens, ihrer Wohnung und ihrer Korrespondenz") sieht einen Gesetzesvorbehalt ausdrücklich vor.

[178] So auch *Hefendehl* StV 2001, 701 (704); *Renzikowski* JZ 1997, 714 f.; *Rogall* NStZ 2000, 492 f. (der allerdings die §§ 161, 163 StPO als ausreichende Ermächtigungsgrundlage ansieht); a. A. BGHSt (GrS) 42, 139 (154). Nicht überzeugend *Krey* FS Miyazawa, 603, der meint, das Volkszählungsurteil sei „auf strafprozessuale Ermittlungen als solche weder gemünzt noch für sie passend"; siehe dagegen *BVerfG* NStZ 1996, 45 (Prüfung der Zulässigkeit der DNA-Analyse einer Blutprobe [§ 81a StPO] am Maßstab des Rechts auf informationelle Selbstbestimmung).

[179] BVerfGE 65, 1 (43): „Mit dem Recht auf informationelle Selbstbestimmung wäre eine Gesellschaftsordnung und eine diese ermöglichende Rechtsordnung nicht vereinbar, in der Bürger nicht mehr wissen können, wer was wann und bei welcher Gelegenheit über sie weiß".

[180] BGHSt (GrS) 42, 139 (150); *Krey* FS Miyazawa, 602 f.; zweifelnd nun BGHSt 55, 138 (143 f.) bezogen auf den Einsatz eines nicht offen ermittelnden Polizeibeamten.

[181] Siehe auch *Böse* GA 2002, 102. Dazu, dass es dem BVerfG in seiner Entscheidung im Volkszählungsurteil wesentlich um eine Vorverlagerung des Persönlichkeitsschutzes gegenüber den Gefahren der Informationsgesellschaft ging, vgl. *Duttge* JZ 1996, 560 f.

[182] *Lilie/Rudolph* NStZ 1995, 515; ferner *Böse* GA 2002, 102.

[183] *BVerfG* StV 2000, 233 – Fall Sedlmayr = JA 2000, 637 *(Lesch)* = *BVerfG* StV 2000, 466 m. Anm. *Weßlau* = *BVerfG* JR 2000, 333 m. Anm. *Lesch;* kritisch *Lesch* JA 2000, 725 ff.

[184] Der deshalb keine Bindungswirkung nach § 31 Abs. 1 BVerfGG zukommt, Umbach/Clemens/Dollinger/*Heusch* BVerfGG § 31 Rn. 55.

[185] Bei diesen sogenannten „V-Leuten" handelt es sich um Personen, die die Strafverfolgungsbehörden über einen längeren Zeitraum bei der Aufklärung von Straftaten vertraulich unterstützen, ohne einer Strafverfolgungsbehörde zuzugehören; dazu noch näher → Rn. 255 ff.

chen Grundlage bedürfe.[186] Die Aussagekraft der verfassungsgerichtlichen Äußerungen für die hier erörterte Hörfallen-Entscheidung bleibt zwar deshalb zweifelhaft, weil das BVerfG die ebenfalls wegen Unzulässigkeit nicht zur Entscheidung angenommene Verfassungsbeschwerde gegen die Hörfallen-Entscheidung[187] nicht mit einem vergleichbaren obiter dictum zum Fehlen einer gesetzlichen Grundlage versehen hat. Jedoch sind sachliche Gründe für eine differenzierte Behandlung der beiden Konstellationen nicht ersichtlich.[188]

In neuerer Zeit hat der EGMR in einer gegen die Niederlande ergangenen Entscheidung für eine vergleichbare Fallkonstellation einen Eingriff in die nach Art. 8 Abs. 1 EMRK geschützte Korrespondenz bejaht und deshalb die Maßnahme für unzulässig gehalten, solange eine nach Art. 8 Abs. 2 EMRK erforderliche gesetzliche Grundlage nicht vorhanden ist.[189] Auch unter diesem Aspekt liegt mit Blick auf den aus der Bindung der Gerichte an Gesetz und Recht (Art. 20 Abs. 3 GG) abgeleiteten Grundsatz der konventionskonformen Auslegung eine Verletzung des Vorbehalts des Gesetzes vor.[190] **121**

Der BGH hat freilich – wie schon erwähnt – einen Verstoß gegen das Gesetzlichkeitsprinzip verneint. Die mangelnde Überzeugungskraft dieser Auffassung zeigt sich aber deutlich in der **vom BGH entwickelten Lösung,**[191] mit der er in der Sache das Gewicht des staatlichen Eingriffs anerkennt und sich damit in Widerspruch zu seiner Auffassung setzt, die Ermittlungsgeneralklauseln stellten eine ausreichende gesetzliche Ermächtigungsgrundlage dar: Der BGH hat nämlich die Auffassung vertreten, die irrtumsbedingte Selbstbelastung stehe immerhin in einer gewissen **Nähe zum Schutzbereich des nemo tenetur-Grundsatzes.** Es sei deshalb unter Verhältnismäßigkeitsgesichtspunkten eine Abwägung zwischen den Interessen des Beschuldigten und den Belangen einer effektiven Strafverfolgung vorzunehmen. Die auf Veranlassung der Ermittlungsbehörden von einer Privatperson gestellte „Hörfalle" sei danach nur zulässig, wenn der Einsatz anderer Ermittlungsmethoden erheblich weniger Erfolg versprechend wäre oder hierdurch die Ermittlungen wesentlich erschwert wären und es sich um die Verfolgung einer Straftat von erheblicher Bedeutung handelt. Mit diesen hohen Eingriffsvoraussetzungen macht der BGH deutlich, dass es sich eben doch um einen Eingriff von erheblichem Gewicht handelt. **122**

Folgt man dagegen der Auffassung des BGH, so sollen für die Beantwortung der Frage, ob eine Straftat von erheblicher Bedeutung vorliegt, die Kataloge in §§ 98a, 100a, 110a StPO erste Hinweise vermitteln. Im vorliegenden Fall ist das Erfordernis des Verdachts einer schweren Straftat (§ 250 StGB) erfüllt. Da zudem der Einsatz anderer Ermittlungsmethoden keinen Erfolg versprochen hätte,[192] bleiben nach den vom BGH entwickelten Grundsätzen die Beweiserhebung (und mithin auch die **123**

---

[186] Vgl. auch *Geier/Schäl/Twelmeier* JURA 2004, 121 ff.

[187] *BVerfG* StV 2000, 467 m. Anm. *Weßlau* = *BVerfG* JR 2000, 467 m. Anm. *Franke.*

[188] Zutreffend *Weßlau* StV 2000, 469.

[189] *EGMR* StV 2004, 1 f. – M. M. v. Niederlande.; dazu *Gaede* StV 2004, 46 ff.

[190] BVerfGE 74, 358; *BVerfG* NJW 2004, 3407 – Görgülü-Beschluss = JZ 2004, 1171 m. Anm. *Klein;* BGHSt 46, 97; vgl. auch *Mayer-Ladewig/Petzold* NJW 2005, 15; *Esser* StV 2005, 352.

[191] BGHSt (GrS) 42, 139 (156 f.).

[192] Im Originalfall waren die Erfolgsaussichten anderer Ermittlungsmethoden (z. B. Durchsuchung, Telefonüberwachung) allerdings dem Sachverhalt nicht zu entnehmen, was *Roxin* NStZ 1997, 21 zu der Kritik veranlasst hat, mit dem „formelhaften Hinweis" auf den Subsidiaritätsgedanken entstehe der Eindruck, „dass die einschränkenden Voraussetzungen für die Zulässigkeit der Hörfalle nicht so ernst genommen werden, wie sie es doch auch nach der Auffassung des Gerichts verdienen". Mit diesem Vorwurf dürften allerdings die Anforderungen, die an die Entscheidung einer konkreten Rechtsfrage im Rahmen einer Vorlage nach § 132 Abs. 4 GVG zu stellen sind, überdehnt werden. In der das Revisionsverfahren abschließenden Entscheidung (Urt. v. 22.8.1996 – 5 StR 680/94, nicht veröffent-

spätere Verwertung des Beweismittels durch Vernehmung der Polizeibeamten als Zeugen) zulässig.

5. Durchsuchung und Beschlagnahme

124 **Fall:**[193] Z steht im dringenden Verdacht, bei einem Einbruchsdiebstahl als Fahrer Beihilfe geleistet zu haben. Nach dem Stand der Ermittlungen kam es bei der Flucht vom Tatort zu einem von Z verursachten Unfall mit Personenschaden. Die Täter flüchteten, ohne sich weiter um den Verletzten zu kümmern.

a) Es wird vermutet, dass sich in der Wohnung von Z Beutegegenstände befinden. Außerdem gibt es konkrete Anhaltspunkte dafür, dass Z bestimmte Schriftstücke aufbewahrt, die Hinweise auf seine Tatbeteiligung geben. Liegen die Voraussetzungen für eine Durchsuchung der Wohnung vor?
b) Der Ermittlungsrichter erlässt Durchsuchungsbefehl und Beschlagnahmeanordnung bezogen auf die (näher bezeichneten) Beutestücke und Schriftstücke.[194] Staatsanwalt S und die hinzugezogenen Polizeibeamten finden tatsächlich Teile der Beute. Unter Protest des Z nehmen sie die Beutegegenstände und – unter Hinweis auf seine fehlende Eignung zum Führen von Kraftfahrzeugen (vgl. § 69 Abs. 1, 2 Nr. 3 StGB) – den Führerschein des Z mit. Zudem hat S ein Schreiben entdeckt, das von Rechtsanwalt A, dem Verteidiger von Z, stammt. S hält es – nach einer ersten Durchsicht – für möglich, dass der Inhalt des Schreibens Rückschlüsse auf die Begehung einer anderen Straftat durch Z zulässt. Auch dieses Schreiben wird mitgenommen. Rechtmäßigkeit dieser Maßnahmen?

a) Einführung

125 Das Beispiel spricht zwei Problemkreise an, die auch praktisch häufig in Zusammenhang stehen, nämlich die Durchsuchung (Fallfrage a) und die Sicherstellung bzw. Beschlagnahme (Fallfrage b).

126 Die **Durchsuchung** dient insbesondere dem Auffinden von Beweismitteln. Sie stellt eine offene Maßnahme dar, d. h. Ermittlungsbeamte sind am Ort der Durchsuchung anwesend und legen die Ermittlungen offen.[195] Das schließt die Zulässigkeit einer verdeckten „Online-Durchsuchung" auf Grundlage der §§ 102 f. StPO aus.[196]

Der Gesetzgeber hat jedoch im Jahr 2017 mit **§ 100b StPO** eine Eingriffsermächtigung für die **„Online-Durchsuchung"** geschaffen, die es den Ermittlungsbehörden erlaubt, Daten auf dem

---

licht) hat der 5. Senat eine an den Maßstäben des Großen Senats orientierte Prüfung der Subsidiarität vorgenommen.

193 Weitere Fallgestaltungen zu Durchsuchung und Beschlagnahme bei *Geerds* JURA 1987, 210 ff.; StPO-Klausuren bei *Bock* JA 2013, 667 ff.; Hellmann/*Claus* Rn. 158 ff.; *Höffler/Kaspar* Fall 4 Rn. 69 ff.; Fall 5 Rn. 68 ff.; *Mansdörfer* Rn. 309 ff. Zusatzfrage bei *Bosch* S. 584 ff., 589 ff.; *Heinrich/Reinbacher* 14/10 ff., 15/16 ff.; eingehend zur Hausdurchsuchung *F. Walther* JA 2010, 32 ff.; zu den verfassungsrechtlichen Anforderungen *Gusy* NStZ 2010, 353 ff.

194 Die Verbindung von Durchsuchungs- und Beschlagnahmebeschluss entspricht gängiger Praxis; siehe *Göbel* Rn. 29.

195 *BGH* StV 2007, 115.

196 BGHSt 51, 211 = *BGH* StV 2007, 115 m. Anm. *Harrendorf* StraFo 2007, 149 ff.; anders noch *BGH* (Ermittlungsrichter) StV 2007, 60 m. Anm. *Beulke/Meininghaus.* Zur verfassungsrechtlichen Beurteilung BVerfGE 120, 274.

Computer des Beschuldigten mittels eines „Backdoor“-Programms („Staatstrojaner“) einzusehen (und herunterzuladen).[197] Die dafür erforderliche Anordnung durch die Staatsschutzkammer beim LG (§ 100e Abs. 2 StPO) setzt u. a. den Verdacht einer besonders schweren Straftat voraus (§ 100b StPO), wobei der Kernbereich privater Lebensgestaltung nach Maßgabe von § 100d StPO zu respektieren ist.

Das Gesetz unterscheidet die Durchsuchung von Wohnung, Person und Sachen beim **Verdächtigen** (§ 102 StPO) von der beim **Unverdächtigen** (§ 103 StPO). Nach § 102 StPO genügt für eine Durchsuchung beim Verdächtigen bereits, dass nach kriminalistischer Erfahrung Beweismittel aufgefunden werden könnten.[198] Für eine Durchsuchung beim Unverdächtigen setzt § 103 StPO dagegen diesbezüglich einen auf konkrete Tatsachen gestützten Verdacht voraus. Zudem muss sich die Maßnahme beim Unverdächtigen auf das Auffinden „bestimmter“ Gegenstände richten. In jedem Fall muss die Durchsuchung verhältnismäßig sein.[199] Zuständig für die Anordnung ist grundsätzlich der **Richter** und nur bei Gefahr im Verzug die Staatsanwaltschaft und ihre Ermittlungspersonen (§ 105 StPO). Der Durchsuchungsbefehl muss den Tatvorwurf und die Beweismittel bezeichnen.[200] 127

Gegenstände, die als Beweismittel von Bedeutung sein können, werden nach §§ 94 ff. i. V. m. § 98 StPO **sichergestellt.** Wird der Gegenstand nicht freiwillig herausgegeben, so wird er **beschlagnahmt** (§ 94 Abs. 2 StPO). Für den Fall, dass zwar der Gewahrsamsinhaber feststeht, aber den Ermittlungsbehörden nicht bekannt ist, an welchem Ort sich der Gegenstand genau befindet, kommt die Verhängung von **Zwangsmitteln** nach § 95 Abs. 2 StPO in Betracht. Deren Einsatz ist allerdings gegen den Beschuldigten (nemo tenetur-Grundsatz!) sowie gegen zeugnisverweigerungsberechtigte Personen (§ 95 Abs. 2 S. 2 StPO) unzulässig.[201] 128

Wird der Gegenstand nicht als Beweismittel benötigt, sondern soll durch die Ingewahrsamnahme die **Vollstreckung gesichert** werden (Einziehung, §§ 73 ff. StGB), so finden §§ 111b ff. StPO Anwendung.[202] Eine Ausnahme sieht das Gesetz in § 94 Abs. 3 StPO für Führerscheine vor, die der Einziehung unterliegen (§ 69 Abs. 3 StGB), da es hier – anders als sonst bei der Einziehung – nur um die tatsächliche Sicherstellung der Urkunde geht.[203] 129

b) Falllösung

Fallfrage a): Als Ermächtigungsgrundlage für eine Durchsuchung kommt **§ 102 StPO** in Betracht. Zunächst müssten die materiellen Voraussetzungen dieser Vor- 130

[197] Näher *Bantlin* JuS 2019, 669 ff.; *Großmann* GA 2018, 439 ff.; *ders.* JA 2019, 241 ff.; *Singelnstein/Derin* NJW 2017, 2646 f.; *Soiné* NStZ 2018, 497 ff.

[198] Das setzt nach h. M. geringere Voraussetzungen als Anfangsverdacht voraus, vgl. Meyer-Goßner/Schmitt/*Köhler* StPO § 102 Rn. 3; *Volk/Engländer* GK StPO § 10 Rn. 54.

[199] Meyer-Goßner/Schmitt/*Köhler* StPO § 102 Rn. 15 f., § 103 Rn. 1a. Daran fehlt es, wenn lediglich schwache Anhaltspunkte auf eine relative geringfügige Straftat hinweisen; *BVerfG* NJW 2018, 1240; dazu *Muckel* JA 2018, 556 ff.

[200] Meyer-Goßner/Schmitt/*Köhler* StPO § 105 Rn. 5. In der Praxis ergeben sich diesbezüglich häufig Probleme der hinreichenden Bestimmtheit der Durchsuchungsanordnung, vgl. *BVerfG* NStZ 2000, 601 m. Anm. *Park.*

[201] Meyer-Goßner/Schmitt/*Köhler* StPO § 95 Rn. 5 f.

[202] Vgl. die instruktive Lösung einer Zusatzfrage zu Sicherstellung und Beschlagnahme bei *Tiedemann/Vogel* JuS 1988, 300.

[203] Unterscheide Einziehung des Dokuments (Führerschein, § 94 Abs. 3 StPO) von der Entziehung der Berechtigung (Fahrerlaubnis, § 69 StGB bzw. § 111a StPO); *Putzke/Scheinfeld* Rn. 317 ff.; dazu gleich → Rn. 134.

schrift vorliegen. Gegen Z besteht ein Anfangsverdacht.[204] Damit ist der Anwendungsbereich von § 102 StPO – Durchsuchung beim Verdächtigen – eröffnet.[205] Aufgrund konkreter Anhaltspunkte kann nach kriminalistischer Erfahrung weiterhin davon ausgegangen werden, dass in seiner Wohnung Beweismaterial gefunden wird. Da eine Durchsuchung angesichts der Schwere der Straftat und der Stärke des Tatverdachts auch nicht unverhältnismäßig erscheint, sind die Voraussetzungen für die Wohnungsdurchsuchung nach § 102 StPO gegeben. Zuständig für die Anordnung ist gem. § 105 Abs. 1 S. 1 StPO grundsätzlich der Richter. Nach alledem wird der Ermittlungsrichter (§ 162 StPO) auf Antrag der Staatsanwaltschaft einen Durchsuchungsbefehl erlassen.

131 **Fallfrage b):** Die materielle Rechtmäßigkeit einer **Beschlagnahmeanordnung** bezüglich der als Beweismittel bedeutsamen Beutestücke und beweiserheblichen Schriftstücke ergibt sich aus § 94 Abs. 1, Abs. 2 StPO.[206] Eine wirksame Beschlagnahmeanordnung liegt allerdings nur vor, wenn Beutestücke und Schriftstücke im Durchsuchungsbeschluss in einer Weise konkretisiert sind, die keinen Zweifel daran zulässt, welche Gegenstände von der Anordnung umfasst sind. „Denn andernfalls würde die Entscheidung, welche Gegenstände unter die richterliche Beschlagnahmeanordnung fallen, nicht dem Richter obliegen, sondern den Strafverfolgungsbehörden überlassen".[207] Diesen Anforderungen ist vorliegend Genüge getan.

132 Da auch hinsichtlich der Beschlagnahme keine Gefahr im Verzug vorliegt, erfolgt ihre Anordnung auf Antrag der Staatsanwaltschaft durch den **Ermittlungsrichter** (§§ 98 Abs. 1, 162 StPO). Da die Anordnung auch die Beschlagnahme von Schriftstücken bestimmten Inhalts zum Gegenstand hat, ist deren erforderliche Durchsicht durch den Staatsanwalt konkludent angeordnet (§ 110 Abs. 1 StPO).

133 Die **Beutestücke** gehören zu den in der Beschlagnahmeanordnung aufgeführten Gegenständen. Als potentielle Beweismittel ist ihre Sicherstellung nach § 94 Abs. 1 StPO und – da Z als Gewahrsamsinhaber zu einer freiwilligen Herausgabe nicht bereit ist – auch ihre Beschlagnahme nach § 94 Abs. 2 StPO materiell zulässig. Die Beschlagnahme wurde zudem durch den zuständigen Richter angeordnet. Damit entspricht sie auch formell den rechtlichen Erfordernissen des einschlägigen § 98 Abs. 1 StPO.

134 Materielle Rechtsgrundlage für die Beschlagnahme eines **Führerscheins** ist § 94 Abs. 3 StPO, der auf die ersten beiden Absätze dieser Vorschrift verweist. Da die Beschlagnahme des Führerscheins im vorliegenden Fall nicht der Beweissicherung, sondern den mit der Einziehung verfolgten präventiven Zwecken[208] dient, kann die Beschlagnahme allerdings nicht in weiterem Umfang zulässig sein, als es die Fahrerlaubnisentziehung durch den Richter wäre. Deshalb müssen weiterhin die Voraus-

---

[204] Dagegen darf die Durchsuchung „nicht der Ermittlung von Tatsachen dienen, die zur Begründung eines Anfangsverdachts erst erforderlich sind", *BVerfG* NJW 2021, 1452 (1453).

[205] Ein Beschuldigter ist stets auch ein Verdächtiger. Es kann hier damit – wie in den meisten Fällen – dahingestellt bleiben, ob gegen den „Verdächtigen" i. S. v. § 102 StPO ein Anfangsverdacht bestehen muss oder ob schon ein geringerer Verdachtsgrad ausreicht; dazu Meyer-Goßner/Schmitt/*Köhler* StPO § 102 Rn. 3; *Huber* JuS 2013, 408.

[206] Zu den Formalia einer Beschlagnahmeanordnung übersichtlich AK-StPO/*Amelung* § 98 Rn. 12 ff.

[207] *OLG Koblenz* NStZ 2007, 285 (286). Fehlt es an einer hinreichenden Konkretisierung der zu beschlagnahmenden Gegenstände, so enthält der Beschluss lediglich eine Richtlinie für die Durchsuchung.

[208] Vgl. allgemein zum präventiven Zweck der Führerscheinbeschlagnahme Löwe/Rosenberg/*Hauck* StPO § 111a Rn. 67 m. w. N.; dagegen kritisch *Holly* MDR 1972, 747 (748 ff.).

setzungen für eine vorläufige Entziehung der Fahrerlaubnis nach § 111a Abs. 1 StPO gegeben sein.[209] Danach müssen dringende Gründe für die Annahme vorliegen, dass dem Beschuldigten die Fahrerlaubnis nach § 69 StGB entzogen werden wird. Dringende Gründe in diesem Sinne sind dann anzunehmen, wenn der Beschuldigte dringend tatverdächtig ist und ein hoher Grad von Wahrscheinlichkeit dafür besteht, dass das Gericht bei einer Verurteilung dem Beschuldigten die Fahrerlaubnis entziehen wird.[210] Vorliegend besteht sowohl dringender Tatverdacht sowie – im Hinblick auf das Regelbeispiel des § 69 Abs. 2 Nr. 3 StGB – eine hohe Wahrscheinlichkeit, dass die Fahrerlaubnis des Z im Falle einer Verurteilung entzogen wird.

Die Beschlagnahme des Führerscheins ist nicht durch die richterliche Beschlagnahmeanordnung gedeckt. Die hier vorliegende Anordnung der Beschlagnahme durch die Staatsanwaltschaft ist nur bei **Gefahr im Verzug** (§ 98 Abs. 1 S. 1 StPO) zulässig. Gefahr im Verzug ist zunächst dann gegeben, wenn die Vereitelung einer späteren Einziehung zu befürchten wäre.[211] Für diese Annahme bietet der Sachverhalt aber keine konkreten Anhaltspunkte; allein der Umstand, dass gegen Z ein Ermittlungsverfahren geführt wird, kann die Befürchtung einer Einziehungsvereitelung nicht begründen. Nach h. M. kann Gefahr im Verzug weiterhin aus präventivpolizeilichen Erwägungen begründet werden, wenn nämlich die Teilnahme des zur Führung von Kraftfahrzeugen vermutlich ungeeigneten Beschuldigten am Straßenverkehr droht und dieser zum Nachweis seiner Berechtigung hierzu den Führerschein vorzeigen könnte.[212] Da dies im vorliegenden Fall nahe liegend ist, liegt auf der Grundlage dieser Auffassung Gefahr im Verzug vor. Danach wäre die Beschlagnahme des Führerscheins formell wie materiell rechtmäßig. 135

Zu einem anderen Ergebnis käme man, wenn man mit einer Mindermeinung Gefahr im Verzug nicht schon darin erblicken wollte, dass ein wahrscheinlich zum Führen von Kraftfahrzeugen ungeeigneter Beschuldigter überhaupt ein solches Fahrzeug im Straßenverkehr führen könnte, sondern **konkrete Anhaltspunkte** dafür verlangt, der Beschuldigte werde sich erneut in gravierender Weise **verkehrsordnungswidrig** verhalten, bevor der Richter eine Entscheidung über die vorläufige Entziehung der Fahrerlaubnis treffen kann.[213] Da solche Anhaltspunkte vorliegend nicht ersichtlich sind, wäre eine Anordnung der Beschlagnahme durch die Staatsanwaltschaft auf der Grundlage dieser Auffassung rechtswidrig. Gegenüber dieser Position bleibt die h. M. jedoch vorzugswürdig: Das Gesetz vermutet in § 69 StGB die generelle, also über den Einzelfall hinausgehende Ungeeignetheit des Beschuldigten zum Führen eines Kraftfahrzeugs im Straßenverkehr. Auf diese gesetzliche Wertung bezieht sich auch das Erfordernis einer Gefahr im Verzug, die dann aber bereits mit der konkreten Möglichkeit des Führens eines Kraftfahrzeugs gegeben ist. 136

Ein weiteres Bedenken gegen das Vorliegen von Gefahr im Verzug ließe sich daraus ableiten, dass die Staatsanwaltschaft es versäumt hatte, mit den übrigen Anträgen auch einen Antrag auf richterliche Anordnung der Führerscheinbeschlagnahme nach § 94 Abs. 3 StPO zu stellen. So hätte das **Entstehen der Eilsituation vermieden** werden können. Das BVerfG erkennt das Vorliegen von Gefahr im Verzug nicht an, wenn die Strafverfolgungsbehörden ihre tatsächlichen Voraussetzungen selbst herbeiführen, indem sie mit dem Antrag an den Ermittlungsrichter zuwarten, bis die Gefahr eines Beweismittelverlusts tatsächlich eingetreten ist.[214] Diese, 137

---

[209] Vgl. LK-StGB/*Valerius* § 69 Rn. 216 ff.; *Roxin/Schünemann* § 34 Rn. 28.

[210] Meyer-Goßner/Schmitt/*Köhler* StPO § 111a Rn. 2.

[211] *Roxin/Schünemann* § 34 Rn. 29.

[212] BGHSt 22, 385 (392 f.); vgl. auch LK-StGB/*Valerius* § 69 Rn. 216; *Roxin/Schünemann* § 34 Rn. 29; SK-StPO/*Rogall* § 111a Rn. 19, je m. w. N. zu abweichenden Auffassungen.

[213] So *Holly* MDR 1972, 747 (749); vgl. zur Entscheidung des Richters → Rn. 151.

[214] BVerfGE 103, 142 (155). Vgl. auch *BGH* wistra 2010, 231, wo den Ermittlungsbehörden allerdings allenfalls ein „geringfügiges Versäumnis" und die „Ungeschicklichkeit einer Polizeibeamtin" vorzuhalten waren; beides konnte nach Auffassung des BGH kein Beweisverwertungsverbot begründen; dazu auch *Jahn* JuS 2010, 653 f.

für die Durchsuchung aufgestellten Grundsätze lassen sich aber auf die präventiv-polizeilich begründete Eilbedürftigkeit nicht ohne weiteres übertragen:[215] Der Schutz der Allgemeinheit vor zum Führen von Kraftfahrzeugen ungeeigneten Führerscheininhabern kann nicht auf Grund eines Fehlers der Ermittlungsbehörden eingeschränkt werden.

138 Auch die Beschlagnahme des **Anwaltschreibens** ist nicht durch die richterliche Beschlagnahmeanordnung gedeckt. Es handelt sich aber auch nicht um eine Beschlagnahme durch die Staatsanwaltschaft nach §§ 94, 98 StPO, da noch offen ist, ob das Schreiben überhaupt als Beweismittel in einem bereits anhängigen oder einzuleitenden Verfahren in Betracht kommt.[216] In Betracht kommt aber eine einstweilige Beschlagnahme nach § 108 Abs. 1 StPO.[217] Nach dieser Vorschrift dürfen sogenannte **Zufallsfunde** – d. h. Gegenstände, die nicht in Zusammenhang mit dem Ermittlungsverfahren stehen, auf das sich die Durchsuchungsanordnung bezieht – einstweilig beschlagnahmt werden, wenn sie auf die Verübung einer anderen Straftat „hindeuten".[218] Ausreichend hierfür ist der „ungewisse Verdacht der Tat und die naheliegende Möglichkeit, dass die Gegenstände zu ihrem Beweis geeignet sind".[219] Wenn sich der im vorliegenden Fall noch vage Verdacht, dass Z eine weitere Straftat begangen hat, nach Auswertung des Schreibens bestätigt, so kann auch an dessen Beweisbedeutung kein Zweifel bestehen. In diesem Sinne deutet das Schreiben also auf die Verübung einer anderen Straftat hin. Da § 108 StPO eine gesonderte Feststellung von Gefahr im Verzug nicht verlangt, diese vielmehr gesetzlich fingiert wird,[220] sind die Voraussetzungen von § 108 StPO insoweit erfüllt.

139 Die einstweilige Beschlagnahme des Schreibens könnte aber deshalb unzulässig sein, weil es als Anwaltsschreiben einem **Beschlagnahmeverbot** nach **§ 97 StPO** unterliegen könnte.[221] Da die einstweilige Beschlagnahme nach § 108 StPO allein dem Zweck dient, die Sicherstellung gem. §§ 94, 98 StPO vorzubereiten, findet das Beschlagnahmeverbot des § 97 StPO auch auf vorläufige Beschlagnahmen nach § 108 StPO Anwendung.[222] Die Voraussetzungen von § 97 Abs. 1 Nr. 1 StPO liegen insoweit vor, als der Verteidiger gem. § 53 Abs. 1 Nr. 2 StPO zeugnisverweigerungsberechtigt ist und es sich bei dem Brief um eine schriftliche Mitteilung handelt.[223] Jedoch gilt das Verbot des § 97 Abs. 1 StPO nach § 97 Abs. 2 S. 1 StPO nur für solche Gegenstände, die sich im Gewahrsam des Zeugnisverweigerungsberechtigten, hier also des Anwalts befinden. Da der Brief vorliegend aber bei Z beschlagnahmt worden ist, wäre eine Beschlagnahme bei unbefangener Orientierung am Wortlaut rechtmäßig. Eine solche Sichtweise würde aber dem nach § 148 Abs. 1

---

[215] Zur Übertragbarkeit der vom BVerfG aufgestellten Grundsätze auf andere Eilkompetenzen *Amelung* NStZ 2001, 342 f.; *Krehl* JR 2001, 494 f., wo allerdings der hier vorliegende Sonderfall einer Eilbedürftigkeit aus präventiven Erwägungen nicht thematisiert wird.

[216] Hier ist also eine genaue Lektüre des Sachverhalts wichtig: Es handelt sich um ein Schreiben, „bei dem es S nach einer ersten Durchsicht für möglich hält, dass es Anhaltspunkte für die Begehung einer anderen Straftat durch Z enthält". Vgl. zum Verhältnis von § 108 StPO zu §§ 94, 98 StPO Löwe/Rosenberg/*Tsambikakis* StPO § 108 Rn. 4.

[217] Die einstweilige Beschlagnahme dient u. a. auch dazu, der Staatsanwaltschaft Gelegenheit zur Prüfung der Frage zu geben, ob einem Gegenstand für ein bereits geführtes oder ein einzuleitendes Ermittlungsverfahren Beweisbedeutung zukommt; siehe Löwe/Rosenberg/*Tsambikakis* StPO § 108 Rn. 3, 8.

[218] Eingehend *Reinbacher/Werkmeister* ZStW 130 (2018), 1104 ff.

[219] Meyer-Goßner/Schmitt/*Köhler* StPO § 108 Rn. 2; in der Fallbearbeitung *Bock* JA 2013, 667 (670).

[220] Vgl. BGHSt 19, 374 (376).

[221] In der Fallbearbeitung *Bock* JA 2013, 667 (670).

[222] KK-StPO/*Bruns* § 108 Rn. 2.

[223] Meyer-Goßner/Schmitt/*Köhler* StPO § 97 Rn. 28.

StPO garantierten Recht auf freien Verkehr zwischen Beschuldigtem und Verteidiger und damit auch den Anforderungen an ein faires Verfahren nicht gerecht (→ Rn. 75 ff.). Ausdruck des verfassungsrechtlich verbürgten (Art. 20 Abs. 3 i. V. m. Art. 2 Abs. 1 GG) Fairnessprinzips ist das Recht des Beschuldigten, sich eines Verteidigers zu bedienen (§ 137 Abs. 1 S. 1 StPO).[224] § 148 Abs. 1 StPO will die Verteidigung von Beschränkungen und Erschwernissen „völlig freistellen".[225] Im Kollisionsfall hat das staatliche Aufklärungsinteresse hinter dem Interesse des Beschuldigten an einer effektiven Verteidigung zurückzutreten.[226] § 97 Abs. 2 S. 1 StPO ist dementsprechend in verfassungskonformer Auslegung teleologisch zu reduzieren:[227] Im Verkehr zwischen Beschuldigtem und Verteidiger darf dem Gewahrsamskriterium keine entscheidende Bedeutung zukommen.[228] Es steht dem Beschlagnahmeverbot also nicht entgegen, dass sich das Schreiben im Besitz von Z befand. Die Beschlagnahmefreiheit endet nach § 97 Abs. 2 S. 3 StPO allerdings dann, wenn der Verteidiger selbst einer Teilnahme, Datenhehlerei, Begünstigung, Strafvereitelung oder Hehlerei an der Tat seines Mandanten verdächtig ist.[229] Da dies vorliegend nicht der Fall war, ist die Beschlagnahme des Schreibens nach § 97 i. V. m. § 148 Abs. 1 StPO rechtswidrig.[230]

Ergänzend ist darauf hinzuweisen, dass der BGH das Beschlagnahmeverbot analog § 97 Abs. 1 StPO auf vom **Beschuldigten zu seiner Verteidigung gefertigte Unterlagen** (die also nicht der nach § 148 StPO geschützten Kommunikation mit einem Verteidiger dienen sollen) ausgedehnt hat.[231] Dieses Beschlagnahmeverbot leitet der BGH aus Art. 6 Abs. 3 lit. b EMRK (ausreichende Gelegenheit zur Vorbereitung der Verteidigung) i. V. m. dem allgemeinen Freiheitsrecht (Art. 2 Abs. 1 GG) und dem Rechtsstaatsprinzip (Art. 20 Abs. 3 GG) her. Denn gerade in komplexeren Verfahren wäre dem Beschuldigten eine geordnete und effektive Verteidigung nicht möglich, wenn er praktisch an der Anfertigung von zu seiner Verteidigung dienenden Unterlagen gehindert wäre, weil er deren Beschlagnahme und prozessuale Verwertung zu seinen Lasten befürchten müsste. 140

6. (Nachträgliche) Überprüfung von Maßnahmen im Ermittlungsverfahren

Fall:[232] Wie oben 5., Fallfrage b (→ Rn. 124). Nun möchte Z eine Überprüfung des gesamten Vorgangs durch das Gericht herbeiführen. Beurteilen Sie die Erfolgsaussichten! 141

[224] Vgl. m. w. N. BVerfGE 66, 313 (318 f.).
[225] *BGH* NJW 1973, 2035 (2036).
[226] BGHSt 44, 46 (49).
[227] Zu dieser Form richterlicher Rechtsfortbildung allgemein: *Larenz/Canaris* Methodenlehre S. 210 ff.
[228] BGHSt 44, 46 (48 f.).
[229] *Beulke/Ruhmannseder* StV 2011, 183; Meyer-Goßner/Schmitt/*Köhler* StPO § 97 Rn. 38.
[230] Interessante Zusatzfrage zur Beschlagnahme von journalistisch recherchiertem Material bei *Rengier* JuS 1991, 938 ff.
[231] Eingehend BGHSt 44, 46; Beispiel bei *Engländer* Rn. 141.
[232] Vgl. die Zusatzfrage II. 1. bei *Beulke* Klausurenkurs III Rn. 694, 724 f.; StPO-Klausur bei Hellmann/*Golovnenkov* Rn. 265 ff.; *Murmann* Ad Legendum 2018, 201 ff. Überblick bei *Rössner/Safferling* 10. Problem.

a) Einführung

142 Als **Faustregel** lässt sich sagen, dass für die Überprüfung von Zwangseingriffen im Ermittlungsverfahren der Antrag auf gerichtliche Entscheidung nach § 98 Abs. 2 S. 2 StPO (analog) gegen von der Staatsanwaltschaft oder der Polizei angeordnete Maßnahmen in Betracht kommt.[233] Erfolgt die Anordnung dagegen durch den Richter, so ist die Beschwerde nach § 304 StPO einschlägig. Besonderheiten gelten gem. § 101 Abs. 7 S. 2–4 StPO für die in § 101 Abs. 1 StPO genannten heimlichen Ermittlungsmaßnahmen (→ Rn. 146). Im Einzelnen sind für die Beantwortung der Frage, welcher Rechtsbehelf gegen die Durchführung eines strafprozessualen Eingriffs gegeben ist,[234] folgende **drei Unterscheidungen** zu treffen:

- Richtet sich der Rechtsbehelf gegen die Maßnahme als solche oder gegen die Art und Weise ihrer Durchführung?
- Ist die Maßnahme von der Staatsanwaltschaft/der Polizei oder vom Gericht angeordnet worden?
- Hat sich die Maßnahme erledigt oder dauert die Rechtsgutsbeeinträchtigung noch an?

Hieraus ergibt sich dann folgende Zuordnung der statthaften Rechtsbehelfe:[235]

143 Richtet sich der Rechtsbehelf gegen die **Art und Weise der Durchführung** einer Maßnahme, so ist der Antrag auf gerichtliche Entscheidung nach § 98 Abs. 2 S. 2 StPO (analog) statthaft. Dies gilt nach neuerer Rechtsprechung unabhängig davon, ob die Maßnahme bereits erledigt ist[236] (ergänzend → Rn. 145 f.) und ob sie von der Staatsanwaltschaft/der Polizei[237] oder vom Gericht[238] angeordnet worden war. Hintergrund der Eröffnung des Rechtswegs nach § 98 Abs. 2 S. 2 StPO (analog) ist der Umstand, dass Entscheidungen über die konkrete Art und Weise der Durchsuchung regelmäßig von der Staatsanwaltschaft und/oder der Polizei getroffen werden. Daraus ergibt sich dann auch die einzige Ausnahme, in der nicht der Rechtsweg nach § 98 Abs. 2 S. 2 StPO (analog) eröffnet ist: Bestimmt die richterliche Anordnung der Maßnahme auch die Art und Weise ihrer Durchführung, so wendet sich der Betroffene gegen eine richterliche Entscheidung, so dass insoweit die Beschwerde gem. § 304 StPO das statthafte Rechtsmittel ist.[239]

144 Richtet sich der Rechtsbehelf gegen die **Anordnung** der Maßnahme selbst, so kommt es darauf an, wer sie angeordnet hat: Hat die Staatsanwaltschaft/die Polizei die Maßnahme (auch konkludent) angeordnet, so sieht die StPO in einigen Fällen eine Überprüfung durch den Richter ausdrücklich vor (z. B. §§ 98 Abs. 2 S. 2; 111j

---

[233] Zu Besonderheiten bei der Untersuchungshaft → Rn. 73, 79 ff.

[234] Eingehend dazu auch *Amelung* FG BGH IV, 910 ff.; *Krach* JURA 2001, 737 ff.

[235] Nachdem in Rechtsprechung und Literatur über Jahrzehnte Streit über die statthaften Rechtsbehelfe herrschte, hat sich durch einige zentrale obergerichtliche Entscheidungen ein abgeschlossenes System herausgebildet, das im Folgenden dargestellt wird.

[236] Grundlegend für erledigte, von der Staatsanwaltschaft/der Polizei angeordnete Maßnahmen BGHSt 44, 265 = *BGH* JuS 1999, 713 m. Anm. *Martin;* dazu auch *Jahn/Eckhardt* JA 1999, 748 ff.; anders noch BGHSt 28, 206; 37, 79 (82), wo für die Überprüfung erledigter Maßnahmen eine Zuständigkeit des OLG nach §§ 23 ff. EGGVG angenommen wurde. Für noch nicht erledigte Maßnahmen war die Überprüfung durch den Richter nach § 98 Abs. 2 S. 2 StPO (analog) schon früher anerkannt (siehe BGHSt 28, 206 [209]); *OLG Karlsruhe* NStZ 1995, 48).

[237] BGHSt 44, 265.

[238] BGHSt 45, 183 = *BGH* JuS 2000, 196 m. Anm. *Martin* = *BGH* JR 2000, 477 m. Anm. *Amelung.*

[239] *Amelung* JR 2000, 480 f.; *Bachmann* NJW 1999, 2415; offen gelassen von BGHSt 45, 183; *BGH* NJW 2000, 84.

Abs. 2 S. 3; 161a Abs. 3 S. 1, 2 StPO). Mit Blick auf die Rechtsschutzgarantie des Art. 19 Abs. 4 GG ist aber auch gegen alle anderen nichtrichterlich angeordneten Maßnahmen der Antrag auf gerichtliche Entscheidung nach § 98 Abs. 2 S. 2 StPO analog statthaft.[240] Soweit es sich dagegen um eine Anordnung des Gerichts handelt, ist die Beschwerde nach § 304 StPO zum LG statthaftes Rechtsmittel.[241] Gleiches gilt, wenn ein Antrag auf gerichtliche Entscheidung wegen Unzulässigkeit oder Unbegründetheit erfolglos geblieben ist; dann liegt eine gerichtliche Entscheidung vor, gegen die wiederum die Beschwerde nach § 304 StPO statthaft ist.

Bei bereits **erledigten Zwangsmaßnahmen** hat die neuere Rechtsprechung des BGH das Rechtsbehelfssystem im Verhältnis zur früheren Judikatur deutlich vereinfacht und effektiver gestaltet:[242] Statthafter Rechtsbehelf gegen von der **Staatsanwaltschaft** oder der **Polizei** angeordnete Maßnahmen (inklusive der Art und Weise ihrer Durchführung) ist der Antrag auf gerichtliche Entscheidung nach § 98 Abs. 2 S. 2 StPO (analog).[243] Der Antrag ist zulässig, wenn ein rechtliches Interesse an der nachträglichen Überprüfung der Maßnahme besteht. Dieses Interesse wird bejaht bei über die Dauer der Maßnahme hinaus bestehender Diskriminierungswirkung,[244] bei Wiederholungsgefahr[245] und – nach neuerer Rechtsprechung – bei tiefgreifenden Grundrechtseingriffen, wie z. B. vorläufigen Festnahmen[246] und Durchsuchungen.[247] Gegen erledigte **richterliche Anordnungen** ist die Beschwerde nach § 304 StPO das statthafte Rechtsmittel. Die frühere Rechtsprechung hatte in solchen Fällen das erforderliche Rechtsschutzbedürfnis allerdings wegen sogenannter „prozessualer Überholung“ grundsätzlich verneint und sich auf den Standpunkt gestellt, durch die erfolgte richterliche Anordnung sei hinreichender Rechtsschutz gewährt.[248] In einer grundlegenden Entscheidung hat das BVerfG[249] dagegen die Auffassung vertreten, ein Rechtsschutzbedürfnis bestehe auch hier immer dann, wenn die angeordnete Maßnahme einen „tiefgreifenden Grundrechtseingriff“ darstellt (näher → Rn. 148).[250] 145

---

[240] Siehe *Beulke/Swoboda* StrafProzR Rn. 496.

[241] Siehe *Roxin/Schünemann* § 29 Rn. 14 (dort auch zu Einschränkungen); zur Statthaftigkeit der Beschwerde allgemein vgl. SK-StPO/*Frisch* § 304 Rn. 12 ff.

[242] Instruktiver Überblick bei *Bachmann* NJW 1999, 2414 ff.

[243] Siehe bereits BGHSt 28, 57 (58); 37, 79 (82), wonach allerdings der Rechtsweg analog § 98 Abs. 2 S. 2 StPO nur für solche Eingriffe eröffnet war, bei denen die Staatsanwaltschaft bzw. Polizei auf Grund einer gesetzlichen Eilkompetenz anstelle des primär zuständigen Richters tätig geworden war (z. B. § 105 Abs. 1 StPO). Bei Maßnahmen, für deren Anordnung der Staatsanwaltschaft bzw. Polizei eine originäre Kompetenz zukommt (z. B § 131 StPO), war nach früher h. M. der Rechtsweg nach §§ 23 ff. EGGVG eröffnet (zusammenfassend SK-StPO/*Rudolphi* [Loseblattausgabe] Vor § 94 Rn. 80). Mit der Entscheidung BGHSt 44, 171 ist der Rechtsweg nach § 98 Abs. 2 S. 2 StPO analog aber auch auf die Überprüfung solcher Eingriffe ausgedehnt worden, für deren Anordnung eine originäre Kompetenz der Staatsanwaltschaft bzw. Polizei besteht (im konkreten Fall: § 127 Abs. 2 StPO).

[244] Wobei nach älterer Rechtsprechung sich das Rehabilitationsinteresse – anders als im Verwaltungsrecht – nicht allein aus dem Eingriff in ein Grundrecht ergab; vgl. z. B. BGHSt 36, 242 (245 ff.).

[245] BGHSt 28, 57 (58); 36, 30 (32); SK-StPO/*Rudolphi* (Loseblattausgabe) § 98, Rn. 37 m. w. N.

[246] BGHSt 44, 171.

[247] BGHSt 44, 265.

[248] BGHSt 28, 57 (58); zusammenfassend m. w. N. dazu SK-StPO/*Frisch* § 304 Rn. 54.

[249] BVerfGE 96, 27 = *BVerfG* JuS 1998, 265 m. Anm. *Sachs* = *BVerfG* JR 1997, 382 m. Anm. *Amelung;* dazu auch *Fezer* JZ 1997, 1062 ff.; *Geppert* JK 97 GG Art. 19 IV/18; *Roxin* StV 1997, 654 ff.; anders noch BVerfGE 49, 329 (337 ff.).

[250] Darüber hinausgehende Beeinträchtigungen (die z. B. zur Annahme eines Rehabilitationsinteresses führen würden) sind nicht notwendig, vgl. *Fezer* JR 1997, 1062. Freilich bereitet

146 Eine Sonderregelung für die in § 101 Abs. 1 StPO genannten **heimlichen Ermittlungseingriffe** (z. B. Telefonüberwachung) enthält § 101 Abs. 7 S. 2–4 StPO, dessen Verhältnis zu den allgemeinen Rechtsbehelfen (§§ 98 Abs. 1 S. 2 analog und 304 StPO) umstritten ist.[251] Teilweise wird angenommen, § 101 Abs. 7 S. 2–4 StPO ergänze die allgemeinen Rechtsbehelfe, ändere aber nichts an deren (zusätzlicher) Anwendbarkeit.[252] Die in § 101 Abs. 7 S. 2 StPO normierte Rechtsbehelfsfrist von zwei Wochen solle danach lediglich die Darlegung eines Rechtsschutzbedürfnisses überflüssig machen, ohne dass die spätere Geltendmachung von Rechtsschutz damit ausgeschlossen wäre. Der BGH ist dagegen zu Recht der Auffassung, dass § 101 Abs. 7 S. 2–4 StPO in seinem Anwendungsbereich die allgemeinen Rechtsbehelfe verdrängt (mit der Folge, dass nach Ablauf der Frist des § 101 Abs. 7 S. 2 StPO keine Rechtsbehelfe mehr zur Verfügung stehen).[253] Argument für diese Auffassung ist vor allem das gesetzgeberische Ziel, den Anforderungen des BVerfG hinsichtlich des Umgangs mit gespeicherten, aber nicht mehr benötigten Daten gerecht zu werden. Denn das BVerfG verlangt einerseits die möglichst unverzügliche Löschung nicht mehr benötigter Daten und andererseits deren Aufbewahrung, damit Rechtsschutz gegen die getroffenen Maßnahmen nicht mangels Prüfungsmöglichkeit ins Leere läuft.[254] Die befristete Rechtsschutzmöglichkeit dient dazu, die gegenläufigen Interessen zum Ausgleich zu bringen: Die Daten können einerseits für die begrenzte Dauer der Rechtsbehelfsfrist aufbewahrt und müssen andererseits nach Ablauf der Frist gelöscht werden. Dieses System würde unterlaufen, wenn zur Wahrung der Rechtsschutzinteressen im Rahmen der allgemeinen Rechtsbehelfe doch wieder eine längere Speicherung erforderlich werden könnte.[255] Verdrängt § 101 Abs. 7 StPO demnach die allgemeinen Rechtsbehelfe, so hängt die Reichweite dieser Wirkung wiederum davon ab, welche Fälle von § 101 Abs. 7 StPO überhaupt erfasst werden. Ausdrücklich einbezogen sind jedenfalls bereits erledigte heimliche Maßnahmen. Insoweit erspart die gesetzliche Regelung dem Betroffenen die Darlegung eines Rechtsschutzbedürfnisses. Umstritten ist aber, ob der Anwendungsbereich der Vorschrift auf solche Maßnahmen beschränkt ist[256] oder zusätzlich auch noch nicht beendete Maßnahmen erfasst.[257] Für die Erstreckung auf laufende Eingriffe lässt sich der Wortlaut von § 101 Abs. 7 S. 2 StPO („auch") geltend machen. **Zuständig** für die Entscheidung über eine nach § 101 Abs. 7 S. 2 StPO angefochtene Maßnahme ist das für die Anordnung der Maßnahme zuständige Gericht. Die Vorschrift durchbricht damit das herkömmliche Rechtsbehelfssystem[258] insofern, als bei gerichtlicher Anordnung der Maßnahme das Gericht seine eigene Entscheidung zu überprüfen

---

es Schwierigkeiten zu bestimmen, unter welchen Voraussetzungen ein Grundrechtseingriff „tiefgreifend" ist (dazu *Bachmann* NJW 1999, 2415 f.; *Fezer* JZ 1997, 1063). Ein Indiz hierfür soll es sein, wenn schon das GG eine Anordnung vorbeugend dem Richter vorbehalten hat; BVerfGE 96, 27 (40).

[251] Instruktiv dazu *Engländer* JURA 2010, 417 f.

[252] HK-GS/*Hartmann* StPO § 101 Rn. 12; *Puschke/Singelnstein* NJW 2008, 116.

[253] BGHSt 53, 1; HKV StrafR-HdB VII/*Lindemann* § 3 Rn. 15; Meyer-Goßner/Schmitt/*Köhler* StPO § 101 Rn. 26a.

[254] BVerfGE 109, 279 (380).

[255] *Engländer* JURA 2010, 417.

[256] *Engländer* JURA 2010, 417 f.; HKV StrafR-HdB VII/*Lindemann* § 3 Rn. 15.

[257] Meyer-Goßner/Schmitt/*Köhler* StPO § 101 Rn. 25. Praktisch bedeutsam dürfte Rechtsschutz gegen noch nicht beendete heimliche Maßnahmen ohnedies kaum werden, weil diese Maßnahmen dem Betroffenen in aller Regel erst nach Beendigung bekannt werden.

[258] Zutreffend *Glaser/Gedeon* GA 2007, 433 f.; *Puschke/Singelnstein* NJW 2008, 116; a. A. die Entwurfsbegründung der Bundesregierung, BT-Drucks. 16/5846, S. 62.

hat (während nach allgemeinen Grundsätzen bei richterlicher Anordnung das Beschwerdegericht zuständig wäre). Gegen die Entscheidung des Gerichts ist dann noch die sofortige Beschwerde (§ 311 StPO: „binnen einer Woche einzulegen") statthaft (§ 101 Abs. 7 S. 3 StPO).

b) Falllösung

Die Erfolgsaussichten der unterschiedlichen Rechtsbehelfe bzw. Rechtsmittel[259] 147
müssen für jede Maßnahme gesondert untersucht werden. Ein Rechtsbehelf wird dann Erfolg haben, wenn er **zulässig und begründet** ist.

Z möchte zunächst die **Durchsuchung** als solche überprüfen lassen. Die Durch- 148
suchung wurde gerichtlich angeordnet. Statthaftes Rechtsmittel ist daher die Beschwerde nach § 304 StPO. Da die Maßnahme bereits erledigt ist, stellt sich die Frage, ob für eine gerichtliche Überprüfung überhaupt noch ein Rechtsschutzbedürfnis besteht. Nach der älteren Rechtsprechung wäre eine Beschwerde wegen „prozessualer Überholung" unzulässig.[260] Inzwischen ist nach der Rechtsprechung des BVerfG das Rechtsschutzbedürfnis jedoch über die Erledigung der Maßnahme hinaus gegeben, wenn durch die Maßnahme tiefgreifend in Grundrechte des Betroffenen eingegriffen wurde.[261] Dies ist gerade auch bei der Anordnung einer Wohnungsdurchsuchung, die nachhaltig in das Grundrecht aus Art. 13 Abs. 1 GG eingreift, der Fall. Diese Erweiterung nachträglichen Rechtsschutzes hat das BVerfG mit der Erwägung begründet, dass Art. 19 Abs. 4 GG zwar keinen Anspruch auf einen Instanzenzug begründe. Ein einmal eröffneter Rechtsweg müsse aber effektiven gerichtlichen Rechtsschutz ermöglichen und dürfe nicht „leerlaufen", wenn sich der Betroffene gegen tiefgreifende Grundrechtseingriffe wendet.[262] Die Notwendigkeit einer nachträglichen richterlichen Kontrolle gewinnt zusätzliche Überzeugungskraft durch die Überlegung, dass die richterliche Präventivkontrolle im Rahmen der Anordnung der Maßnahme nach § 105 Abs. 1 StPO die Belange des Betroffenen nur unzulänglich berücksichtigen kann, weil die Anordnung der Maßnahme regelmäßig allein auf der Grundlage des Antrags der Staatsanwaltschaft ohne Gewährung rechtlichen Gehörs für den Betroffenen ergeht.[263] Vorliegend besteht also infolge eines tiefgreifenden Grundrechtseingriffs (Art. 13 Abs. 1 GG) ein Rechtsschutzbedürfnis für die Überprüfung der Durchsuchung. Die Beschwerde ist fristlos in der vorgeschriebenen Form gem. § 306 Abs. 1 StPO beim iudex a quo (wegen der Abhilfemöglichkeit nach § 306 Abs. 2 StPO) einzulegen.[264] Zur Entscheidung berufen ist gem. § 73 GVG das LG. Das Rechtsmittel wäre somit zulässig.[265] Aussicht auf

---

[259] Zur Terminologie: Rechtsmittel sind Beschwerde, Berufung und Revision (im Ermittlungsverfahren kommt als Rechtsmittel nur die Beschwerde in Betracht). Der Begriff Rechtsbehelf wird als Oberbegriff gebraucht, der neben den Rechtsmitteln auch andere Möglichkeiten umfasst, Entscheidungen im Strafprozess überprüfen zu lassen. Der Antrag auf gerichtliche Entscheidung ist ein solcher Rechtsbehelf. Siehe dazu SK-StPO/*Frisch* Vor § 296 Rn. 5 ff.; *Roxin/Schünemann* § 53 Rn. 1 ff.

[260] Vgl. BGHSt 28, 57 (58); BVerfGE 49, 329.

[261] BVerfGE 96, 27 (38 ff.); *BVerfG* StV 2007, 281.

[262] BVerfGE 96, 27 (39 f.); *BVerfG* StV 2007, 281; NStZ 2011, 289 f.

[263] *Roxin/Schünemann* § 29 Rn. 19.

[264] Hier unterscheidet sich die einfache Beschwerde von der sofortigen Beschwerde nach §§ 311 f. StPO.

[265] Insbesondere ist die Beschwerde nicht nach § 305 S. 1 StPO unzulässig, da es sich bei gerichtlichen Entscheidungen im Vorverfahren nicht um solche des „erkennenden Gerichts" handelt; vgl. SK-StPO/*Frisch* § 305 Rn. 9 m. w. N.

Erfolg besteht allerdings wegen der Rechtmäßigkeit der Durchsuchung (→ Rn. 130) nicht: Die Beschwerde wäre unbegründet.

149 Bezogen auf die **Art und Weise** der Durchsuchung bietet der Sachverhalt nur insoweit einen Anknüpfungspunkt für eine rechtliche Überprüfung, als Staatsanwalt S im Rahmen der Durchsuchung Schriftstücke des Z durchgesehen hat. Statthafter Rechtsbehelf für eine Überprüfung der Art und Weise der Durchsuchung ist grundsätzlich § 98 Abs. 2 S. 2 StPO analog. Etwas anderes muss aber dann gelten, wenn die angefochtene Art und Weise der Durchsuchung bereits Gegenstand der richterlichen Anordnung war. Hier würde der Rechtsweg nach § 98 Abs. 2 S. 2 StPO analog nämlich lediglich zu einer erneuten Überprüfung der eigenen Anordnung durch den Ermittlungsrichter führen.[266] Ist also die angefochtene Art und Weise der Durchsuchung durch den Richter angeordnet, so ist die Beschwerde gegen diese richterliche Entscheidung das statthafte Rechtsmittel (§ 304 StPO).[267] Da der Richter vorliegend die Durchsuchung u. a. zum Zweck der Beschlagnahme von Schriftstücken bestimmten Inhalts angeordnet hat, erstreckt sich seine Anordnung notwendigerweise auch auf die Durchsicht von Schriftstücken. Da die Durchsicht von Papieren nach § 110 Abs. 1 StPO grundsätzlich dem Staatsanwalt vorbehalten ist, ist die Anordnung der Durchsicht durch den Staatsanwalt evidenter Inhalt der Durchsuchungsanordnung. Auch wenn die Anordnung diese Vorgehensweise nicht ausdrücklich bestimmt, wäre es bei einer solchen Sachlage nicht sinnvoll, dem Richter die erneute Überprüfung seiner Anordnung zu überantworten.[268] Statthaftes Rechtsmittel ist daher die Beschwerde nach § 304 StPO. Da die Durchsicht der Papiere durch S als Staatsanwalt nach § 110 StPO ordnungsgemäß war, hätte die Beschwerde aber keine Aussicht auf Erfolg.

150 Die **Beschlagnahmen der jeweiligen Gegenstände** werden ebenfalls als solche angegriffen.

Die (noch andauernde) Beschlagnahme des **Beuteanteils** ist durch den Ermittlungsrichter beim Amtsgericht angeordnet worden. Statthaftes und zulässiges Rechtsmittel ist daher die einfache Beschwerde gem. § 304 StPO. Auch hier besteht aber wegen der festgestellten Rechtmäßigkeit der Beschlagnahme keine Aussicht auf Erfolg des Rechtsmittels.

Die Beschlagnahme des **Führerscheins** wurde durch die Staatsanwaltschaft auf Grund der Eilkompetenz des § 98 Abs. 1 S. 1 Alt. 2 StPO angeordnet. Die Maßnahme dauert noch an. Gem. § 98 Abs. 2 S. 2 StPO ist demnach der Antrag auf gerichtliche Entscheidung der statthafte Rechtsbehelf. Zuständig für die Entscheidung ist nach § 98 Abs. 2 S. 3 StPO bis zur Klageerhebung das AG, in dessen Bezirk die Beschlagnahme stattgefunden hat. Auch hier wird der zulässige Rechtsbehelf

---

[266] *Amelung* JR 2000, 480.

[267] *Amelung* JR 2000, 480 f.; *Bachmann* NJW 1999, 2415.

[268] Der *BGH* (BGHSt 45, 183; NJW 2000, 84) hat seine grundsätzliche Entscheidung für den Rechtsweg nach § 98 Abs. 2 S. 2 StPO (analog) unter den Vorbehalt gestellt, dass dies jedenfalls dann gelte, „wenn die beanstandete Art und Weise des Vollzugs nicht ausdrücklicher und evidenter Bestandteil der richterlichen Anordnung war". *Amelung* JR 2000, 480 will den Rechtsweg nach § 304 StPO auf die Überprüfung ausdrücklicher Anordnungen beschränken, weil „alles, was die Vollzugsorgane bei der Ausführung des Eingriffs ohne ausdrückliche Stütze in der richterlichen Anordnung unternehmen, im Zweifel auf einer selbständigen Entscheidung der vollstreckenden Behörde" beruhe. Eine solche Zweifelsregel überzeugt aber nicht, wenn eine bestimmte Art und Weise der Durchsuchung *evidenter* Bestandteil der Anordnung ist. Deshalb sollte sich die Statthaftigkeit der Beschwerde auch auf solche evidenten Inhalte der Anordnung erstrecken.

keinen Erfolg haben, da die Maßnahme (auf der Basis der h. M., → Rn. 134 f.) rechtmäßig war.

151 Aber auch wenn man mit der Mindermeinung (→ Rn. 136) einen formellen Fehler bei der Führerscheinbeschlagnahme (mangelnde Dringlichkeit einer Anordnung durch die Staatsanwaltschaft) annimmt, stellt sich die Frage, ob bei einer gerichtlichen Entscheidung die Beschlagnahmeanordnung aufgehoben werden würde. Die Antwort ergibt sich aus § 111a StPO: Nach dessen Abs. 4 trifft das Gericht anstelle einer Entscheidung über die Rechtmäßigkeit der durchgeführten Beschlagnahme die nach § 111a Abs. 1 StPO vorgesehene Entscheidung über die vorläufige Entziehung der Fahrerlaubnis. Hierfür reicht aber aus, dass dringender Tatverdacht gegen den Beschuldigten sowie ein hoher Grad an Wahrscheinlichkeit dafür besteht, dass das Gericht der Hauptsache die Fahrerlaubnis entziehen wird. Auf die formelle Rechtmäßigkeit der Beschlagnahmeentscheidung kommt es dagegen hierfür nicht an.[269] Demnach hätte der Rechtsbehelf gegen die Beschlagnahme des Führerscheins auch im Falle von deren verfahrensfehlerhafter Anordnung keine Aussicht auf Erfolg; das Amtsgericht würde den Antrag als unbegründet abweisen.

152 Auch die vorläufige Beschlagnahme des **Anwaltsschreibens** wurde durch die Staatsanwaltschaft angeordnet. Ermächtigungsgrundlage für die Beschlagnahme durch die Staatsanwaltschaft war hier § 108 StPO. Gegen diese Maßnahme ist der Antrag auf richterliche Entscheidung entsprechend § 98 Abs. 2 S. 2 StPO der statthafte Rechtsbehelf.[270] Begründet ist der Antrag dann, wenn zum Zeitpunkt der Prüfung eine Beschlagnahme nicht (mehr) gerechtfertigt ist.[271] Wie oben (→ Rn. 139) geprüft, ist die Beschlagnahme des Anwaltsschreibens materiell rechtswidrig.[272] Das Gericht hat insoweit die Beschlagnahme aufzuheben und die Rückgabe an den Antragsteller zu verfügen. Der Rechtsbehelf wird insoweit Erfolg haben.

---

[269] Löwe/Rosenberg/*Hauck* StPO § 111a Rn. 97 f. auch zu den Grenzen dieses Grundsatzes. Bezogen auf die sonstigen Fälle richterlicher Überprüfung nach § 98 Abs. 2 S. 2 StPO (analog) ist dagegen umstritten, ob sie sich auch auf die Rechtmäßigkeit der Anordnung durch die Staatsanwaltschaft oder deren Ermittlungspersonen (insbesondere also auf das Vorliegen von Gefahr im Verzug) erstreckt oder ob es nur auf die Rechtmäßigkeit zum Überprüfungszeitpunkt ankommt, vgl. Meyer-Goßner/Schmitt/*Köhler* StPO § 98 Rn. 17 m. w. N.; SK-StPO/*Rudolphi* (Loseblattausgabe) § 98 Rn. 10 f. Die Antwort auf diese Frage hängt auch davon ab, ob es sich bei der „Gefahr im Verzug" um einen Rechtsbegriff, der gerichtlich voll überprüfbar ist, oder um eine Ermessensvorschrift handelt, so dass allenfalls das Vorliegen von Ermessensfehlern justitiabel wäre; vgl. *BGH* JZ 62, 609 (610) m. Anm. *Baumann.* Zustimmung verdient die – mittlerweile auch vom *BVerfG* (BVerfGE 103, 142 [156 ff.); NStZ 2003, 319) vertretene – Einordnung als Rechtsbegriff, siehe *Rudolphi,* a. a. O.; vgl. auch Meyer-Goßner/Schmitt/*Köhler* StPO § 98 Rn. 7, 17.

[270] Meyer-Goßner/Schmitt/*Köhler* StPO § 108 Rn. 8.

[271] Ausschlaggebend für die Rechtmäßigkeitsprüfung ist nach h. M. der Zeitpunkt der gerichtlichen Entscheidung. Es wird also nicht mehr überprüft, ob die Voraussetzungen der Beschlagnahme zum Zeitpunkt ihrer Vornahme gegeben waren; Meyer-Goßner/Schmitt/*Köhler* StPO § 98 Rn. 17 m. w. N.; a. A. SK-StPO/*Rudolphi* (Loseblattausgabe) § 98 Rn. 31.

[272] Da der Sachverhalt keine nachträglichen Veränderungen schildert, wird vorliegend das Zeitpunktproblem nicht relevant. Es kann auf die bereits durchgeführte Prüfung der materiellen Rechtmäßigkeit zum Beschlagnahmezeitpunkt verwiesen werden.

c) Graphische Darstellung zu den Rechtsbehelfen gegen strafprozessuale Zwangsmaßnahmen

153

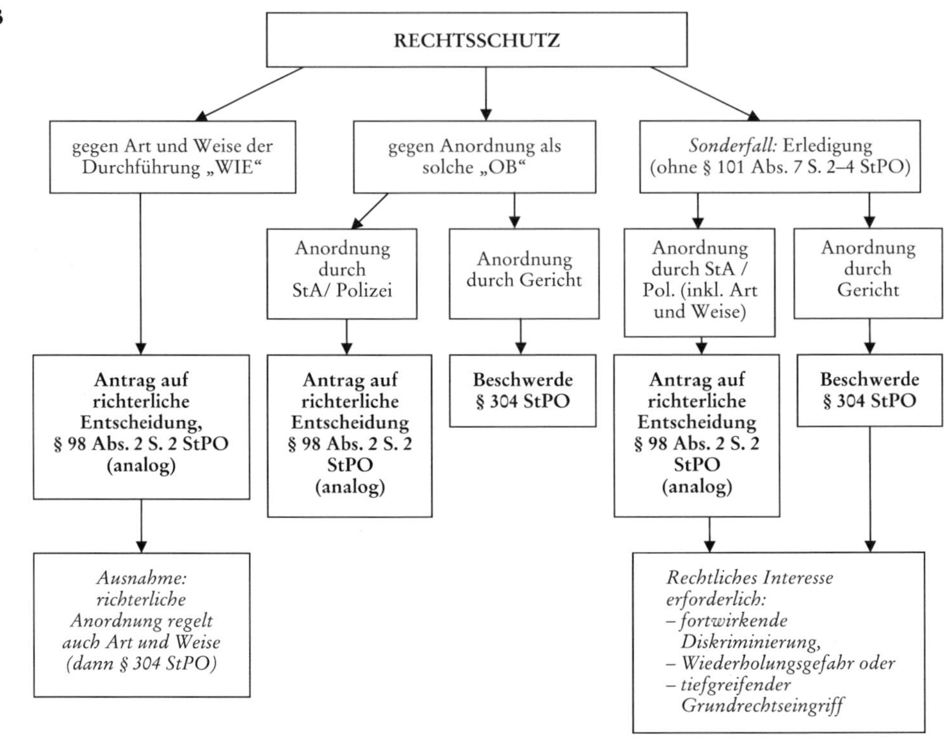

F. Abschluss des Ermittlungsverfahrens; Klageerzwingungsverfahren; Privatklageverfahren; Opportunitätseinstellungen

I. Grundlagen

Die Staatsanwaltschaft hat im Wesentlichen **drei Möglichkeiten, das Ermittlungsverfahren zu beenden:** Besteht hinreichender Tatverdacht (also die überwiegende Wahrscheinlichkeit der Verurteilung), so wird gem. § 170 Abs. 1 StPO **Anklage** beim zuständigen Gericht erhoben (bzw. Strafbefehlsantrag nach §§ 407 ff. StPO gestellt). Liegt kein hinreichender Tatverdacht vor (sei es auf Grund eines Prozesshindernisses oder mit Blick auf die Rechts- bzw. Beweislage), so wird das Verfahren gem. § 170 Abs. 2 StPO **eingestellt.** Ein Prozesshindernis besteht auch im Falle der Verweisung auf den Privatklageweg (da damit die Prozessvoraussetzung des öffentlichen Interesses an der Strafverfolgung fehlt, § 376 StPO).[1] Beide Möglichkeiten der Verfahrensbeendigung nach § 170 StPO entsprechen dem Legalitätsprinzip (→ Rn. 41 f., 45 ff.). Unter den jeweils normierten Voraussetzungen besteht aber auch die Möglichkeit, das Verfahren aus Gründen der **Opportunität** einzustellen (§§ 153 ff. StPO). Opportunitätseinstellungen kommen vor allem in Betracht, wenn die Schuld als gering anzusehen wäre (§ 153 StPO; dazu → Rn. 155) oder eine Auflage zur Befriedigung des öffentlichen Interesses an der Strafverfolgung ausreicht (§ 153a StPO; dazu → Rn. 161 ff.) oder weil ein Vorwurf gegenüber den übrigen Vorwürfen nicht ins Gewicht fällt (§§ 154, 154a StPO).[2] Mit Rücksicht auf die Überlastung der Justiz sind die rechtlichen Möglichkeiten für Opportunitätseinstellungen in den vergangenen Jahrzehnten kontinuierlich erweitert worden und spielen praktisch eine erhebliche Rolle. 154

Zur Erledigung von **Bagatellkriminalität** dient **§ 153 StPO,** der bei Vergehen (§ 12 Abs. 2 StGB) anzuwenden ist, „wenn die Schuld des Täters als gering anzusehen wäre und kein öffentliches Interesse an der Verfolgung besteht" (§ 153 Abs. 1 S. 1 StPO). Die Wahrscheinlichkeit des Vorliegens geringer Schuld verlangt nach einer Prognoseentscheidung („als gering anzusehen *wäre*"); es ist also nicht erforderlich, den Sachverhalt vollständig aufzuklären („durchzuermitteln").[3] Nach h. M. können vor allem spezial- oder generalpräventive Belange einer Einstellung entgegenstehen.[4] Das öffentliche Interesse an der Strafverfolgung soll sich aber auch aus der Stellung des Beschuldigten in der Öffentlichkeit ergeben können.[5] Die Einstellung nach § 153 StPO liegt zwar nicht im Ermessen der Staatsanwaltschaft, aber die unscharfen Begriffe („geringe Schuld", „fehlendes öffentliches Interesse") eröffnen einen weiten Beurteilungsspielraum.[6] Die Staatsanwaltschaft bedarf gem. § 153 Abs. 1 StPO für 155

---

1 *Ranft* Rn. 1124.

2 Überblick bei *Hein* JA 2013, 899 ff.; *Volk/Engländer* GK StPO § 12 Rn. 13 ff.; zu grundsätzlichen Bedenken gegen Verfahrenseinstellungen nach den §§ 153 ff. StPO vgl. *Klesczewski* Rn. 341.

3 *Volk/Engländer* GK StPO § 12 Rn. 16.

4 *Hein* JA 2013, 900; Meyer-Goßner/Schmitt/*Schmitt* StPO § 153 Rn. 7; vertiefend *Magnus* GA 2012, 623 ff.

5 Meyer-Goßner/Schmitt/*Schmitt* StPO § 153 Rn. 7.

6 Zum Streitstand *Magnus* GA 2012, 622 f.

die Einstellung der Zustimmung des Gerichts, es sei denn, die verursachten Tatfolgen sind gering (wobei diese Grenze bei Vermögensdelikten bei etwa 50 € anzusetzen ist).[7] Eine Zustimmung des Beschuldigten ist nicht erforderlich! Nach Anklageerhebung geht die Zuständigkeit auf das Gericht über, das nach § 153 Abs. 2 StPO mit der Zustimmung von Staatsanwaltschaft und Beschuldigtem das Verfahren einstellen kann.

156 Während der Verletzte gegen eine Einstellung nach Opportunitätsgrundsätzen nichts unternehmen kann (§ 172 Abs. 2 S. 3 StPO),[8] steht ihm gegen die Einstellung nach § 170 Abs. 2 StPO grundsätzlich das **Klageerzwingungsverfahren** zum OLG offen (→ Rn. 157 ff.). Dessen Zweck ist also die Überprüfung der Einhaltung des Legalitätsprinzips durch die Staatsanwaltschaft.

II. Vertiefung

1. Klageerzwingungsverfahren; Privatklageverfahren

157 **Fall:**[9] H hat bei der Staatsanwaltschaft nach §§ 194, 77 StGB wegen einer ihm zugefügten Beleidigung nach § 185 StGB gegen N Strafantrag gestellt. Die Staatsanwaltschaft stellt nach Durchführung eines Ermittlungsverfahrens gegen N das Verfahren gem. § 170 Abs. 2 StPO ein. Nachdem er einen entsprechenden Bescheid erhalten hat, fragt H seinen Anwalt, was nun unternommen werden kann.

158 In Betracht kommt die Durchführung eines **Klageerzwingungsverfahrens** gem. §§ 172 ff. StPO.[10] H hatte einen Antrag auf Strafverfolgung (nach § 158 Abs. 2 StPO[11]) gestellt und ist – da die Staatsanwaltschaft das Verfahren gem. § 170 Abs. 2 StPO eingestellt hat – nach § 171 StPO beschieden worden.[12] Dem gerichtlichen Klageerzwingungsverfahren muss nach § 172 Abs. 1 StPO die **Vorschaltbeschwerde** zum Generalstaatsanwalt vorausgehen, die nur zulässig ist, wenn sie innerhalb von zwei Wochen erhoben wird und der Antragsteller zugleich der Verletzte ist. Verletzter ist, wer durch die Tat unmittelbar in seinen rechtlich geschützten Interessen beeinträchtigt ist.[13] Da Z – die tatsächliche Begehung der behaupteten Tat unterstellt – in seiner Ehre verletzt wäre, ist diese Voraussetzung erfüllt. Im Rahmen

---

7 Meyer-Goßner/Schmitt/*Schmitt* StPO § 153 Rn. 16 f.

8 Ausnahme: Wenn die Staatsanwaltschaft die gesetzlichen Anordnungsvoraussetzungen missachtet hat, etwa bei Einstellung eines Verbrechens nach § 153 StPO; vgl. *Bock* JA 2013, 667 (671); *Engländer* Rn. 115.

9 Ähnliche Zusatzfrage bei *Esser* JA 2014, 674 (678); *Heinrich/Reinbacher* 35/8 ff.; *Otto* JURA 1994, 96 ff.; *Rackow* JA 2011, 27f; *Schöpe* ZJS 2014, 304 (306 f.); vgl. auch *Mitsch/Ellbogen* Fall 1 (S. 14 f.); *Schlüchter/Duttge* S. 33; Zusatzfrage zur Einstellung gem. § 153 StPO bei *Pfeifer* JURA 1981, 271 ff.; Zusatzfrage zur Verweisung auf den Privatklageweg bei *Dannecker* JuS 2002, 1094.

10 Zusammenfassend *Krumm* NJW 2013, 2948 ff.; *Quarch* JA 2004, 650 ff.

11 Dieser Antrag umfasst den (außerhalb der Antragsdelikte ausreichenden) Strafantrag im Sinne von § 158 Abs. 1 StPO; Meyer-Goßner/Schmitt/*Schmitt* StPO § 171 Rn. 1.

12 Der in dieser Mitteilung liegende Eingriff in das Recht auf informationelle Selbstbestimmung des Beschuldigten findet in den §§ 171, 172 StPO seine verfassungsgemäße Grundlage; *BVerfG* NJW 2002, 2772.

13 *OLG Hamm* NStZ 1986, 327; vgl. zu Einzelheiten *Peglau* JA 1999, 55 ff.; Löwe/Rosenberg/*Graalmann-Scheerer* StPO § 172 Rn. 55 ff.

der Vorschaltbeschwerde erhält zunächst die Staatsanwaltschaft Gelegenheit, ihre eigene Entscheidung zu überprüfen und der Beschwerde abzuhelfen.[14] Als weitere Zulässigkeitsvoraussetzung wird verlangt, dass die Tat **nicht im Wege der Privatklage verfolgt** werden kann. Dieses Erfordernis ist zwar nicht in § 172 Abs. 1 StPO, sondern in § 172 Abs. 2 S. 3 StPO enthalten, aber es soll gleichwohl nicht erst für das gerichtliche Klageerzwingungsverfahren, sondern bereits für die Vorschaltbeschwerde Geltung beanspruchen.[15] Vorliegend handelt es sich um eine Tat nach § 185 StGB. Gem. § 374 Abs. 1 Nr. 2 StPO können Beleidigungen im Privatklageverfahren verfolgt werden. Daher ist der Antrag zum Generalstaatsanwalt wie auch das weitere Klageerzwingungsverfahren (d. h. ein Antrag auf gerichtliche Entscheidung des OLG) nach § 172 Abs. 1, Abs. 2 S. 3 StPO unzulässig.

In Betracht kommt aber ein Vorgehen gegen N mittels **Privatklage.** Das Privatklage- 159
verfahren ist in den §§ 374 ff. StPO geregelt. Charakteristikum dieses Verfahrens ist, dass der Verletzte im Prozess an Stelle der Staatsanwaltschaft als Ankläger auftritt.[16] Die Privatklage ist nur bei bestimmten (§ 374 StPO) Vergehen zulässig, die die Interessen der Allgemeinheit regelmäßig wenig berühren. Die Voraussetzungen für die Durchführung eines Privatklageverfahrens sind im vorliegenden Fall gegeben (→ Rn. 158): Bei der anzuklagenden Tat handelt es sich um ein privatklagefähiges Delikt gem. § 374 Abs. 1 Nr. 2 StPO, und H ist als Verletzter auch klageberechtigt. Bevor er eine Anklageschrift beim zuständigen AG einreicht (dort ist gemäß § 25 Nr. 1 GVG der Strafrichter zuständig), ist ein sogenannter Sühneversuch nach § 380 StPO erforderlich.[17] Die Anklageschrift muss der Form einer gewöhnlichen Anklage genügen, §§ 381, 200 Abs. 1 StPO. Das weitere Verfahren richtet sich dann nach den §§ 382 ff. StPO.[18]

Schließlich steht dem N der außerordentliche Rechtsbehelf der **Dienstaufsichts-** 160
beschwerde gegen den Beschluss der Staatsanwaltschaft zu. Diese kann fristlos von jedermann eingelegt werden. Hilft die Staatsanwaltschaft der Beschwerde nicht ab, so entscheidet hierüber der Generalstaatsanwalt beim OLG.[19]

2. Opportunitätseinstellungen

Fall:[20] Die Staatsanwaltschaft ermittelt gegen A wegen Untreue (§ 266 StGB) zu Lasten 161
der X-Partei, wobei ein Schaden von 1 Mio. EUR entstanden sein soll. Die Staatsanwalt-

[14] Meyer-Goßner/Schmitt/*Schmitt* StPO § 172 Rn. 13a. Hintergrund: Die Einstellung nach § 170 Abs. 2 StPO entfaltet keine Rechtskraft; eine Fortführung des Verfahrens ist jederzeit möglich; in der Fallbearbeitung *Esser* JA 2014, 674 (678).

[15] Allg. Meinung; z. B. HK-StPO/*Zöller* § 172 Rn. 10; AK-StPO/*Moschüring* § 172 Rn. 31.

[16] Jedoch kommt seine Rechtsstellung nicht der des Staatsanwalts im Prozess gleich, vgl. §§ 385 ff. StPO.

[17] Die Zuständigkeit hierfür ist in den Ausführungsgesetzen der Länder geregelt (z. B. sind in Baden-Württemberg die Gemeinden zuständig nach §§ 37 ff. AGGVG), vgl. für die einzelnen Länder Meyer-Goßner/Schmitt/*Schmitt* StPO § 380 Rn. 3.

[18] Vgl. weitergehend zum strafrechtlichen Ehrschutz die Zusatzfrage bei *Meyer* JuS 1988, 554 ff.

[19] Vgl. Meyer-Goßner/Schmitt/*Schmitt* StPO § 172 Rn. 18; in der Fallbearbeitung *Schöpe* ZJS 2014, 304 (307).

[20] Vgl. aus der Übungsfallliteratur *Beckemper* ZJS 2021, 808 (818); *Beulke* Klausurenkurs III Rn. 478, 514 ff.; *Fünfsinn* JURA 1988, 489 (494 f.); *Hardtke* JuS 1992, 669 f.; *Mitsch/Ellbogen* Fall 1 (S. 9 ff.); *Rackow* JA 2011, 23 (25 f.); *Thoss* JURA 2002, 351; *Böse/Keiser* JuS 2005, 440.

schaft möchte das Verfahren nach § 153a StPO gegen eine Geldauflage in Höhe von 100.000 EUR einstellen. Zur Begründung führt sie an: A sei nicht vorbestraft; A habe als Politiker für die Bundesrepublik Großes geleistet; die X-Partei habe deutlich gemacht, dass sie an der Verfolgung des A kein Interesse habe; A habe den Schaden durch Zahlungen aus seinem Privatvermögen ausgeglichen; es sei auf Grund der komplizierten Rechtslage nicht sicher zu beurteilen, ob A sich tatsächlich strafbar gemacht hat und es sei schließlich mit Blick auf diese komplizierte Rechtslage im Falle einer Anklageerhebung mit einem langwierigen Verfahren über mehrere Instanzen zu rechnen. Ist die Einstellung zulässig und welches Verfahren muss die Staatsanwaltschaft einhalten?[21]

162 In Betracht kommt eine Einstellung durch die Staatsanwaltschaft nach **§ 153a Abs. 1 StPO** (während § 153a Abs. 2 StPO die Einstellung durch das Gericht nach Anklageerhebung betrifft). Ob eine solche Einstellung zu erfolgen hat, steht nicht etwa im Ermessen oder gar im Belieben der Staatsanwaltschaft, sondern hängt im Interesse der Gleichheit vor dem Gesetz vom Vorliegen der gesetzlichen Voraussetzungen des § 153a Abs. 1 StPO ab, wobei die Vorschrift freilich erhebliche Auslegungsspielräume eröffnet.[22]

a) Materielle Voraussetzungen

163 § 153a Abs. 1 StPO setzt zunächst voraus, dass die Ermittlungen ein **Vergehen** (§ 12 Abs. 2 StGB) zum Gegenstand haben,[23] was bei der Untreue nach § 266 StGB der Fall ist. Weiter darf die **Schwere der Schuld** einer Einstellung nicht entgegenstehen. § 153a Abs. 1 StPO kann danach bis hin zu mittelschweren Schuldvorwürfen Anwendung finden.[24] Erfasst werden damit jedenfalls Tatvorwürfe, bei denen im Falle einer Verurteilung allenfalls eine Geldstrafe in Betracht käme;[25] nach weiterer Ansicht auch solche Vorwürfe, in denen eine zu verhängende Freiheitsstrafe noch zur Bewährung auszusetzen wäre.[26] Da der bislang nicht vorbestrafte A bereits Schadenswiedergutmachung geleistet hat und die geschädigte X-Partei an einer Strafverfolgung nicht interessiert ist, wäre vorliegend wohl nur mit einer Geldstrafe zu rechnen, so dass die Schwere der Schuld einer Einstellung nicht entgegensteht.[27]

164 Fraglich ist, welcher **Verdachtsgrad** hinsichtlich der verfolgten Straftat bestehen muss. Insbesondere stellt sich vorliegend die Frage, ob trotz der auf Grund der komplizierten Rechtslage bestehenden Unsicherheiten über die Strafbarkeit des Verhaltens ein die Einstellung gegen Auflagen legitimierender Tatverdacht vorliegen kann. Ob eine Einstellung auch in solchen Zweifelsfällen in Betracht kommt, wird sich nicht ohne Blick auf den Rechtscharakter der nach § 153a Abs. 1 S. 2 Nr. 1–6 StPO festsetzbaren Auflagen und Weisungen beantworten lassen: Diese stellen zwar keine Strafen für kriminelles Unrecht dar, da eine Verurteilung nicht erfolgt und damit auch die Unschuldsvermutung weiterhin gilt.[28] Sie haben aber doch den Charakter von Sanktionen, die den durch die Tat gestörten Rechtsfrieden wieder herstellen sollen,[29] so dass ihre Verhängung das öffentliche Interesse an der Straf-

---

21 Vgl. *LG Bonn* NStZ 2001, 375 – Fall *Kohl;* dazu *Beulke/Fahl* NStZ 2001, 426 ff.
22 In der Falllösung *Scheffler/Halecker/Mauske* ZJS 2010, 753 f.
23 Auf diese Voraussetzung bezogenes Klausurbeispiel bei *Bock* JA 2013, 667 (670 f.).
24 Meyer-Goßner/Schmitt/*Schmitt* StPO § 153a Rn. 7 f.
25 Darauf beschränkend etwa *Loos* FS Remmers, 570.
26 So Löwe/Rosenberg/*Mavany* StPO § 153a Rn. 35 ff.
27 So auch *LG Bonn* NStZ 2001, 375.
28 Siehe etwa Löwe/Rosenberg/*Mavany* StPO § 153a Rn. 10 ff; *Rieß* NStZ 1981, 7.
29 Meyer-Goßner/Schmitt/*Schmitt* StPO § 153a Rn. 2.

verfolgung beseitigt (§ 153a Abs. 1 S. 1 StPO).[30] Dann darf sich die Staatsanwaltschaft ihrer Verantwortung für das Recht aber nicht „dadurch entziehen, dass sie möglicherweise strafloses Verhalten gleichsam ‘auf Verdacht’ mit Sanktionen“ belegt.[31] Eine Einstellung nach § 153a Abs. 1 StPO kommt danach nur in Betracht, wenn die Staatsanwaltschaft auf der Grundlage eines „durchermittelten Sachverhalts“ und einer bestimmten rechtlichen Beurteilung dieses Sachverhalts von einem Verdachtsgrad ausgeht, der auch eine Anklage tragen würde. Erforderlich ist also **hinreichender Tatverdacht** (→ Rn. 62).[32] Vorliegend wäre eine Einstellung nach § 153a Abs. 1 StPO mit Blick auf die mangelnde rechtliche Klärung danach nicht zulässig.

Sieht man das anders, so wäre weiterhin zu erörtern, ob ein **öffentliches Interesse** an der Strafverfolgung besteht, welches durch die beabsichtigte Geldauflage **kompensiert** werden kann (§ 153a Abs. 1 S. 1 StPO). Außer Zweifel steht zunächst, dass nach der Art des Delikts und der Höhe des eingetretenen Schadens ein öffentliches Interesse an der Strafverfolgung besteht (und deshalb eine Einstellung nach § 153 StPO nicht in Betracht kommt). Bezweifeln kann man aber, ob dieses öffentliche Interesse durch eine, wenn auch hohe, Geldauflage beseitigt werden kann. Für eine Beseitigung des öffentlichen Interesses sprechen die bereits im Rahmen der Schuldschwere angeführten Gesichtspunkte (keine Vorstrafen, Schadenswiedergutmachung, kein Verfolgungsinteresse der X-Partei). Fraglich ist dagegen, ob auch die auf Grund der komplizierten Rechtslage zu erwartende lange Verfahrensdauer durch die Instanzen das öffentliche Interesse an der Strafverfolgung zu reduzieren vermag.[33] Das wird man nicht annehmen können: Der Instanzenzug dient gerade der Klärung von Rechtsfragen und der hierfür erforderliche Aufwand kann nicht als Argument dafür herhalten, auf diese Klärung kurzerhand zu verzichten.[34] Gegen eine Beseitigung des öffentlichen Interesses durch die beabsichtigte Geldauflage sprechen die Höhe des Schadens sowie der Umstand, dass der unaufgeklärte Vorwurf einer zu Lasten einer politischen Partei begangenen Untreue auch die Parteiendemokratie der Bundesrepublik (Art. 21 GG) in Mitleidenschaft zu ziehen geeignet ist. Hier sind beide Auffassungen vertretbar. 165

b) Verfahren

Will die Staatsanwaltschaft das Verfahren einstellen, so benötigt sie hierfür die **Zustimmung** des für die Eröffnung des Hauptverfahrens zuständigen Gerichts sowie des Beschuldigten (§ 153a Abs. 1 S. 1 StPO). Auf die Zustimmung des Gerichts kann nur verzichtet werden, wenn die Tat nicht mit einer erhöhten Mindeststrafe strafbewehrt ist (wenn also die Untergrenzen der §§ 38 Abs. 2, 40 Abs. 1 StGB gelten) und die durch die Tat verursachten Folgen gering sind (§ 153a Abs. 1 S. 7 StPO i. V. m. § 153 Abs. 1 S. 2 StPO). Vorliegend ist mit Blick auf die Schadenshöhe offensichtlich eine Zustimmung des Gerichts erforderlich. 166

Liegen alle Voraussetzungen vor, so stellt die Staatsanwaltschaft das Verfahren zunächst nach § 153a Abs. 1 S. 1 StPO vorläufig ein. Erfüllt der Beschuldigte die 167

---

30 *Beulke/Fahl* NStZ 2001, 428; Meyer-Goßner/Schmitt/*Schmitt* StPO § 153a Rn. 6.

31 *Beulke/Fahl* NStZ 2001, 428; a. A. *LG Bonn* NStZ 2001, 375.

32 *Beulke/Swoboda* StrafProzR Rn. 519; *Hein* JA 2013, 900 f. In der Praxis zeigt sich dieses Erfordernis daran, dass das Angebot der Staatsanwaltschaft an den Beschuldigten zur Einstellung nach § 153a Abs. 1 StPO regelmäßig mit der Ankündigung verbunden wird, andernfalls Anklage zu erheben.

33 So *LG Bonn* NStZ 2001, 375.

34 *Beulke/Fahl* NStZ 2001, 429.

erteilte Auflage bzw. Weisung innerhalb der gesetzten Frist, so kann die Tat nicht mehr als Vergehen (bei Bekanntwerden neuer Tatsachen aber ggf. als Verbrechen) verfolgt werden (**beschränkter Strafklageverbrauch** nach § 153a Abs. 1 S. 5 StPO).[35]

[35] In der Fallbearbeitung *Rackow* JA 2011, 23 (26 f.).

G. Entscheidungen in der Hauptverhandlung und ihre Anfechtung

I. Grundlagen

Endet das Zwischenverfahren, in dem das Gericht über die Zulassung der Anklage entscheidet (§§ 199–211 StPO),[1] mit einem Eröffnungsbeschluss, so beginnt das **Hauptverfahren** (§§ 203, 207 StPO).[2] An dessen Anfang steht die Vorbereitung der Hauptverhandlung (Terminsbestimmung, Ladung von Zeugen etc.; siehe §§ 213–225a StPO). Im Zentrum des Hauptverfahrens steht die öffentliche (dazu → Rn. 169a ff.) Hauptverhandlung, die der gerichtlichen Klärung der Schuld des Angeklagten unter Einhaltung besonders weitreichender Verfahrensgarantien dient.[3] 168

Die Klärung der Schuldfrage obliegt dem Gericht aber nur im Rahmen der von der Staatsanwaltschaft angeklagten Tat (dazu → Rn. 170 ff.). Die Probleme, die entstehen, wenn in der Hauptverhandlung ein „befangener Staatsanwalt" auftritt, sind häufig Gegenstand strafprozessualer Zusatzfragen (dazu → Rn. 174 ff.). Von besonderer Prüfungsrelevanz sind Fragen der Beweisaufnahme, insbesondere der Verwertbarkeit von Beweismitteln (dazu → Rn. 184–276). Grundbegriffe des Revisionsrechts sind dort mitbehandelt, denn häufig sind Probleme der Rechtmäßigkeit der Beweisverwertung in die Frage eingekleidet, inwieweit in der Hauptverhandlung gemachte Fehler die Revision begründen können.[4] 169

II. Vertiefung

1. Die Öffentlichkeit der Hauptverhandlung (§ 169 GVG)

Fall:[5] In einem Verfahren vor dem LG sind 18 Offiziere und Unteroffiziere angeklagt, Rekruten körperlich misshandelt und entwürdigt zu haben. Über die Vorfälle und das Strafverfahren wurde intensiv in den Medien berichtet. Der Vorsitzende verfügte gem. § 176 Abs. 1 GVG, dass 15 Minuten vor und 10 Minuten nach der Sitzung Fernsehaufnahmen im Sitzungssaal und im unmittelbar davor liegenden Bereich unzulässig sind. Ein Fernsehsender bittet Sie um Prüfung, ob diese Anordnung rechtmäßig ist. 169a

---

1 Dazu zusammenfassend *Rieß* JURA 2002, 735 ff.

2 Eingehend *Weiland* JuS 1986, 290 ff., 459 ff., 710 ff.

3 Siehe oben D. I., → Rn. 26 ff. Manche Garantien sind in der Hauptverhandlung besonders ausgeprägt (z. B. der Grundsatz des rechtlichen Gehörs), andere gelten nur hier (Öffentlichkeit, Mündlichkeit).

4 Zum Rechtsmittelrecht zusammenfassend *Bloy* JuS 1986, 585 ff.

5 *BVerfG* NJW 2008, 977; dazu *Muckel* JA 2009, 74 ff.; *Schäfer* JR 2008, 119. Vorangegangene Eilentscheidung *BVerfG* JR 2007, 390 m. Anm. *Ernst.*

a) Einführung

169b Der Grundsatz der Öffentlichkeit nach § 169 Abs. 1 S. 1 GVG garantiert für jedermann die Möglichkeit, sich ohne besondere Schwierigkeiten Kenntnis von Zeit und Ort der Verhandlungen zu verschaffen und diesen beizuwohnen.[6] Ausnahmen und Einschränkungen kommen zum Schutz von Belangen der Allgemeinheit wie auch zum Schutz von Verfahrensbeteiligten – etwa zugunsten minderjähriger Zeugen (§ 172 Nr. 4 GVG) oder des jugendlichen Angeklagten (§ 48 JGG) – in Betracht (näher §§ 171a ff. GVG).[7] Historisch sollte die Öffentlichkeit von Hauptverhandlungen vor allem der **Kontrolle** der Rechtspflege dienen.[8] In neuerer Zeit ist zunehmend das **Informationsinteresse** der Allgemeinheit in den Vordergrund getreten.[9] Dieser **Wandel von der Saal- zur Medienöffentlichkeit** rechtfertigt eine gewisse Bevorzugung von Medienvertretern, wenn die Anzahl der Plätze nicht für alle Interessierten ausreicht. Ist das Medieninteresse größer als das vorgesehene Platzkontingent, so muss ein faires Auswahlverfahren durchgeführt werden.[10] Seit 2018 kann die Tonübertragung in einen Raum für Medienvertreter zugelassen werden (§ 169 Abs. 1 S. 3 GVG).

169c Grundsätzlich **unzulässig** bleiben aber **Ton- und Filmaufnahmen für Rundfunk und Fernsehen** (§ 169 Abs. 1 S. 2 mit Einschränkungen in Abs. 3 GVG[11]). Das BVerfG hat die Begrenzung der Öffentlichkeit mit Blick auf die Rechte der Verfahrensbeteiligten (Persönlichkeitsrecht), die Verfahrensfairness und das öffentliche Interesse an der Wahrheitsermittlung gebilligt.[12]

b) Falllösung

169d § 169 Abs. 1 S. 2 GVG untersagt Fernsehaufnahmen nur für die Dauer der Verhandlung, also für den Zeitraum ab dem Aufruf der Sache (§ 243 Abs. 1 S. 1 StPO) bis zur Urteilsverkündung (§ 260 Abs. 1 StPO). Für den Zeitraum vor und nach der Sitzung trifft das Gesetz keine Regelung. Fraglich ist, ob der Vorsitzende seine Anordnung zu Recht auf **§ 176 Abs. 1 GVG** gestützt hat, wonach ihm die Aufrechterhaltung der Ordnung in der Sitzung obliegt. Dabei besteht Einigkeit, dass solche **sitzungspolizeilichen Maßnahmen** in zeitlicher Hinsicht nicht auf die Hauptverhandlung begrenzt sind, da deren ordnungsgemäßer Ablauf auch durch Ereignisse unmittelbar vor und nach der Hauptverhandlung beeinträchtigt werden kann. Erfasst wird demnach auch der Zeitraum vom Eintreffen der ersten Verfahrensbeteiligten bis das Gericht den Sitzungssaal verlässt.[13] Folglich ist zumindest der von der Anordnung betroffene Zeitraum von 15 Minuten vor und 10 Minuten nach der Sitzung noch einer Regelung nach § 176 Abs. 1 GVG zugänglich.

169e Fraglich ist aber, ob eine Anordnung dieses Inhalts rechtmäßig war. Grundsätzlich liegen sitzungspolizeiliche Anordnungen im **Ermessen des Vorsitzenden,** soweit das Verfahrensrecht keine Vorgaben macht.[14] Bei der Ausübung dieses Ermessens sind gegenläufige Interessen und Rechte zu berücksichtigen und zu einem verhält-

---

6 HKV StrafR-HdB VII/*Heger* § 13 Rn. 8 ff.; SSW StPO/*Quentin* GVG § 169 Rn. 8.
7 Näher HKV StrafR-HdB VII/*Heger* § 13 Rn. 24 ff. Zu Problemen des Öffentlichkeitsgrundsatzes infolge der Corona-Pandemie *Ahmed* FS Feltes, 415 ff.; *Huber* JuS 2020, 641 ff.
8 BVerfGE 133, 168 (217 f.); *BGHSt* 27, 13 (15); *Gierhake* JZ 2013, 1030 (1031).
9 *Beulke/Swoboda* StrafProzR Rn. 576.
10 *BVerfG* NJW 2013, 1293 ff.
11 Zu diesen Einschränkungen *Mosbacher* FS Wolf, 387 ff.; *Valerius* FS Wolf, 477 ff.
12 BVerfGE 103, 44 Rn. 69.
13 SSW StPO/*Quentin* GVG § 176 Rn. 4.
14 SSW StPO/*Quentin* GVG § 176 Rn. 6.

nismäßigen Ausgleich zu bringen.[15] Auf Seiten des Fernsehsenders ist das durch **Art. 5 Abs. 1 S. 2 GG** geschützte Grundrecht der Freiheit der Berichterstattung durch Rundfunk zu berücksichtigen. Dieses gewährt zwar kein Recht auf Eröffnung einer Informationsquelle.[16] Ist aber eine im Verantwortungsbereich des Staates liegende Informationsquelle öffentlich zugänglich, so unterfällt das Recht zur Berichterstattung unter Nutzung von Ton- und Filmaufnahmen dem Schutzbereich des Art. 5 Abs. 1 S. 2 GG. Das Gewicht des Informationsinteresses der Öffentlichkeit hängt insbesondere vom Gegenstand des Verfahrens ab, wobei neben der Schwere der angeklagten Tat auch die öffentliche Aufmerksamkeit, die einem Verfahren entgegengebracht wird, eine Rolle spielt. Dabei erstreckt sich das Interesse nicht nur auf die Tat und den Angeklagten, sondern auch auf die anderen Verfahrensbeteiligten, insbesondere auf Gericht, Staatsanwaltschaft und Verteidiger.

Auf der anderen Seite sind aber auch die schutzwürdigen Interessen der Verfahrensbeteiligten und der Öffentlichkeit zu berücksichtigen. Insbesondere kann das **Persönlichkeitsrecht** der Verfahrensbeteiligten durch Fernsehaufnahmen betroffen sein.[17] Das gilt in besonderer Weise für den Angeklagten, für den eine Fernsehberichterstattung eine vorverurteilende Prangerwirkung entfalten kann. Die Schutzbedürftigkeit der berufsmäßig am Gerichtsverfahren beteiligten Personen ist geringer als die von Privatpersonen. Zu berücksichtigen sind weiter der Anspruch auf ein **faires Verfahren** sowie die **ungestörte Wahrheits- und Rechtsfindung.** Diesen Aspekten kommt freilich im Zeitraum vor und nach der Hauptverhandlung geringeres Gewicht zu als während derselben.[18] Aber es kann durchaus das Recht auf ungehinderten Verkehr mit dem Verteidiger (§ 148 Abs. 1 StPO) beeinträchtigen, wenn laufende Kameras den vertraulichen Austausch behindern.[19] **169f**

Mit Blick auf die gegenläufigen Interessen muss die Ermessensentscheidung des Gerichts den Grundsatz der **Verhältnismäßigkeit** wahren. Dabei ist bereits die Erforderlichkeit eines vollständigen Verbots von Fernsehaufnahmen zu verneinen, wenn den Belangen der Beteiligten und der Strafrechtspflege durch mildere Maßnahmen Rechnung getragen werden kann. So kann nach Auffassung des BVerfG[20] eine Verpixelung der aufgezeichneten Personen deren Persönlichkeitsrecht Rechnung tragen. Zusätzlich könnten Anweisungen zu Standort, Zeit, Dauer und Art der Aufnahmen erfolgen. Mit Rücksicht auf die räumlichen Verhältnisse sei es auch möglich, nur ein Kamerateam zuzulassen mit der Auflage, das Filmmaterial auch anderen Medienvertretern zur Verfügung zu stellen (sog. „Pool-Lösung“). Mit Blick auf die Verhältnismäßigkeit im engeren Sinne folge aus dem Informationsinteresse der Öffentlichkeit, dass den Fernsehteams die Möglichkeit eröffnet werden müsse, Filmaufnahmen von den Mitgliedern des Gerichts zu fertigen. Es sei deshalb unzulässig, diese Möglichkeit dadurch zu vereiteln, dass das Gericht den Sitzungssaal erst nach dem Aufruf der Sache (§ 243 Abs. 1 S. 1 StPO) – und damit nach Beginn des Verbots von Fernsehaufnahmen nach § 169 Abs. 1 S. 2 GVG – betritt. Das öffentliche Interesse erstrecke sich auch auf Aufnahmen der Vertreter der Staats- **169g**

---

15 Zum Folgenden *BVerfG* NJW 2008, 977 (978 f.). Vgl. auch BVerfGE 91, 125 (133 ff.).

16 BVerfGE 103, 44 Rn. 55. Kritisch zu dieser Rechtsprechung *v. Coelln* in Murmann (Hrsg.), Strafrecht und Medien, 2016, S. 13 (19 f.).

17 *BVerfG* NJW 2008, 977 (979). Vgl. auch *Kindhäuser* FS Wolter, 979 ff.

18 *BVerfG* NJW 2008, 977 (980).

19 *BVerfG* NJW 2008, 977 (980).

20 Zum Folgenden *BVerfG* NJW 2008, 977 (980 f.).

anwaltschaft und die Verteidiger, die als Organ der Rechtspflege (§ 1 BRAO) ebenfalls zur Duldung von Fernsehaufnahmen verpflichtet seien.[21] Einschränkungen – etwa Verpixelungen oder das Verbot von Großaufnahmen – seien nur gerechtfertigt, wenn konkrete Anhaltspunkte für eine besondere Belästigung oder Gefährdung oder für eine Beeinträchtigung der Fähigkeit zur unbefangenen Mitwirkung am Verfahren bestehen.[22]

169h Die Rechtsprechung des BVerfG wird in der Literatur verschiedentlich – zu Recht – kritisch gesehen:[23] Auf der einen Seite wird dem Interesse der Öffentlichkeit an Fernsehaufnahmen aus Gerichtssäälen und der dort handelnden Akteuren ein unangemessen hoher Rang eingeräumt. Zwar mögen solche Bilder und die sie begleitende Geräuschkulisse „seit langem zum typischen Inhalt der Gerichtsberichterstattung im Fernsehen geworden" sein und die Erwartungen der Fernsehzuschauer prägen.[24] Aber das kann schwerlich etwas daran ändern, dass ihr Informationsgehalt gering ist. Auf der anderen Seite werden die Belange der Verfahrensbeteiligten und der Rechtspflege unterbelichtet. Das gilt zunächst für den Angeklagten, der sich regelmäßig in einer psychischen Ausnahmesituation befindet und zugleich ein hohes Interesse hat, sich auf die unmittelbar bevorstehende Verhandlung zu konzentrieren. Die Konfrontation mit laufenden Fernsehkameras stellt in dieser Situation selbst dann eine erhebliche Belastung dar, wenn er sich der späteren Verpixelung bewusst ist. Häufig sind die Angeklagten verzweifelt bemüht, ihre Gesichter mit Händen oder Aktendeckeln zu schützen – das sind demütigende Aufnahmen, die gerne im Fernsehen gezeigt werden. Auch die Interessen der professionellen Verfahrensbeteiligten werden nicht hinreichend zur Geltung gebracht. Verkannt wird insbesondere, dass ein Richter oder Staatsanwalt auch jenseits konkreter Bedrohungen durchaus ein berechtigtes Interesse daran hat, nicht in Verbindung mit einer polemisierenden Berichterstattung gezeigt zu werden. Bedrückt ihn die Sorge, in der Öffentlichkeit erkannt und zum Objekt von Anfeindungen zu werden, so ist ein Einfluss auf die Unbefangenheit seiner Entscheidung nicht von der Hand zu weisen. Auch wenn den Medien bei der Vermittlung der Ereignisse im Gerichtssaal in die Öffentlichkeit eine zentrale Rolle zukommt, muss doch gesehen werden, dass die Medien eigene (wirtschaftliche) Interessen verfolgen, die nicht unbedingt mit denen der Strafrechtspflege deckungsgleich sind.[25]

2. Nachtragsanklage; Hinweispflicht; prozessualer Tatbegriff

170 **Fall:**[26] A ist wegen eines Juwelendiebstahls angeklagt worden. In der Hauptverhandlung stellt sich heraus, dass er die Juwelen nicht selbst gestohlen, sondern lediglich für den Dieb aufbewahrt hat. Kann A nun nach § 257 StGB verurteilt werden?[27]

171 Verurteilt werden kann A nur wegen der **angeklagten Tat** (§ 264 Abs. 1 StPO; Hintergrund: Anklagegrundsatz, § 151 StPO). Dabei ist das Gericht an die rechtliche Beurteilung der Staatsanwaltschaft nicht gebunden (§ 264 Abs. 2 StPO). Kommt das Gericht zu einer **abweichenden rechtlichen Beurteilung** der angeklagten Tat, so ist

---

21 *BVerfG* NJW 2008, 977 (981).

22 *BVerfG* NJW 2008, 977 (981).

23 Vgl. zum Folgenden *Ernst* JR 2007, 392 ff.; *Schäfer* JR 2008, 119. Vgl. auch *Ranft* JURA 1995, 573 (580 f.).

24 *BVerfG* NJW 2008, 977 (979).

25 Instruktiv dazu *Forkel* ZRP 2010, 159 ff.

26 Vgl. die Zusatzfragen bei *Ambos/Bock* JURA 2011, 874 (877 f.); *Beulke* Klausurenkurs III Rn. 517, 554, 555, 603; *Geppert* JURA 1980, 204 (211 ff.); *Bosch* S. 566 f.; *Steinberg/Mathieu/Horn* ZJS 2012, 365 (366).

27 Nach BGHSt 35, 80 = *BGH* JZ 1988, 260 mit ablehnender Anm. *Roxin;* dazu auch *Gillmeister* NStZ 1989, 1 ff.; *Otto* JK 88 StPO § 264/8.

es – als Ausprägung der richterlichen Fürsorgepflicht[28] – allerdings verpflichtet, den Angeklagten auf die Veränderung des rechtlichen Gesichtspunktes hinzuweisen (§ 265 Abs. 1 StPO). Eine Hinweispflicht besteht auch dann, wenn sich im Rahmen der Verhandlung straferhöhende oder sonst für die Verteidigung bedeutsame Umstände ergeben oder wenn das Gericht von einer zuvor mitgeteilten vorläufigen Bewertung der Sach- oder Rechtslage abweichen will (§ 265 Abs. 2 StPO). Aufgrund einer veränderten Sachlage kann es zur Vorbereitung einer sachgerechten Verteidigung zudem erforderlich sein, die Hauptverhandlung auszusetzen (näher § 265 Abs. 3, 4 StPO). Ändert sich dagegen nicht nur das Bild der angeklagten Tat in rechtlicher oder tatsächlicher Hinsicht, sondern stellt sich heraus, dass der Angeklagte einer **anderen Tat** hinreichend verdächtig ist, so kommt deren Einbeziehung nur noch im Wege der **Nachtragsanklage** in Betracht, die von der Staatsanwaltschaft mündlich erhoben werden kann. Die Einbeziehung der auf diesem Wege angeklagten Tat ist nur zulässig, wenn das Gericht sachlich zuständig ist und der Angeklagte zustimmt;[29] die Einbeziehung steht dann im Ermessen des Gerichts und erfolgt durch Gerichtsbeschluss (Einzelheiten: § 266 StPO).[30]

Ob eine Verurteilung nach § 257 StGB innerhalb desselben Verfahrens möglich ist, **172**
hängt folglich davon ab, ob die Begünstigungshandlung noch zur „in der Anklage bezeichneten Tat" im Sinne von § 264 Abs. 1 StPO gehört. Das ist nicht schon deshalb ausgeschlossen, weil A auf Grund der neu gewonnenen Erkenntnisse nunmehr die Verwirklichung eines anderen Tatbestandes vorgeworfen wird (§ 257 statt § 242 StGB), sondern entscheidend hierfür ist der sogenannte **prozessuale Tatbegriff** (dazu auch noch → Rn. 318 f.).[31] Die Tat als Prozessgegenstand ist nach der Rechtsprechung „nicht nur der in der Anklage umschriebene und dem Angeklagten zur Last gelegte Geschehensablauf, sondern das gesamte Verhalten des Angeklagten, soweit es mit dem durch die Anklage bezeichneten geschichtlichen Vorkommnis nach der Auffassung des Lebens einen Vorgang bildet".[32] Als Kriterien für eine solche Einheitlichkeit kommen etwa Tatort, Tatzeit, Tatobjekt und die Angriffsrichtung des Täters in Betracht. Bedeutsam ist auch, ob die strafrechtliche Aufarbeitung des Geschehens in einem einheitlichen Strafverfahren sachgerecht erscheint, wenn nämlich „der Unrechts- und Schuldgehalt der einen Handlung nicht ohne die Umstände, die zu der anderen Handlung geführt haben, richtig gewürdigt werden kann".[33] Insoweit spielen also auch prozessökonomische Erwägungen eine Rolle. Die Einheitlichkeit der Tat entscheidet sich zwar nicht nach der konkurrenzrechtlichen Behandlung der einzelnen Delikte,[34] doch soll regelmäßig dann eine Tat im prozessualen Sinn vorliegen, wenn materiellrechtlich Tateinheit (§ 52 StGB)

---

[28] Zur gerichtlichen Fürsorgepflicht als Ausprägung des fair-trial-Prinzips eingehend *Roxin/Schünemann* § 44 Rn. 26 ff.

[29] Die örtliche Zuständigkeit ist stets nach § 13 StPO gegeben; vgl. SK-StPO/*Velten* § 266 Rn. 13. Die Zuständigkeit eines niederen Gerichts steht einer Einbeziehung durch das höhere Gericht nach § 269 StPO nicht entgegen; siehe Meyer-Goßner/Schmitt/*Schmitt* StPO § 266 Rn. 9, 11.

[30] SK-StPO/*Velten* § 266 Rn. 20 f.; wichtigstes Kriterium: Prozessökonomie.

[31] Eingehend *Bechtel* JA 2022, 199 ff.; *Fezer* Fall 18; *Ranft* JuS 2003, 417 ff.; *Hellmann* StrafProzR Rn. 815 ff.; *Huber* JuS 2012, 208 ff.; HKV StrafR-HdB VII/*Stuckenberg* § 23 Rn. 20 ff.; zur Rechtsprechung des BGH zusammenfassend *Beulke* FG BGH IV, 781 ff.

[32] BGHSt 35, 80, (81 f.); *BGH* NStZ-RR 2003, 82; NStZ-RR 2012, 355; JA 2012, 310 *(Kudlich);* wistra 2013, 202; NStZ 2020, 46; StV 2022, 69 (dazu *Jäger* JA 2022, 79 ff.).

[33] *BGH* NStZ 2006, 350; dazu *Mosbacher* JuS 2007, 126 f.

[34] Eingehend zum Verhältnis von prozessualem und materiellem Tatbegriff *Neuefeind* JA 2000, 791 ff.; zusammenfassend *Huber* JuS 2012, 208 f.

besteht.[35] Dagegen führt Tatmehrheit im Sinne von § 53 StGB häufig, aber längst nicht immer zum Vorliegen mehrerer prozessualer Taten.[36]

173 Die für eine Tat im prozessualen Sinn geforderte **Einheitlichkeit des Lebensvorgangs** wird im vorliegenden Fall durch mehrere Umstände nahegelegt: Zum einen beziehen sich der zunächst angeklagte und der nach Überzeugung des Gerichts verwirklichte Tatbestand auf das gleiche Tatobjekt;[37] weiterhin ist auch das verletzte Rechtsgut zumindest teilweise identisch[38] und es ist insoweit derselbe Rechtsgutsträger verletzt.[39] Auch für die rechtliche Beurteilung im Prozess hängen die Vorgänge zusammen, da eine Verurteilung wegen Begünstigung nur in Betracht kommt, wenn eine Beteiligung an der Vortat nicht (sicher) nachweisbar ist (§ 257 Abs. 3 StGB). Andererseits sprechen aber auch mehrere Umstände gegen die Einheitlichkeit des Lebensvorgangs, so dass der BGH für den vorliegenden Fall von unterschiedlichen Taten im prozessualen Sinn ausgegangen ist:[40] angeklagter und festgestellter Verlauf seien örtlich, zeitlich und nach den gesamten Tatumständen unterschiedlich. Außerdem unterscheide sich das angeklagte Verhalten durch seine Eigennützigkeit von dem fremdnützigen Charakter des § 257 StGB.[41] Folgt man der Auffassung des BGH, so kommt eine Verurteilung nach § 257 StGB also nur nach Einbeziehung dieser Tat im Rahmen einer Nachtragsanklage nach § 266 StPO in Betracht. Sind die Voraussetzungen einer Einbeziehung nicht erfüllt (z. B. weil der Angeklagte nicht zustimmt) oder entscheidet sich das Gericht gegen eine Einbeziehung, so bedarf es einer neuen Anklage. Hinsichtlich der ursprünglich angeklagten Tat ist der Angeklagte dann freizusprechen.

3. Problem des „befangenen Staatsanwalts"; Rechtsweg nach §§ 23 ff. EGGVG; Revisibilität

174 **Fall:**[42] In der Hauptverhandlung im Strafverfahren gegen den Angeklagten A tritt der Staatsanwalt S auf, der, wie A weiß, mit dem Tatopfer eng befreundet ist.

a) Kann A etwas gegen die Mitwirkung des S im Verfahren unternehmen?
b) Hätte eine Revision gegen eine Verurteilung des A Aussicht auf Erfolg, wenn S die Staatsanwaltschaft in der Hauptverhandlung vertreten hat?

---

35 *BGH* NStZ 1991, 549; wistra 1997, 228 (zu Grenzen dieses Grundsatzes grundlegend BGHSt 29, 288 (292 f.); dazu und m. w. N. *Beulke*, FG BGH IV, 796 ff.; SK-StPO/*Schlüchter* [Loseblattausgabe] § 264 Rn. 9; *Volk/Engländer* GK StPO § 13 Rn. 14).

36 *Huber* JuS 2012, 208 f.; *Volk/Engländer* GK StPO § 13 Rn. 15.

37 Zur Relevanz dieses Umstands BGHSt 13, 320 (322); 32, 215 (218); *Roxin* JZ 1988, 261; SK-StPO/*Schlüchter* (Loseblattausgabe) § 264 Rn. 17.

38 § 242 StGB schützt das Eigentum; § 257 StGB verfolgt u. a. den Schutz des Vermögens des Einzelnen; *Lackner/Kühl* StGB § 242 Rn. 1, § 257 Rn. 1.

39 Für eine prozessuale Tat deshalb *Roxin* JZ 1988, 261 f.

40 BGHSt 35, 80 (82).

41 Ein Argument, das freilich mit Einführung des Tatbestandsmerkmals der Drittzueignungsabsicht bei § 242 StGB im Rahmen des 6. StrRG nicht mehr grundsätzlich für das Verhältnis von § 242 und § 257 StGB gilt, sondern allenfalls noch von Fall zu Fall.

42 Vgl. *Bosch* JURA 2015, 64 f.; *Engländer* Rn. 55; *Knauer* JuS 2012, 711 (713 f.); *Mansdörfer* Rn. 7, 22 ff.; *Müller-Christmann* JuS 2002, 67 f.; *Rössner/Safferling* 13. Problem; *Bosch* S. 568 f.; *Schlüchter/Duttge* S. 32; *Weidemann* JA 2003, 328; StPO-Hausarbeit bei Hellmann/*Ellbogen*, 2. Aufl. 2006, Rn. 1 ff., 31 f.; Zusatzfrage bei *Heinrich/Reinbacher* 11/18 ff.

Während Ausschließung und Ablehnung des Richters gesetzlich geregelt sind (§§ 22 ff. StPO; zur Revisibilität: § 338 Nr. 2, 3 StPO),[43] enthält die Strafprozessordnung für den (möglicherweise) voreingenommenen Vertreter der Staatsanwaltschaft keine ausdrückliche Regelung. Das Problem des „befangenen Staatsanwalts“ ist dementsprechend umstritten:[44] 175

Fallfrage a): A könnte etwas gegen die Mitwirkung des S im Verfahren unternehmen, wenn darin eine Rechtsverletzung läge, die A auch prozessual geltend machen kann. Die Frage, ob ein „befangener Staatsanwalt“ am Verfahren mitwirken darf, wird von der h. M. ohne Rückgriff auf eine analoge Anwendung der Vorschriften zu Ablehnung und Ausschluss von Gerichtspersonen nach §§ 22 ff. StPO beantwortet, da das Problem dem Gesetzgeber bekannt gewesen sei und folglich keine planwidrige Regelungslücke vorliege.[45] Doch besteht im Grundsatz Einigkeit darüber, dass die Stellung der Staatsanwaltschaft als der Wahrheit und Gerechtigkeit verpflichtetes Organ der Strafrechtspflege (vgl. § 160 Abs. 2 StPO) im Rahmen eines **fairen Verfahrens** die Ersetzung eines Staatsanwalts erforderlich machen kann, wenn in seiner Person die Voraussetzungen einer unvoreingenommenen Pflichterfüllung zumindest zweifelhaft sind.[46] Denn wenn auch der Staatsanwalt nicht das Urteil spricht, so übt er doch in vielfältiger Weise Einfluss auf den Verfahrensausgang aus. Das lässt sich besonders anschaulich beim auf Absprachen gegründeten Urteil (§ 257c StPO; dazu → Rn. 277 ff.) oder bei gerichtlichen Opportunitätseinstellungen (§§ 153 ff. StPO) zeigen, wo jeweils die Zustimmung der Staatsanwaltschaft erforderlich ist.[47] Wenn auch die Voraussetzungen für das Vorliegen von Befangenheit höher liegen werden als beim zur Entscheidung der Rechtssache berufenen Richter,[48] legen doch auch beim Staatsanwalt dessen enge persönliche Beziehungen zum Verletzten nahe, dass eine sachgerechte Aufgabenerfüllung nicht mehr gewährleistet ist.[49] 176

Praktisch bedeutsam ist die Konstellation des **Zeugenstaatsanwalts:**[50] Gerade in komplexen Verfahren vertritt der ermittelnde Staatsanwalt regelmäßig die Anklage in der Hauptverhand-

---

43 In der Fallbearbeitung *Bock* JA 2013, 667 (672); vertiefend *Ellbogen/Schneider* JR 2012, 188 ff.; HKV StrafR-HdB VII/*Fischer/Kudlich* § 14 Rn. 57 ff.; *Swoboda/Carlsen/Rühs* JURA 2021, 1161 (1164 ff.).

44 Monographisch *Tolksdorf*, Mitwirkungsverbot für den befangenen Staatsanwalt, 1989 (dazu *Frisch* StV 1992, 613 ff.); zusammenfassend *Böttcher* FS Roxin I, 1333; *Hilgendorf* StV 1996, 50 ff.

45 Siehe etwa Meyer-Goßner/Schmitt/*Schmitt* StPO Vor § 22 Rn. 3; KMR/*Bockemühl* StPO Vorb. § 22 Rn. 3; Löwe/Rosenberg/*Siolek* StPO Vor § 22 Rn. 8; a. A. etwa *Beulke/Swoboda* StrafProzR Rn. 151 f.; SK-StPO/*Wohlers* GVG § 145 Rn. 11 und *Frisch* FS Bruns, 396 ff. (bezogen auf das Vorverfahren).

46 *Volkmann/Vogel* StV 2021, 537 (540).

47 *Wohlers* GA 2006, 403. Deshalb überzeugt es auch nicht, wenn HKV StrafR-HdB VII/*Heghmanns* § 16 Rn. 57, meint, dass man im Hauptverfahren „mit einem befangenen Sitzungsvertreter leben können“ sollte.

48 *BVerfG* JR 1979, 28 m. Anm. *Bruns;* HKV StrafR-HdB VII/*Heghmanns* § 16 Rn. 55; Meyer-Goßner/Schmitt/*Schmitt* StPO Vor § 22 Rn. 4. Das zeigt sich an der fehlenden Übertragbarkeit verschiedener Ausschlussgründe auf den Staatsanwalt: § 22 Nr. 4 StPO kann schon deshalb nicht ohne weiteres zum Ausschluss eines Staatsanwalts führen, weil es aus Effizienzgesichtspunkten zweckmäßig ist, wenn der ermittelnde Staatsanwalt auch die Sitzungsvertretung in der Hauptverhandlung übernimmt.

49 Vgl. zum Vorliegen solcher Umstände beim Richter Meyer-Goßner/Schmitt/*Schmitt* StPO § 24 Rn. 11; SK-StPO/*Weßlau/Deiters* § 24 Rn. 17 f. (dort Vor § 22 Rn. 35 auch zur entsprechenden Anwendung auf den Staatsanwalt).

50 Näher *Geppert* JURA 1991, 87 f.; *Hellmann* StrafProzR Rn. 103; *Pawlik* NStZ 1995, 311 ff.; *Roxin/Schünemann* § 9 Rn. 15; *Schneider* NStZ 1994, 457 ff.; *Volk/Engländer* GK StPO § 21 Rn. 22.

lung. Seine Kenntnisse aus dem Ermittlungsverfahren können für die Wahrheitsermittlung relevant werden. Wäre der Staatsanwalt entsprechend § 22 Nr. 5 StPO infolge einer Vernehmung als Zeuge von der Ausübung seines Amtes dauerhaft ausgeschlossen, so wäre es für den Angeklagten bzw. dessen Verteidiger leicht möglich, den besonders sachkundigen Sitzungsvertreter durch geschickte Beweisanträge vom Verfahren auszuschließen.[51] Die Rechtsprechung bemüht sich um eine differenzierte Behandlung dieser Konstellation: Klar ist zunächst, dass während der Vernehmung des Staatsanwalts als Zeuge ein anderer Staatsanwalt die Sitzungsvertretung übernehmen muss (§ 226 Abs. 1 StPO). Andernfalls läge wegen der Abwesenheit eines Vertreters der Staatsanwaltschaft der absolute Revisionsgrund des § 338 Nr. 5 StPO vor. Soweit es die weitere Wahrnehmung der Aufgaben als Sitzungsvertreter der Staatsanwaltschaft anbelangt, sieht die Rechtsprechung den Zeugenstaatsanwalt daran nur insoweit gehindert, wie „zwischen dem Gegenstand seiner Zeugenaussage und der nachfolgenden Mitwirkung in der Hauptverhandlung ein unlösbarer Zusammenhang besteht".[52] Untersagt ist es ihm damit insbesondere, seine eigene Aussage, etwa im Rahmen des Plädoyers, zu würdigen.[53]

177 Grundsätzlich ist es Aufgabe der Staatsanwaltschaft, eine ordnungsgemäße Sitzungsvertretung sicherzustellen. § 145 GVG gibt dem ersten Beamten der Staatsanwaltschaft[54] hierfür das **Devolutionsrecht** und das **Substitutionsrecht** (→ Rn. 44). Der vorgesetzte Staatsanwalt ist – entweder von sich aus oder auf den Antrag eines Prozessbeteiligten – verpflichtet, den befangenen Staatsanwalt zu ersetzen.[55]

178 Erfolgt ein solcher Austausch nicht, so stellt sich die Frage, ob er sich auch gegen den Willen der Staatsanwaltschaft **prozessual durchsetzen** lässt. Ein formelles Ablehnungsverfahren analog §§ 25 ff. StPO lehnt die ganz h. M. wegen der klaren gesetzgeberischen Entscheidung gegen ein solches Verfahren ab.[56] Dagegen dürfte es als Aufgabe des Gerichts anzusehen sein, auf die Ersetzung eines befangenen Staatsanwalts bei dem vorgesetzten Beamten der Staatsanwaltschaft hinzuwirken.[57] Die Annahme einer solchen Pflicht begründet keine – nach § 150 GVG verbotene – gerichtliche Kontrolle der Staatsanwaltschaft,[58] da dem Gericht jedenfalls keine Ersetzungsbefugnis zukommt.[59] Dem Angeklagten steht selbstverständlich die Dienstaufsichtsbeschwerde gegen die Entscheidung des vorgesetzten Staatsanwalts offen, die form- und fristlos möglich ist – und in aller Regel fruchtlos bleibt.[60]

---

[51] Solche Beweisanträge können etwa auf nicht weiter verfolgte Hinweise auf andere mögliche Täter abzielen oder Zeugenvernehmungen, an denen der Staatsanwalt beteiligt war, zum Gegenstand haben.

[52] *BGH* NStZ 2019, 234 (235).

[53] BGHSt 14, 265; *BGH* NStZ 2018, 482 f.; NStZ 2020, 180.

[54] Beim OLG der Generalstaatsanwalt; beim LG der Leitende Oberstaatsanwalt (der auch bei den Amtsgerichten des Bezirks diese Funktion ausübt); vgl. *Hellmann* StrafProzR Rn. 84.

[55] Löwe/Rosenberg/*Siolek* StPO Vor § 22 Rn. 9; SK-StPO/*Wohlers* GVG § 145 Rn. 22. Ein expliziter Ausschluss von weiteren Amtshandlungen findet sich in § 7 NdsAGGVG (ebenso § 11 Baden-Württembergisches AGGVG), der aber nur einen Katalog von Ausschlussgründen enthält, der etwa § 22 StPO entspricht. Der hier vorliegende Fall freundschaftlicher Beziehungen ist dort nicht geregelt. Zur (zweifelhaften) Wirksamkeit und Bedeutung dieser landesrechtlichen Vorschriften vgl. *Frisch* FS Bruns, 389 f.; Meyer-Goßner/Schmitt/*Schmitt* StPO Vor § 22 Rn. 3; *Volkmann/Vogel* StV 2021, 537 (539).

[56] SK-StPO/*Wohlers* GVG § 145 Rn. 24; *Wohlers* GA 2006, 403 (405 f.); *Beulke/Swoboda* StrafProzR Rn. 154.

[57] Löwe/Rosenberg/*Siolek* StPO Vor § 22 Rn. 13 f.

[58] So aber *Beulke/Swoboda* StrafProzR Rn. 154.

[59] Vor diesem Hintergrund problematisch erscheint auch der Vorschlag *Klesczewskis* Rn. 101 an die Gerichte, analog § 226 Abs. 1 StPO zu verfahren und die Staatsanwaltschaft so lange als nicht anwesend zu behandeln, wie der befangene Staatsanwalt nicht ausgetauscht ist.

[60] *Hellmann* StrafProzR Rn. 105; *Volkmann/Vogel* StV 2021, 537 (539); SK-StPO/*Wohlers* GVG § 145 Rn. 24.

Zweifelhaft ist dagegen, ob der Angeklagte die den Ersetzungsantrag ablehnende Verfügung des vorgesetzten Beamten nach **§§ 23 ff. EGGVG** (Rechtsweg bei Justizverwaltungsakten) anfechten kann.[61] Dieser Rechtsweg schafft die – nach Art. 19 Abs. 4 S. 1 GG erforderliche – Möglichkeit, das Handeln der Justiz dort gerichtlicher Überprüfung zuzuführen, wo es nicht als Rechtsprechung (im weitesten Sinne), sondern als Behördenhandeln in Rechte von Bürgern eingreift.[62] 179

Es ist aber schon fraglich, ob überhaupt ein **Justizverwaltungsakt** vorliegt,[63] oder ob es sich bei der den Ersetzungsantrag ablehnenden Entscheidung um eine Prozesshandlung handelt, die in ihrer funktionalen Bedeutung dem Bereich der Rechtsprechung zuzurechnen ist und deshalb nicht nach §§ 23 ff. EGGVG anfechtbar ist.[64] Mit Blick auf die Relevanz der Entscheidung für die Führung eines fairen Verfahrens dürfte es sich um eine (nicht nach §§ 23 ff. EGGVG anfechtbare) Prozesshandlung handeln.[65] Selbst wenn die Entscheidung der Staatsanwaltschaft einen Justizverwaltungsakt darstellen würde, verlangt § 24 Abs. 1 EGGVG weiterhin eine **Rechtsverletzung** des Antragstellers. Vielfach wird jedoch ein subjektives Recht auf Auswechslung eines befangenen Staatsanwalts abgelehnt, weil die Pflicht des Behördenleiters auf Auswechslung im Interesse der sachgemäßen Durchführung der staatsanwaltschaftlichen Tätigkeit, also im Interesse der Allgemeinheit und nicht im Interesse des Beschuldigten bestehe.[66] Auch nach dieser – mit Blick auf die auch dem Schutz des Bürgers dienende Verpflichtung der Staatsanwaltschaft zur Objektivität (§ 160 Abs. 2 StPO) allerdings außerordentlich zweifelhaften[67] – Auffassung kann A demnach keine Entscheidung des OLG nach §§ 23 ff. EGGVG herbeiführen. Danach hätte der Angeklagte – sofern ein Justizverwaltungsakt oder aber eine Rechtsverletzung abgelehnt wird – keine wirksamen prozessualen Möglichkeiten, die Mitwirkung des S am Verfahren zu verhindern. 180

Fallfrage b): Fraglich ist damit, ob A den Verstoß gegen den Grundsatz des fairen Verfahrens mit der Revision (§§ 333 ff. StPO) geltend machen kann. Ein absoluter Revisionsgrund nach § 338 Nr. 3 oder 5 StPO liegt nicht vor.[68] Umstritten ist aber, ob ein **relativer Revisionsgrund** nach **§ 337 StPO** eingreift. Voraussetzung hierfür ist eine Verletzung des Gesetzes, von der zumindest nicht ausgeschlossen werden kann, dass das Urteil auf ihr beruht. „Gesetz" ist nach § 7 EGStPO jede Rechtsnorm. Als Rechtsnormverletzung kommt hier der – oben unter Rn. 176 festgestellte – Verstoß gegen den Grundsatz eines fairen Verfahrens und die daraus abgeleitete Pflicht, den befangenen Staatsanwalt auszutauschen, in Betracht. Dieser Grundsatz ist in Art. 6 Abs. 1 S. 1 EMRK niedergelegt, so dass er an der einfachgesetzlichen Geltung der EMRK teilhat (dazu → Rn. 29).[69] Zudem sind Rechtsnormen aber auch 181

---

[61] Eingehend in diesem Sinne *Hilgendorf* StV 1996, 53 ff.

[62] Vgl. Meyer-Goßner/Schmitt/*Schmitt* EGGVG Vor § 23 Rn. 1, § 23 Rn. 6 ff. und (zur Staatsanwaltschaft) Rn. 9.

[63] So *Hilgendorf* StV 1996, 53 f.; *Roxin/Schünemann* § 9 Rn. 15; *Wohlers* GA 2006, 404; ablehnend *Hellmann* StrafProzR Rn. 105; *Volkmann/Vogel* StV 2021, 537 (539).

[64] So Löwe/Rosenberg/*Siolek* StPO Vor § 22 Rn. 11.

[65] Dagegen *Wohlers* GA 2006, 404 f.

[66] Siehe Meyer-Goßner/Schmitt/*Schmitt* StPO Vor § 22 Rn. 5; Löwe/Rosenberg/Siolek StPO Vor § 22 Rn. 11; vgl. auch *Beulke/Swoboda* StrafProzR Rn. 154: „innerbehördliche Maßnahme". Zur Ablehnung eines subjektiven Rechts des Verletzten auf Auswechslung des Staatsanwalts *OLG Frankfurt* NStZ-RR 1999, 81 f.

[67] Vgl. *Hilgendorf* StV 1996, 51; *Wohlers* GA 2006, 404.

[68] Meyer-Goßner/Schmitt/*Schmitt* StPO Vor § 22 Rn. 6 f.

[69] Siehe *Geppert* JURA 1992, 598; *Weigend* StV 2000, 384 ff., je m. w. N. auch zu abweichenden Auffassungen.

solche Grundsätze, die sich aus geschriebenem Recht ergeben.[70] Dies ist bei dem aus Art. 20 Abs. 3 i. V. m. Art. 2 Abs. 1 GG abgeleiteten fair-trial-Grundsatz der Fall.[71] Ein Verstoß gegen eine Rechtsnorm liegt somit vor.

182 Zum Teil wird jedoch in Fällen wie dem vorliegenden die Revisibilität mit dem Hinweis ausgeschlossen, revisibel seien allein **Verfahrensfehler des Gerichts,** nicht die sonstiger Beteiligter, wie hier der Staatsanwaltschaft.[72] Eine solche Einschränkung der Revisibilität von Gesetzesverletzungen ist aber gegenüber den Verfahrensbeteiligten nicht legitimierbar. Denn aus Sicht des Angeklagten macht es keinen Unterschied, ob das gegen ihn geführte Verfahren wegen eines Fehlers des Gerichts oder wegen eines Fehlers der Staatsanwaltschaft unfair war. Die Selbständigkeit der Staatsanwaltschaft im Verhältnis zum Gericht (§ 150 GVG) und die daraus resultierenden Begrenzungen richterlicher Verfahrensgestaltung können nicht zu Lasten des Angeklagten gehen. Richtigerweise begründet die Mitwirkung des befangenen Staatsanwalts deshalb eine Gesetzesverletzung im Sinne des § 337 StPO.[73]

183 Schließlich muss das Urteil nach § 337 Abs. 1 StPO auf diesem Verfahrensverstoß **beruhen.** Dieses Erfordernis unterscheidet die relativen von den absoluten Revisionsgründen (§ 338 StGB), bei denen das Beruhen unwiderleglich vermutet wird.[74] Ein Beruhen i. S. v. § 337 StPO liegt schon dann vor, wenn nicht ausgeschlossen werden kann, dass ein innerer Zusammenhang zwischen dem Mangel und dem Urteil besteht.[75] Ein solcher Zusammenhang lässt sich, da der Staatsanwalt z. B. durch den Schlussvortrag Einfluss auf das Gericht nimmt, praktisch nie ausschließen.[76] Eine Revision wäre danach begründet.

4. Grundsatz der freien Beweiswürdigung; Strengbeweis; Sachverständigenbeweis

184 **Fall:**[77] Im Rahmen einer Glaubwürdigkeitsbegutachtung des jugendlichen Opfers befragte der hierfür vom Gericht bestellte Sachverständige vor der Hauptverhandlung auch die Mutter des Opfers zum Verhalten ihrer Tochter. Das Urteil gegen den die Tat bestreitenden Angeklagten stützt sich auf die vom Sachverständigen im Rahmen der mündlichen Erstattung seines Gutachtens vorgetragenen Äußerungen der Mutter, die selbst vom Gericht nicht als Zeugin gehört worden war. Wäre eine Revision begründet?[78]

185 Eine zulässig eingelegte Revision wäre erfolgreich, wenn das Urteil auf einer Rechtsverletzung beruhen würde oder dies zumindest nicht auszuschließen wäre (§ 337

[70] Löwe/Rosenberg/*Franke* StPO § 337 Rn. 7.
[71] *Hilgendorf* StV 1996, 51 f.
[72] Meyer-Goßner/Schmitt/*Schmitt* StPO § 336 Rn. 2; dagegen SK-StPO/*Wohlers* GVG § 145 Rn. 25.
[73] Siehe BGHSt 14, 265; *BGH* NStZ 2019, 234; *Beulke/Swoboda* StrafProzR Rn. 155; Löwe/Rosenberg/*Siolek* StPO Vor § 22 Rn. 12; SK-StPO/*Wohlers* GVG § 145 Rn. 25.
[74] SK-StPO/*Frisch* § 338 Rn. 1.
[75] Siehe etwa KK-StPO/*Gericke* § 337 Rn. 33 ff. Zum Beruhen im Rahmen einer strafprozessualen Zusatzfrage siehe *Gaede* JuS 2003, 782.
[76] *Ranft* Rn. 244.
[77] Frage zu den Beweismittelarten bei *Beulke* Klausurenkurs III Rn. 555, 604; Zusatzfrage zum Sachverständigen bei *Bosch* S. 570 ff.
[78] Vgl. BGHSt 9, 292.

StPO).[79] Als Rechtsverletzung kommt hier ein **Verstoß gegen § 261 StPO** in Betracht. Das Gericht darf nach dieser Vorschrift seine Überzeugung nämlich nur auf das stützen, was zum „Inbegriff der Verhandlung" gehört. Dazu gehört insbesondere die Beweisaufnahme. Die Beweismittel, die dem Gericht zur Klärung der Schuld- und Straffrage zur Verfügung stehen, sind in der StPO abschließend aufgezählt (sog. **Strengbeweis**).[80]

Gesetzliche Beweismittel sind Zeugen (§§ 48–71 StPO), Sachverständige (§§ 72–85 StPO), Augenschein (§§ 86–93 StPO) und Urkunden (§§ 249–256 StPO). In einem weiteren Sinn auch Beschuldigte und Mitbeschuldigte (§ 243 Abs. 4 StPO). Tatsachen, die nicht für die Schuld- oder Straffrage (sondern für prozessuale Fragen) relevant sind, kann das Gericht im Wege des **Freibeweises** klären.[81] Im Freibeweisverfahren gelten nicht die Grundsätze der Mündlichkeit, der Öffentlichkeit und der Unmittelbarkeit. Das Gericht kann z.B. telefonische Auskünfte einholen; die gewonnenen Ergebnisse müssen aber in der Hauptverhandlung präsentiert werden.[82] 186

Infolgedessen kann sich das Gericht durch die Beweisaufnahme nur über solche Tatsachen Gewissheit verschaffen, **für deren Beweis das herangezogene Beweismittel zulässig** ist. Durch die Beweisaufnahme kann also nur das zum Gegenstand des Verfahrens gemacht werden, was durch das jeweilige Beweismittel bewiesen werden kann. Für den vorliegenden Fall stellt sich deshalb die Frage, ob die Äußerungen der Mutter über das Verhalten ihrer Tochter im Wege des Sachverständigenbeweises in das Verfahren eingeführt werden durften. Zur Beantwortung dieser Frage bedarf es der Klärung, welche Funktion dem Sachverständigen als Beweismittel zukommt. 187

Der **Sachverständige** ist ein „Gehilfe des Gerichts",[83] der in dessen Auftrag tätig wird (vgl. § 73 Abs. 1 StPO) und dem Gericht Tatsachen und Erfahrungssätze mitteilt sowie Gutachten erstellt, in denen er seine Sachkunde auf bestimmte Sachverhalte anwendet.[84] In jedem Fall wird der Sachverständige gerade wegen seiner besonderen Sachkunde eingeschaltet (Schluss aus § 244 Abs. 4 S. 1 StPO). Soweit der Sachverständige für seine Tätigkeit auf Tatsachenmaterial angewiesen ist (sog. Anknüpfungstatsachen), ist er nur dann gerade in seiner Rolle als Sachverständiger gefordert, wenn zur Wahrnehmung dieser Tatsachen seine besondere Sachkunde erforderlich ist. Die so vom Sachverständigen auf Grund seiner Sachkunde gewonnenen Tatsachen nennt man **Befundtatsachen.** Diese können im Wege des Sachverständigenbeweises in das Verfahren eingebracht werden.[85] Hiervon zu unterscheiden sind die sogenannten **Zusatztatsachen,** zu deren Feststellung es keiner besonderen Sachkunde bedarf, die also auch das Gericht hätte feststellen können. Da die Einschaltung des Sachverständigen nicht der Vermittlung solcher Zusatztatsachen dient, können sie nicht im Wege des Sachverständigenbeweises in das Verfahren eingeführt werden.[86] 188

Zu diesen Zusatztatsachen gehören im vorliegenden Fall auch die Äußerungen der Mutter über das Verhalten ihrer Tochter. Um diese Äußerungen zur Kenntnis zu 189

[79] Meyer-Goßner/Schmitt/*Schmitt* StPO § 337 Rn. 37.
[80] Siehe etwa *Heintschel-Heinegg* JA 2003, 243 ff.; *Roxin/Schünemann* § 24 Rn. 2.
[81] Näher *Hellmann* StrafProzR Rn. 706; *Kindhäuser/Schumann* § 21 Rn. 4.
[82] Meyer-Goßner/Schmitt/*Schmitt* StPO § 244 Rn. 9.
[83] So etwa BGHSt 3, 27 (28); 9, 292 (293); 13, 1 (4); kritisch zu diesem Verständnis etwa *Tondorf* StV 1997, 494 ff.
[84] Siehe etwa *Geppert* JURA 1993, 250; *Volk/Engländer* GK StPO § 21 Rn. 30.
[85] BGHSt 18, 107 (108); SK-StPO/*Schlüchter* (Loseblattausgabe) § 261 Rn. 31.
[86] *BGH* NStZ 1993, 245; *Roxin/Schünemann* § 27 Rn. 23; SK-StPO/*Schlüchter* (Loseblattausgabe), § 261 Rn. 31; *Volk/Engländer* GK StPO § 21 Rn. 30.

nehmen, bedarf es keiner besonderen Sachkunde, so dass der Sachverständige kein zulässiges Beweismittel für den Inhalt dieser Äußerungen ist. Dessen Bekundungen über die Äußerungen der Mutter gehören demnach nicht zum Inbegriff der Verhandlung und durften deshalb vom Gericht nicht bei seiner Urteilsfindung berücksichtigt werden. Es liegt folglich ein Verstoß gegen § 261 StPO vor. Da auch nicht auszuschließen ist, dass das Urteil auf diesem Rechtsverstoß beruht, wäre eine Revision begründet.

190 Das Gericht hätte also die Äußerungen des Sachverständigen allenfalls im Wege des **Zeugenbeweises** einführen können,[87] denn der Zeuge berichtet über eigene Wahrnehmungen, hier also über das, was die Mutter dem Sachverständigen berichtet hat.[88] Vielfach wird die gerichtliche Aufklärungspflicht (§ 244 Abs. 2 StPO) es aber gebieten, das primäre Beweismittel – vorliegend die Mutter als Zeugin – hinzuzuziehen.[89]

5. Beweisantragsrecht – Ablehnung von Beweisanträgen

191 **Fall:**[90] Der des sexuellen Missbrauchs eines Kindes angeklagte A beantragt in der Hauptverhandlung die Einholung eines psychophysiologischen Sachverständigengutachtens unter Hinzuziehung eines Polygraphen (Lügendetektors) zum Beweis der Tatsache, dass seine die Tat bestreitende Einlassung der Wahrheit entspreche. Wie wird das Gericht entscheiden?[91]

a) Einführung

192 Obwohl das Gericht von Amts wegen zur Aufklärung des Sachverhalts verpflichtet ist (§ 244 Abs. 2 StPO; → Rn. 36), sind die Verfahrensbeteiligten (Angeklagter, Verteidiger,[92] Staatsanwalt und Nebenkläger)[93] berechtigt, Beweisanträge zu stellen. Damit wird eine Wahrheitsermittlung über die richterliche Amtsaufklärungspflicht hinaus ermöglicht. Die **Aufklärungspflicht** verlangt von dem Gericht nämlich nur die Erhebung solcher Beweise, die sich nach der verfügbaren Tatsachenbasis zur Sachverhaltsaufklärung aufdrängen oder die zumindest nahe liegen.[94] Zur Beurteilung dieser Frage darf das Gericht auch die zu erwartende Ergiebigkeit eines Beweismittels berücksichtigen (**Beweisantizipation** oder vorweggenommene Beweiswürdi-

[87] Eingehend zum Zeugenbeweis *Geppert* JURA 1991, 80 ff., 132 ff.

[88] Wie sich schon aus den unterschiedlichen Vorschriften zur Vereidigung von Zeugen und Sachverständigen (§§ 59 ff. bzw. § 79 StPO) ergibt, wäre die Annahme verfehlt, es sei letztlich gleichgültig, ob die Zusatztatsachen vom Sachverständigen in dieser Rolle oder in der Rolle des Zeugen dem Gericht mitgeteilt werden; vgl. *BGH* NStZ 1982, 256; NStZ 1986, 323. Zudem besteht – gerade bei Laienrichterbeteiligung – die Gefahr, dass dem Sachverständigen ein Vertrauensvorschuss entgegengebracht wird, den er als Zeuge nicht erhielte.

[89] Es geht also insoweit nicht – wie BGHSt 9, 292 (295 f.) meint – um eine Frage der Unmittelbarkeit.

[90] Übungsfälle zu Beweisantrag und Ablehnungsgründen bei *Klesczewski/Hawickhorst* JA 2015, 109 (111 f.); *Mansdörfer* Rn. 285 ff.; *Putzke/Putzke* JA 2014, 183 (190 f.).

[91] Nach BGHSt 44, 308; vgl. auch schon BGHSt 5, 332. Zusatzfrage bei *Beulke* Klausurenkurs III Rn. 552; *Heinrich/Reinbacher* 36/10 ff.

[92] Der Verteidiger hat ein selbständiges, vom Willen des Angeklagten unabhängiges Beweisantragsrecht; vgl. → Rn. 77.

[93] *Kindhäuser/Schumann* § 22 Rn. 28.

[94] BGHSt 23, 176 (187 f.); Meyer-Goßner/Schmitt/*Schmitt* StPO § 244 Rn. 12 m. w. N.

gung).[95] Eine solche Beweisantizipation ist dem Gericht bei der Entscheidung über Beweisanträge grundsätzlich verboten,[96] so dass die Ablehnung von Beweisanträgen nur in engen Grenzen zulässig ist (§§ 244 Abs. 3; 245 StPO; Einschränkungen des Verbots der Beweisantizipation u. a. in § 244 Abs. 4 S. 2, Abs. 5 StPO). Auf diese Weise sichert das Beweisantragsrecht zum einen die Einhaltung der gerichtlichen Aufklärungspflicht ab. Zum anderen ermöglicht es den Verfahrensbeteiligten, insbesondere dem Angeklagten, seine Perspektiven und besonderen Kenntnisse bezüglich des aufzuklärenden Sachverhalts in die gerichtliche Wahrheitsermittlung einzubringen.[97] Damit dient das Beweisantragsrecht insgesamt dazu, **im Interesse der Wahrheitsermittlung die gerichtliche Aufklärungspflicht zu flankieren** und den **Anspruch auf rechtliches Gehör** (Art 103 Abs. 1 GG) zu verwirklichen.[98]

Die Stärke des Beweisantragsrechts schafft zugleich das Problem von dessen **Missbrauch.**[99] Es 193
besteht nämlich die Möglichkeit, Beweisanträge nicht im Interesse der Wahrheitsermittlung, sondern allein mit dem Ziel einer Verzögerung des Verfahrens zu stellen. Schon durch die Androhung eines solchen Prozessverhaltens kann sich ein Gericht etwa zu Verständigungsgesprächen und Strafnachlässen gedrängt sehen (dazu → Rn. 284). Der Gesetzgeber versucht dem Missbrauch des Beweisantragsrechts **entgegenzuwirken:** Seit Ende 2019 ist ein auf Verfahrensverschleppung gerichteter Antrag nicht mehr als Beweisantrag zu behandeln.[100] Zu seiner Zurückweisung bedarf es deshalb keines Gerichtsbeschlusses, sondern lediglich einer Entscheidung des Vorsitzenden (§ 244 Abs. 6 S. 2 StPO).[101] Praktisch ist es aber häufig schwierig nachzuweisen, dass der Antragsteller mit Verschleppungsabsicht handelt.[102] Weiterhin hat der Gesetzgeber 2017 die Möglichkeit eingeführt, eine Frist zum Stellen von Beweisanträgen zu bestimmen. Beweisanträge, die erst nach Fristablauf gestellt werden, können dann im Urteil beschieden werden (näher § 244 Abs. 6 S. 3–5 StPO).[103]

Ein **Beweisantrag** „liegt vor, wenn der Antragsteller ernsthaft verlangt, Beweis über 194
eine bestimmt behauptete konkrete Tatsache, die die Schuld- oder Rechtsfolgenfrage betrifft, durch ein bestimmt bezeichnetes Beweismittel zu erheben und dem Antrag zu entnehmen ist, weshalb das bezeichnete Beweismittel die behauptete Tatsache belegen können soll" (§ 244 Abs. 3 S. 1 StPO).[104] Der Beweisantrag kann an den Eintritt einer Bedingung geknüpft werden. So liegt es insbesondere beim **Hilfsbeweisantrag,** der – häufig erst im Plädoyer – unter der Bedingung einer bestimmten vom Gericht beabsichtigten verfahrensabschließenden Entscheidung – etwa für den Fall einer Verurteilung oder der Überschreitung eines bestimmten Strafmaßes –

---

95 HK-StPO/*Julius* § 244 Rn. 9; Meyer-Goßner/Schmitt/*Schmitt* StPO § 244 Rn. 12.

96 In der Fallbearbeitung *Bock* JA 2013, 667 (672 f.); *Schöpe* JuS 2015, 143 (147 f.).

97 *Trüg* StraFo 2010, 140 f.; *Weßlau* FS Fezer, 302.

98 BVerfGE 50, 32 (35 f.); 65, 305.

99 Beispiele etwa BGHSt 38, 111; *BGH* NStZ 2005, 648; monographisch *Spiekermann,* Der Missbrauch des Beweisantragsrechts, 2001; ferner *Trüg* StraFo 2010, 141 f. Zum Missbrauch des Beweisantragsrechts als Aspekt einer sogenannten „Konfliktverteidigung" s. *Fischer* StV 2010, 423 ff.

100 Aus dem Gesetzeswortlaut ergibt sich diese Intention des Gesetzgebers allerdings nicht ohne weiteres, vgl. *Börner* NStZ 2020, 460 f.

101 Dazu *Carlsen/Rühs/Swoboda* JURA 2021, 1316 (1323 ff.).

102 *Börner* NStZ 2020, 460.

103 Eingeführt durch das Gesetz zur effektiveren und praxistauglicheren Ausgestaltung des Strafverfahrens v. 17.8.2017 (BGBl. I S. 3202). Eingehend *Mosbacher* NStZ 2018, 9 ff.; *Schneider* NStZ 2019, 489 ff. Zuvor hatte die Rechtsprechung ein ähnliches Instrument entwickelt, das aber wegen fehlender gesetzlicher Grundlage umstritten war; vgl. BGHSt 52, 355 (362); *BGH* NStZ 2007, 716; 2010, 161; *BVerfG* NStZ 2010, 155; dazu die 3. Auflage Rn. 191 ff.

104 Vgl. z. B. BGHSt 6, 128 (129); Meyer-Goßner/Schmitt/*Schmitt* StPO § 244 Rn. 18; Einzelheiten bei *Krell* JURA 2012, 355 ff.; *Schäuble* NStZ 2020, 377 ff.; *Trüg,* StraFo 2010, 139 ff.

gestellt wird.[105] Während die Ablehnung von Beweisanträgen grundsätzlich durch einen Beschluss des Gerichts zu erfolgen hat (§ 244 Abs. 6 S. 1 StPO), ist beim Hilfsbeweisantrag anerkannt, dass seine Ablehnung auch in den Urteilsgründen zulässig ist, sofern erst mit der Beratung des Gerichts (§§ 192 ff. GVG) die Bedingung eintritt, die eine Ablehnungsentscheidung erforderlich macht.[106] Fehlt es an einer der Voraussetzungen für einen Beweisantrag, so kann eine **Beweisanregung** vorliegen, womit lediglich ein mehr (dann spricht man auch von einem **„Beweisermittlungsantrag"**) oder minder intensiver Appell an die Aufklärungspflicht des Gerichts gemeint ist.[107]

195 **Beispiel:**[108] Der Verteidiger stellt den Antrag, den Zeugen X zum Beweis dafür zu vernehmen, dass der (Belastungs-)Zeuge Y unglaubwürdig ist. Zur Begründung führt er aus: „Der Zeuge X wird bekunden, dass der Zeuge Y schon des Öfteren jemanden zu Unrecht belastet hat und es auch früher schon mit der Wahrheit nicht so genau genommen hat." – Die Behauptung, der Zeuge Y sei „unglaubwürdig" hat schon keine Tatsache, sondern nur ein dem Beweis nicht zugängliches Werturteil zum Gegenstand.[109] Auch die Hinweise auf frühere Unwahrheiten und unzutreffende Belastungen sind als Tatsachen zu „vage, ungenau und unsubstantiiert".[110] Schließlich ist dem Antrag auch nicht zu entnehmen, aufgrund welcher Umstände der Zeuge X die behaupteten Kenntnisse hinsichtlich der Wahrheitsliebe des Belastungszeugen haben soll (es fehlt damit an der sogenannten „Konnexität").[111] Es liegt also lediglich eine Beweisanregung vor.

196 Ist ein Beweisantrag gestellt, so ist dem Antrag nachzukommen, wenn keiner der **Ablehnungsgründe** des § 244 Abs. 3–5 StPO (lesen!) vorliegt. Eine erweiterte Pflicht zur Beweiserhebung besteht bei präsenten Beweismitteln (§ 245 StPO).

b) Falllösung

197 Das Gericht muss eine beantragte Beweiserhebung durchführen, wenn es den Antrag nicht aus einem der in §§ 244 Abs. 3–5, 245 StPO genannten Gründe durch Beschluss (§ 244 Abs. 6 StPO) ablehnt. Zunächst müsste ein **Beweisantrag** vorliegen, also das Verlangen eines Prozessbeteiligten, über eine bestimmte, für die Schuld- oder Rechtsfolgenfrage bedeutsame Tatsachenbehauptung durch ein bestimmt bezeichnetes Beweismittel Beweis zu erheben, wobei der Antragsteller deutlich machen muss, weshalb dieses Beweismittel nach seiner Auffassung die behauptete Tatsache belegen kann (§ 244 Abs. 3 S. 1 StPO, → Rn. 194). Die Richtigkeit der bestreitenden Einlassung von A stellt eine schuldrelevante Tatsachenbehauptung dar. Als konkretes Beweismittel wird der Sachverständige benannt, welcher nach dem Vortrag des Antragstellers die erforderliche Expertise zur Feststellung des Wahrheitsgehalts der Einlassung des Angeklagten aufweist. Da der mündlich in der Hauptverhandlung

[105] Vgl. *Haller/Conzen* Rn. 476 ff.; *Kindhäuser/Schumann* § 22 Rn. 21 ff.

[106] Meyer-Goßner/Schmitt/*Schmitt* StPO § 244 Rn. 90a. Eine Ausnahme hiervon macht die Rechtsprechung, wenn ein Hilfsbeweisantrag wegen Verschleppungsabsicht abgelehnt werden soll. Denn der Antragsteller soll noch vor Urteilserlass Gelegenheit haben, den Vorwurf der Verschleppungsabsicht zu entkräften; BGHSt 22, 124; *BGH* NStZ 1986, 372; 1998, 207 m. Anm. *Sander.*

[107] *Beulke/Swoboda* StrafProzR Rn. 676; Meyer-Goßner/Schmitt/*Schmitt* StPO § 244 Rn. 23 ff.

[108] Nach BGHSt 37, 162.

[109] Aus dem materiellen Recht ist die Abgrenzung von Tatsache und Werturteil aus § 263 StGB geläufig; dazu etwa SSW StGB/*Satzger* § 263 Rn. 15 ff.

[110] BGHSt 37, 162 (167).

[111] Dazu eingehend *Schäuble* NStZ 2020, 377 ff.

durch den Angeklagten wirksam gestellte Beweisantrag ein nicht-präsentes Beweismittel betrifft, ist für die Prüfung eines Ablehnungsgrundes **§ 244 Abs. 3–5 StPO** einschlägig.

Die Beweiserhebung müßte abgelehnt werden, wenn sie **unzulässig** wäre (§ 244 Abs. 3 S. 2 StPO). Dieser zwingende Ablehnungsgrund läge vor, wenn der Einsatz eines Lügendetektors die **Menschenwürde** (Art. 1 Abs. 1 GG) verletzen würde. In diesem Sinne hat der BGH früher die Auffassung vertreten, die Willensfreiheit des Beschuldigten werde verletzt, wenn mittels des Polygraphen „unbewusste Körpervorgänge beim Untersuchten, die mit seinem ... Seelenzustand engstens zusammenhängen", festgehalten werden und der Beschuldigte es nicht hindern könne, dass auch das Unbewusste hervortrete.[112] Ähnlich hat auch das BVerfG eine derartige „Durchleuchtung" der Person als unzulässigen Eingriff in das **allgemeine Persönlichkeitsrecht** (Art. 2 Abs. 1 i. V. m. Art. 1 Abs. 1 GG) angesehen, „welche die Aussage als deren ureigenste Leistung entwertet und den Untersuchten zu einem bloßen Anhängsel eines Apparates werden läßt".[113] Gegen die Bedenklichkeit eines solchen Zugriffs auf das Unbewusste lässt sich freilich einwenden, dass auch sonst anerkannt ist, dass der Richter unkontrollierbare Körperreaktionen des Angeklagten (Erröten, Schwitzen) im Rahmen seiner Beweiswürdigung (etwa als Lügensignal) berücksichtigen darf. Allerdings ist nicht zu übersehen, dass der Einsatz eines Geräts, das gerade solche Körperreaktionen (Pulsschlag, Blutdruck, Atemfrequenz) misst und auswertet,[114] eine andere Qualität aufweist als die alltägliche Kenntnisnahme offen zutage tretender Körperreaktionen.[115] Bedeutsamer ist der **Einwand,** dass zwar ein erzwungener Polygraphentest (der praktisch wohl gar nicht durchführbar wäre) aus den genannten Gründen (und wegen Verletzung des nemo tenetur-Grundsatzes) unzulässig wäre,[116] sich aber vorliegend die Frage stellt, ob die Bedenken auch bei einer **Einwilligung** des Beschuldigten zutreffen. Gegen die Relevanz einer Einwilligung könnte zwar sprechen, dass die Menschenwürde nicht verfügbar ist. Versteht man aber unter Menschenwürde die Fähigkeit und das Recht des Menschen, selbstbestimmt zu entscheiden, so schließt eine selbstbestimmte Entscheidung eine Verletzung der Menschenwürde gerade aus. Das kann freilich nur gelten, wenn der Angeklagte tatsächlich eine freie Entscheidung getroffen hat. Das BVerfG hat diese Freiheit beim Angeklagten deshalb verneint, weil der von einer empfindlichen Freiheitsstrafe Bedrohte die Untersuchung als „günstige Gelegenheit" begreifen müsse, „die er nicht ausschlagen darf".[117] Richtigerweise gehört aber die Berücksichtigung von rechtlich zulässigen Konsequenzen und Chancen gerade zu einer selbstbestimmten Entscheidung. Entscheidungsfreiheit kann nicht dadurch sichergestellt werden, dass dem Angeklagten die Wahl eines aus seiner Sicht günstigeren Weges von vornherein versperrt wird.[118] Der mit dem Lügendetektortest einverstandene Beschuldigte wird also nicht in seiner Freiheit beeinträchtigt, sondern er macht in Verfolgung seiner Interessen von seiner Freiheit Gebrauch. Mittlerweile 198

---

112 BGHSt 5, 332 (335).

113 *BVerfG* NJW 1982, 375; auch SK-StPO/*Rogall* § 136a Rn. 92, soweit keine gesetzliche Grundlage vorliegt.

114 Zur Funktionsweise von Lügendetektoren BGHSt 44, 308 (312 ff.); *Putzke/Scheinfeld/Klein/Undeutsch* ZStW 121 (2009), 612 ff.; zusammenfassend *Nestler* JA 2017, 14; SK-StPO/*Rogall* § 136a Rn. 87.

115 BGHSt 5, 332 (334 ff.).

116 *Nestler* JA 2017, 15.

117 *BVerfG* NJW 1982, 375.

118 BGHSt 44, 308 (317); *Amelung* NStZ 1982, 38 f.

sieht auch der BGH den in die Untersuchung einwilligenden Beschuldigten nicht in seinen Grundrechten verletzt.[119]

199 In Betracht kommt aber ein Verstoß gegen **§ 136a StPO.** Dort ist der Einsatz eines Lügendetektors als verbotene Vernehmungsmethode allerdings nicht explizit benannt. Da der Angeklagte über die Funktion des Geräts orientiert ist, liegt keine Täuschung vor.[120] Auch wird weder mit einem unzulässigen Verhalten gedroht noch unerlaubter Zwang angewandt. Dem Beschuldigten steht es frei, einen solchen Test abzulehnen; diese Weigerung könnte (ebenso wie die Ausübung des Schweigerechts, → Rn. 209 ff.) nicht zu Lasten des Beschuldigten verwertet werden.[121] Erwogen wird eine **analoge Anwendung** von § 136a StPO.[122] Aber der Einsatz eines Lügendetektors bleibt in seinem Gewicht bezogen auf die von § 136a StPO geschützte Willensbildungs- und Willensbetätigungsfreiheit deutlich hinter den im Gesetz genannten Zwangseingriffen, insbesondere auch der Hypnose, zurück.[123] Demnach kann der Beweisantrag nicht wegen Unzulässigkeit der Beweiserhebung abgelehnt werden.

199a In Betracht kommt weiter die Ablehnung des Beweisantrags wegen **völliger Ungeeignetheit** des Beweismittels (§ 244 Abs. 3 S. 3 Nr. 4 StPO). Der BGH hat dem Polygraphentest jeglichen Beweiswert abgesprochen.[124] Diese Auffassung hat **Kritik** von Teilen der Literatur erfahren (wobei von Studierenden selbstverständlich nicht erwartet wird, den wissenschaftlichen Streitstand zur Zuverlässigkeit des Einsatzes von Polygraphen zu kennen).[125] Dabei ist insbesondere zu bedenken, dass ungeeignet nur ein Beweismittel ist, das zur Sachaufklärung *nichts* beizutragen vermag.[126] Es spricht also nicht gegen die Eignung eines Beweismittels, dass es lediglich eine gewisse Wahrscheinlichkeit für das Vorliegen einer Beweistatsache begründet. So wie etwa das Erröten eines Zeugen selbstverständlich keinen zuverlässigen Schluss darauf zulässt, dass der Zeuge die Unwahrheit sagt, könnten sich auch aus sonstigen Veränderungen der Körperaktivität keine zuverlässigen Schlüsse, aber vielleicht immerhin doch Anhaltspunkte ergeben. Insoweit sind unterschiedliche Auffassungen dazu vertretbar, ob der Beweisantrag abgelehnt werden kann oder ob ihm stattzugeben ist.

6. Untersuchungsgrundsatz – Beweisverbote

200 Das Prinzip der materiellen Wahrheit wird im Strafprozess nicht um jeden Preis verfolgt; so sind Methoden der Wahrheitsermittlung unzulässig, die die Menschenwürde eines Beteiligten oder sonstige übergeordnete Belange beeinträchtigen wür-

[119] BGHSt 44, 308 (315 ff.); zustimmend *Heinrich/Reinbacher* 36/15; *Putzke* ZJS 2011, 558. Abweichend *Nestler* JA 2017, 16 (wenn der Polygraphentest zuverlässige Ergebnisse liefere, verstoße sein Einsatz gegen die Menschenwürde und gegen die Willensbildungs- und Willensbetätigungsfreiheit).

[120] BGHSt 44, 308 (317 f.).

[121] BGHSt 44, 308 (318).

[122] Dafür SK-StPO/*Rogall* § 136a Rn. 93. Kritisch zu dieser Analogie, soweit sie entsprechend § 136a Abs. 3 StPO zu einem Beweisverwertungsverbot zu Lasten des Angeklagten führt, *Amelung* NStZ 1982, 39 f.

[123] BGHSt 44, 308 (318).

[124] Eingehend BGHSt 44, 308 (319 ff.); bestätigend *BGH* NStZ 2011, 474 (475). Zustimmend *Heinrich/Reinbacher* 36/18. Kritisch *Putzke* ZJS 2011, 557 ff.

[125] Z.B. von *Putzke* ZJS 2011, 557 ff.; *Putzke/Scheinfeld/Klein/Undeutsch* ZStW 121 (2009), 624 ff. Vgl. auch *Amelung* NStZ 1982, 38 ff.

[126] Vgl. SK-StPO/*Frister* § 244 Rn. 143 f.

den.[127] Deshalb findet die Aufklärungspflicht des Gerichts ihre Grenze an den Beweisverboten, die sich wiederum in sogenannte Beweiserhebungsverbote und Beweisverwertungsverbote unterteilen lassen.[128]

Beweiserhebungsverbote untersagen es Ermittlungsbehörden und Gerichten, sich Beweise zu einem bestimmten Thema durch den Einsatz gewisser Beweismittel oder Methoden zu verschaffen. Untersagt sind danach:[129] 201

- die Erstreckung der Beweisführung auf bestimmte Tatsachen (Beweis**thema**verbote, z. B. getilgte Vorstrafen, § 51 BZRG),
- die Verwendung bestimmter Beweismittel (Beweis**mittel**verbote, z. B. Zeuge, der von seinem Recht nach § 52 StPO Gebrauch macht),
- die Verwendung bestimmter Methoden bei der Beweiserhebung (Beweis**methoden**verbote, z. B. Folter nach § 136a StPO) oder
- die Beweiserhebung oder deren Anordnung durch dafür nicht autorisierte Personen (**relative Beweisverbote,** z. B.: die Anordnung der Beschlagnahme durch die Staatsanwaltschaft, obwohl keine Gefahr im Verzug vorliegt, vgl. § 98 Abs. 1 S. 1 StPO).

Beweisverwertungsverbote[130] verbieten dagegen die Berücksichtigung von bereits im Verlauf des Verfahrens erhobener Beweise im Urteil. Innerhalb der Beweisverwertungsverbote ist danach zu unterscheiden, ob das Verwertungsverbot die Folge eines Verstoßes gegen ein Beweiserhebungsverbot darstellt (**unselbständiges** Beweisverwertungsverbot) oder ob es dem Richter auch bei rechtmäßiger Beweiserhebung verwehrt ist, das Urteil auf die so bewiesene Tatsache zu stützen (**selbständiges** Beweisverwertungsverbot). 202

Beweisverwertungsverbote sind nur in den wenigsten Fällen explizit vom Gesetzgeber geregelt (z. B. §§ 100d Abs. 2, 5, 136a Abs. 3 S. 2, 160a, 252, 257c Abs. 4 S. 3 StPO). Sie können sich auch direkt aus der Verfassung (z. B. Art. 1 Abs. 1; Art. 2 Abs. 1 GG; → Rn. 210, 238 ff.) ergeben.[131] Im Übrigen ist die Frage, ob ein Beweisverwertungsverbot besteht, nach vielfach vertretener Auffassung Ausdruck einer umfassenden **Abwägung** der beteiligten Interessen.[132] Im Rahmen dieser Abwägung sprechen für eine Verwertbarkeit die Belange einer funktionstüchtigen Strafrechtspflege: Der Grundsatz, dass das Gericht die Beweisaufnahme von Amts wegen auf alle für die Aufklärung des Sachverhalts relevanten Tatsachen zu erstrecken hat (§ 244 Abs. 2 StPO), zielt auf die Herstellung von Gerechtigkeit als Ausprägung materieller Rechtsstaatlichkeit (Art. 20 Abs. 3 GG).[133] Eine Einschränkung dieses Grundsatzes ist nur „aus übergeordneten wichtigen Gründen im Einzelfall anzuerkennen".[134] Das Aufklärungsinteresse gewinnt bei der Verfolgung schwerer Strafta- 203

[127] BGHSt 44, 243 (249).

[128] Übersicht bei *Blau* JURA 1993, 513 ff.; *Hofmann* JuS 1992, 587 ff.; vertiefend *Amelung* GS Schlüchter, 2002, 417 ff.; *Gössel* GA 1991, 483 ff.; *Rogall* Rudolphi-Symposium, 113 ff.; *ders.* FS Grünwald, 523 ff.

[129] Überblick bei *Ranft* Rn. 1582 ff.; *Roxin/Schünemann* § 24 Rn. 15 f.

[130] Siehe die strafprozessuale Zusatzfrage: „Was versteht man unter einem ‚Beweisverwertungsverbot'? Wann kommt ein solches in Betracht?" bei *Beulke* Klausurenkurs III Rn. 106, 148 ff.; Überblick bei *Beulke* JURA 2008, 653 ff.

[131] Siehe BVerfGE 109, 279 (331 f.); *Blau* JURA 1993, 519 f.; *Schroth* JuS 1998, 978; *Störmer* JURA 1994, 393 ff.

[132] Dazu etwa *Paul* NStZ 2013, 489 (491 ff.). Zur Verfassungsmäßigkeit der Abwägungslösung der Rechtsprechung BVerfGE 130, 1 Rn. 123 ff.; kritisch zu Konsistenz und Transparenz der Abwägungslehre etwa *Ambos* Beweisverwertungsverbote S. 42 ff. m. w. N., aber auch S. 48 f.

[133] BVerfGE 20, 323 (331); 52, 131 (144 f.).

[134] BGHSt 58, 84 Rn. 31; BVerfGE 130, 1 (28).

ten besonderes Gewicht. Gegen eine Verwertbarkeit kann die Intensität des Eingriffs beim Betroffenen sprechen.[135]

204 Die Abwägung ist nicht nur bei den selbständigen, sondern auch bei den unselbständigen Beweisverwertungsverboten vorzunehmen. Allein der Umstand, dass ein Beweismittel unter Verstoß gegen eine Erhebungsvorschrift erlangt wurde, rechtfertigt also noch nicht ohne weiteres die Annahme eines (unselbständigen) Verwertungsverbots.[136] Wurde aber ein Beweismittel rechtswidrig erlangt, so hängt die Verwertbarkeit nicht nur von Art und Gewicht des Verstoßes gegen die verletzte Beweiserhebungsnorm ab, sondern auch von dem **Schutzzweck,** dem das verletzte Beweiserhebungsverbot dient.[137]

205 **Beispiel:** Die in § 81a StPO geregelte Pflicht der Ermittlungsbehörden, mit der Vornahme körperlicher Eingriffe einen Arzt zu betrauen, dient dem Schutz der körperlichen Integrität des Beschuldigten. Die Vorschrift dient nicht dazu, die Qualität der gewonnenen Beweismittel, etwa des entnommenen Blutes, sicherzustellen. Wenn also bei Anordnung der Entnahme einer Blutprobe nach § 81a StPO hiermit versehentlich eine Krankenschwester statt eines Arztes betraut wurde (relatives Beweisverbot), so spricht der Schutzzweck der verletzten Vorschrift nicht gegen eine Verwertbarkeit der gewonnenen Beweismittel.[138]

206 Einen Unterfall der Schutzzwecklehre stellt die sogenannte **„Rechtskreistheorie“** des BGH dar, die jedoch allgemeiner danach fragt, ob ein Beweiserhebungsverbot dem Schutz des Rechtskreises des Beschuldigten dient (was in dem genannten Beispiel zu § 81a StPO – Schutz der körperlichen Integrität des Beschuldigten! – der Fall wäre).[139] Nach der Rechtskreistheorie scheiden demnach Verstöße gegen bloße Ordnungsvorschriften[140] für die Begründung von Beweisverwertungsverboten ebenso aus wie die Verletzung von Vorschriften, die dem Schutz anderer Beteiligter dienen (dazu noch → Rn. 224 ff.).[141]

207 Von **Bedeutung für die Begründbarkeit eines unselbständigen Beweisverwertungsverbots** kann weiter sein, ob das Beweismittel auch **auf rechtmäßigem Weg hätte erlangt werden** können; dies spricht gegen ein Verwertungsverbot (dazu noch → Rn. 252).[142] Das kann freilich nicht dazu führen, dass sich die Strafverfolgungsbehörden bei bewusster Missachtung formaler Eingriffsvoraussetzungen (z. B. des

---

[135] BVerfGE 130, 1 (28); BGHSt 19, 325 (329); 24, 125 (130); 37, 30 (32); 38, 214 (219 f.); 44, 243 (249); *Hellmann* StrafProzR Rn. 784; *Rogall* JZ 1996, 947 f.; *Rogall* Rudolphi-Symposium, 155 ff.; *Roxin* JZ 1992, 924. Übersicht zu den unterschiedlichen Auffassungen bei *Schroth* JuS 1998, 973 f.

[136] BGHSt 44, 243 (249); *Paul* NStZ 2013, 489.

[137] BGHSt 38, 214 (220); siehe auch *Frisch* Rudolphi-Symposium, 182 ff.; *Volk/Engländer* GK StPO § 28 Rn. 11 m. w. N. Allein auf den Schutzzweck will etwa *Fahl* NStZ 2021, 261 (263) abstellen.

[138] BGHSt 24, 125 (128 f.); *Beulke/Swoboda* StrafProzR Rn. 728; *Bosch* JURA 2014, 56 f.; Zusatzfrage bei *Hardtung* JuS 2008, 623 (628 f.); *Saliger* ZJS 2008, 395 (396 f.).

[139] BGHSt 11, 213.

[140] In diesem Sinne zu § 109 StPO Meyer-Goßner/Schmitt/*Köhler* StPO § 109 Rn. 2. So früher auch der *BGH* (BGHSt 22, 170 [173 f.]) zu § 136 StPO (zur heutigen Auffassung → Rn. 213 ff.).

[141] *BGH* NStZ-RR 2016, 377: Verletzung von § 136 Abs. 1 S. 2 StPO gegenüber einem Mitangeklagten.

[142] Siehe etwa BGHSt 24, 125 (130); 51, 285 (290 f.); *BGH* NStZ 2016, 551 mit instruktiver Anm. *Schneider;* eingehend *Rogall* NStZ 1988, 385 ff.; kritisch *Ambos* Beweisverwertungsverbote S. 50 f. Fall zum hypothetischen Ersatzeingriff bei *Mansdörfer* Rn. 247 ff.

Richtervorbehalts) auf die materielle Rechtmäßigkeit einer solchen Maßnahme berufen könnten. Denn damit würde der Schutzzweck solcher Verfahrenssicherungen unterlaufen.[143] Auch in Fällen eines hypothetischen rechtmäßigen Ermittlungsverlaufs spricht es demnach für ein Verwertungsverbot, wenn sich die Strafverfolgungsbehörden **bewusst oder besonders schwerwiegend über ein Beweiserhebungsverbot hinweggesetzt** haben.[144] Überhaupt intensiviert ein solcher (objektiv) willkürlicher staatlicher Übergriff die Rechtsverletzung und fällt dementsprechend bei der Abwägung zugunsten des Betroffenen ins Gewicht.[145] Zudem wird bei bewussten Verfahrensverstößen mitunter die Notwendigkeit einer Disziplinierung der Verfolgungsbehörden durch ein Verwertungsverbot behauptet.[146] Der BGH hat bei willkürlicher Missachtung des für die Wohnungsdurchsuchung bestehenden Richtervorbehalts (§ 105 Abs. 1 StPO, → Rn. 102) ein Beweisverwertungsverbot angenommen.[147] Insgesamt zeigt die Vielzahl der abwägungsrelevanten Gesichtspunkte, dass zur Begründung eines ungeschriebenen Beweisverwertungsverbots eine Einzelfallbetrachtung anzustellen ist. Es hat sich eine Kasuistik herausgebildet, die es erlaubt, die genannten Grundsätze anhand einiger wichtiger Fälle zu verdeutlichen (→ Rn. 209 ff.).

Ein Verwertungsverbot kann entfallen, wenn der **Angeklagte der Verwertung zustimmt.** Eine solche Zustimmung kann auch durch einen Beweisantrag auf Einführung des unverwertbaren Beweismittels zum Ausdruck gebracht werden, der dann nicht wegen Unzulässigkeit der Beweiserhebung abgelehnt werden kann (§ 244 Abs. 3 S. 2 StPO). Das setzt aber voraus, dass der Angeklagte über die Verwertbarkeit disponieren kann, was dann der Fall ist, wenn ein Verwertungsverbot gerade dem Schutz seiner Entscheidungsfreiheit dient. Deshalb kann der Beschuldigte z. B. der Verwertung einer früheren Aussage zustimmen, die unter Verstoß gegen Belehrungsvorschriften zustande gekommen ist (vgl. → Rn. 213 ff.). Eine Verwertung kann aber nicht zur Disposition des Angeklagten stehen, wenn überwiegende öffentliche Interessen oder Belange Dritter einer Verwertung entgegenstehen. So normiert § 136a Abs. 3 S. 2 StPO ein Verwertungsverbot auch dann, wenn der Angeklagte der Verwertung zustimmt. Durch dieses Verwertungsverbot soll die Rechtsstaatlichkeit des Verfahrens gesichert und die Menschenwürde des Angeklagten geschützt werden. Dieser Schutz würde aber ad absurdum geführt, wenn dem Angeklagten hierdurch die Möglichkeit genommen würde, **entlastende Tatsachen** in das Verfahren einzubringen (wenn der Angeklagte etwa trotz Drohung, Täuschung und unerlaubtem Zwang seine Tatbeteiligung glaubhaft bestritten hat). Hier sprechen die Grundsätze des fairen Verfahrens (in Gestalt des Rechts auf eine effektive Verteidigung, Art. 6 Abs. 3 lit. c EMRK) und das Schuldprinzip (Art. 1 Abs. 1 GG) für ein Recht des Angeklagten, eine Verwertung zu seinen Gunsten verlangen zu können. § 136a Abs. 3 S. 2 StPO ist insoweit teleologisch zu reduzieren.[148] 208

Die prozessualen Konsequenzen eines Verstoßes gegen ein Beweiserhebungsverbot konnten durch die sogenannte **„Widerspruchslösung“** abgemildert werden.[149] Diese besagt, dass eine 208a

---

[143] *Heghmanns* ZJS 2017, 502.

[144] BGHSt 61, 266 Rn. 26; dazu *Kudlich* JA 2017, 390 ff.; *Mosbacher* JuS 2017, 742 ff.; *Ladiges* wistra 2017, 326 ff.; *BGH* NStZ 2019, 227 (228). Kritisch zur pauschalen Ablehnung einer Abwägung *Basdorf* NStZ 2017, 371.

[145] BGHSt 51, 285 (290); BGHSt 61, 266 Rn. 24.

[146] Freilich ist zweifelhaft, ob der im amerikanischen Strafprozess entwickelte Disziplinierungsgedanke sich auf das deutsche Verfahren übertragen lässt; vgl. dazu *Lesch* StrafProzR 3/170.

[147] Instruktiv BGHSt 51, 285; zustimmend *Roxin* NStZ 2007, 616 ff.; vgl. auch BVerfGE 130, 1 (28 f.); *BVerfG* StraFo 2011, 145; *BGH* NStZ 2012, 104; *OLG Köln* StV 2012, 6 (zu § 81a StPO); *Ambos* Beweisverwertungsverbote S. 58 ff. In der Fallbearbeitung *Höffler/Kaspar* Fall 5 Rn. 65 ff.

[148] Offen gelassen in *BGH* NStZ 2008, 706 (707); in diese Richtung schon BGHSt 42, 191 (194); 50, 206 (215); vertiefend *Roxin/Schäfer/Widmaier* StV 2006, 655 ff.; in der Fallbearbeitung *Schöpe* JuS 2015, 143 (147).

[149] Vgl. dazu etwa *Beulke/Swoboda* StrafProzR Rn. 708. Eingehend – kritisch – *Ruppert* ZStW 133 (2021), 522 ff.

auf einen Verstoß gegen ein Beweiserhebungsverbot gestützte Revision erfolglos bleibt, wenn der Angeklagte bzw. sein Verteidiger der Verwertung nicht spätestens unmittelbar nach der betreffenden Beweiserhebung (Zeitpunkt des § 257 Abs. 1 StPO)[150] widersprochen hat. Die Widerspruchlösung hat der BGH insbesondere in Fällen unterlassener Beschuldigtenbelehrung angewendet (→ Rn. 222), aber auch auf andere Ermittlungseingriffe erstreckt.[151] Erforderlich ist stets, dass der Angeklagte einen Verteidiger hat oder vom Gericht über das Widerspruchserfordernis informiert wurde. Der **Anwendungsbereich** der Widerspruchslösung hängt von der **Funktion** des Erfordernisses ab: Versteht man das Unterlassen eines Widerspruchs als (konkludente) Zustimmung des Angeklagten zur Verwertung (→ Rn. 208) oder zumindest als Rügeverzicht,[152] so ist die Widerspruchslösung auf solche Beweismittel begrenzt, über die der Angeklagte ein Dispositionsrecht hat. So liegt es bezogen auf die eigenen Äußerungen des Angeklagten, aber nicht ohne weiteres bei Sachbeweisen (Urkunden, Augenscheinsobjekten). Deshalb hat der 2. Strafsenat des BGH ein Widerspruchserfordernis bezogen auf die Einführung von Beweismitteln abgelehnt, die im Rahmen einer infolge Missachtung des Richtervorbehalts rechtswidrigen Durchsuchung beschlagnahmt worden waren.[153] Sieht man den Sinn der Widerspruchsobliegenheit dagegen in der Schonung der Justizressourcen, so kommt es auf die Dispositionsbefugnis des Angeklagten nicht an.[154] Ausgeschlossen bleibt ein Widerspruchserfordernis freilich in jedem Fall dort, wo ein zwingendes Verwertungsverbot besteht (wie z. B. nach § 136a Abs. 3 StPO). Der zentrale **Einwand** gegen die Widerspruchslösung ist, dass es nicht Sache des Angeklagten sein kann, Verstöße der Ermittlungsbehörden gegen Beweiserhebungsvorschriften als solche zu erkennen und zu rügen.[155] Die Annahme, mit dem Schweigen werde ein Rügeverzicht zum Ausdruck gebracht, stellt eine Überinterpretation des Verteidigerverhaltens dar (der Verteidiger hat den Verfahrensfehler möglicherweise nicht einmal bemerkt!). Soweit es die Schonung der Justizressourcen anbelangt, wäre es Sache des Gesetzgebers, ein Widerspruchserfordernis zu normieren.

a) (Teil-)Schweigen des Beschuldigten

209 **Fall:**[156] Der Angeklagte äußert sich in der Hauptverhandlung eingehend zum Tatvorwurf. Lediglich auf eine einzelne Frage des Gerichts erklärt er, er wolle von seinem Schweigerecht Gebrauch machen. Darf das Gericht dieses Schweigen bei seiner Beweiswürdigung berücksichtigen?[157]

210 Es ist Ausdruck der Menschenwürde des Beschuldigten, dass er nicht verpflichtet ist, sich selbst zu belasten **(nemo tenetur-Grundsatz).**[158] Sein Schweigerecht dient dem Schutz des Persönlichkeitsrechts und ist notwendiger Bestandteil eines fairen Verfahrens.[159] Daraus folgt, dass sein Schweigen nicht zu seinen Lasten verwertet werden darf;[160] der schweigende Beschuldigte ist insoweit überhaupt kein Beweismittel.[161]

---

150 Kritisch zu dieser zeitlichen Beschränkung BGHSt 61, 266 Rn. 16; zustimmend *Heghmanns* ZJS 2017, 505.

151 Vgl. *Heghmanns* ZJS 2017, 502 f. mit Nennung der einschlägigen Fälle in Fn. 37.

152 Vgl. Löwe/Rosenberg/*Gleß* StPO § 136 Rn. 82.

153 BGHSt 61, 266 Rn. 15; dazu *Kudlich* JA 2017, 390 ff.; *Mosbacher* JuS 2017, 742 ff.; *Ladiges* wistra 2017, 326 ff. Diese Begründung weist aber keine Überzeugungskraft auf; *Basdorf* NStZ 2017, 370; *Heghmanns* ZJS 2017, 503 f.; *Zopfs* NJW 2017, 1336.

154 So *BGH* NJW 2018, 2279 (2280) m. Anm. *Meyer-Mews.*

155 *Heghmanns* ZJS 2017, 504; *Krey/Heinrich* Rn. 1636. Verfassungsrechtlich ist das Widerspruchserfordernis unbedenklich, BVerfGE 130, 1 Rn. 124.

156 Aus der Übungsfallliteratur *Engländer* Rn. 24; *Schroeder/Meindl* Fall 4.

157 Vgl. BGHSt 20, 298; vgl. auch BGH bei *Jahn* JuS 2011, 276 f.; *BGH* NStZ-RR 2011, 118.

158 *BVerfG* NStZ 1995, 555; eingehend *Kasiske* JuS 2015, 15 ff. Dazu schon → Rn. 96, 115.

159 BGHSt 25, 325 (330); 38, 214 (220); *Schroth* JuS 1998, 979.

160 BGHSt 38, 302 (305); *BVerfG* NStZ 1995, 555 f.

161 *Kühl* JuS 1986, 118 f.

Fraglich ist aber, ob auch das vom Angeklagten im vorliegenden Fall praktizierte **teilweise Schweigen** zu einem Tatvorwurf der Beweiswürdigung entzogen ist. Die h. M. hält es für zulässig, teilweises Schweigen zu Lasten des Angeklagten zu verwerten. Der BGH führt zur Begründung an, der Angeklagte mache sich durch seine Aussage „in freiem Entschluss selbst zu einem Beweismittel und unterstellt sich damit der freien Beweiswürdigung".[162] Damit seien seine Angaben ebenso verwertbar wie sein Schweigen auf einzelne Fragen. Dagegen lässt sich freilich einwenden, dass die anerkannte Zulässigkeit auch teilweisen Schweigens durch die Möglichkeit einer Verwertung zu Lasten des Beschuldigten konterkariert werde, da der Beschuldigte auf diese Weise de facto dazu gezwungen werde, umfassend Angaben zu machen.[163] 211

Ein teilweises – und damit nach Auffassung des BGH verwertbares – Schweigen des Beschuldigten soll allerdings nur dann vorliegen, wenn es sich auf **eine Tat** (im prozessualen Sinn, → Rn. 172) bezieht, zu der der Beschuldigte im Übrigen Angaben macht. Bei **mehreren Taten** können aus seinem Schweigen bezogen auf eine einzelne Tat keine nachteiligen Schlüsse gezogen werden.[164] Auch das Schweigen des Beschuldigten bei einer **früheren Vernehmung** darf dem Beschuldigten nicht zum Nachteil gereichen. So ist es unzulässig, Zweifel an der Wahrheit einer bestimmten Behauptung damit zu begründen, der Beschuldigte habe sie erst sehr spät vorgetragen. Durch eine solche Beweiswürdigung würde das Schweigerecht unzulässig eingeschränkt.[165] 212

b) Fehlende Belehrung des Beschuldigten über sein Schweigerecht und sein Recht zur Verteidigerkonsultation; zugleich zur Beschuldigteneigenschaft

Fall:[166] Nach den Ermittlungen war der Fahrer eines Pkw Golf, amtliches Kennzeichen M-A 123 mutwillig auf einen Radfahrer zugefahren und hatte dessen Fahrspur blockiert, so dass sich der Radfahrer nur durch einen Sprung in den Straßengraben retten konnte. Als Halter des Wagens wurde A ermittelt. Der Polizeibeamte X suchte daraufhin A in dessen Wohnung auf und fragte ihn – ohne ihn zuvor als Beschuldigten belehrt zu haben – wer im fraglichen Zeitraum den Pkw gesteuert hatte. A räumte die Fahrereigenschaft ein. Hierüber fertigte X ein Protokoll. Im weiteren Verfahren äußerte sich A nicht zur Sache. Der gefährdete Radfahrer konnte A auf einer Wahllichtbildvorlage nicht wiedererkennen. 213

---

[162] BGHSt 20, 298 (300); *BGH* StV 2000, 598; zustimmend *Roxin/Schünemann* § 25 Rn. 33. Entsprechendes soll nach *BGH* JR 2003, 165 m. Anm. *Jäger; Widmaier* JR 2004, 85 f.; *Geppert* JK 11/02 StPO § 261/18 gelten, wenn der Angeklagte Angaben zur Sache macht und einen bestimmten Punkt eines einheitlichen Geschehens von sich aus verschweigt, ohne dass es hierfür plausible Gründe gibt.

[163] So *Kühl* JuS 1986, 120 f.

[164] *BGH* StV 2000, 598; BGHSt 32, 140 (144 ff.) = *BGH* NStZ 1984, 377 m. Anm. *Volk; Kühl* JuS 1986, 115 ff.

[165] *BGH* StV 1984, 143; NStZ 2014, 666; 2016, 59 s. auch *BVerfG* NStZ 1995, 555.

[166] Entsprechende Zusatzfragen zur Verletzung der Belehrungspflicht behandeln *Beulke* Klausurenkurs III Rn. 106, 151 (vgl. auch Rn. 555, 608); *Britz* JuS 1997, 146 (152 f.); *Heinrich/Reinbacher* 26/15 ff.; *Hohmann* JuS 1995, 139 f.; *Mansdörfer* Rn. 94 ff.; *Mitsch/Ellbogen* Fall 8 (S. 124 f.); *Morgenstern* JURA 2002, 568 (572); *Bosch* S. 578 ff.; *Putzke* JURA 2015, 95 (106); *Saliger* ZJS 2008, 395 (398 f.). Zusatzfragen zum Recht auf Verteidigerkonsultation bei *Beulke* Klausurenkurs III Rn. 155, 193; *Dannecker* JuS 2002, 1094 f. Zur Beschuldigteneigenschaft *Beulke* Klausurenkurs III Rn. 278, 331, 334; *Engländer* Rn. 59. Ergänzend *Ambos* Beweisverwertungsverbote S. 74 ff.; *Hoven* JA 2013, 373 f. zur Pflicht zur Belehrung ausländischer Beschuldigter über das Recht, die Unterrichtung der konsularischen Vertretung ihres Heimatstaates im Falle freiheitsentziehender Maßnahmen zu verlangen (Art. 36 WÜK).

Kann eine Verurteilung des A wegen einer Tat nach § 315b StGB auf seine Angaben gegenüber X gegründet werden?[167]

aa) Die Verlesung des Vernehmungsprotokolls

214 Eine Verwertung der Aussage kommt zunächst in Form einer Verlesung des Vernehmungsprotokolls im Rahmen des Urkundenbeweises in Betracht. Jedoch ergibt sich die Unzulässigkeit der Verlesung eines von der Polizei gefertigten (und damit: nichtrichterlichen) Vernehmungsprotokolls bereits aus einem Umkehrschluss aus § 254 StPO, der die Verlesbarkeit auf richterliche Vernehmungsprotokolle begrenzt.[168]

bb) Der Vernehmungsbeamte als Zeuge

215 Grundsätzlich möglich wäre es nach h. M. hingegen, den Vernehmungsbeamten der Polizei als **Zeugen** zu vernehmen. Es soll dann auch zulässig sein, dem Vernehmungsbeamten bei Erinnerungslücken oder Widersprüchen das Protokoll zum Zweck des **Vorhalts** vorzulesen.[169] Urteilsgrundlage werde in diesem Fall nicht der Inhalt des Protokolls, sondern das auf den Vorhalt Erklärte.[170]

216 Möglicherweise sind jedoch auch diese Formen der Verwertung im vorliegenden Fall deshalb unzulässig, weil die Vernehmung und das Protokoll unter Verstoß gegen ein **Beweiserhebungsverbot** zustande gekommen sein könnten. Sowohl die Staatsanwaltschaft als auch die Polizei sind nämlich verpflichtet, den Beschuldigten bei seiner Vernehmung über sein Schweigerecht und über sein Recht zur Verteidigerkonsultation zu **belehren** (§ 163a Abs. 3 bzw. 4 jeweils i. V. m. § 136 Abs. 1 S. 2 StPO).[171] Eine solche Belehrung ist vorliegend nicht erfolgt. Es stellt sich damit die Frage, ob die unterlassene Belehrung ein Beweiserhebungsverbot – und in der Folge ein Beweisverwertungsverbot – nach sich zieht. Ein Beweiserhebungsverbot wegen fehlender Belehrung setzt aber voraus, dass vorliegend überhaupt eine Belehrungspflicht nach § 163a Abs. 4 i. V. m. § 136 Abs. 1 S. 2 StPO bestand. Das hängt davon ab, ob A zum Zeitpunkt der Befragung bereits Beschuldigter war.

cc) Beschuldigteneigenschaft

217 Die Begründung der Beschuldigteneigenschaft ist umstritten:[172] Nach der sogenannten **„objektiven Beschuldigtentheorie“** erlangt eine Person den Status eines Beschuldigten schon dann, wenn gegen sie aus der Sicht eines objektiven Beobachters nach der Lage des Verfahrens ein Anfangsverdacht besteht.[173] Nachdem vorliegend A als Halter des bei der Tat benutzten Pkw ermittelt worden war, lagen bereits tatsächliche Anhaltspunkte vor, die auf A als möglichen Täter hinwiesen. Nach

---

[167] Nach *AG Bayreuth* StV 2004, 370.

[168] Meyer-Goßner/Schmitt/*Schmitt* StPO § 254 Rn. 6.

[169] Meyer-Goßner/Schmitt/*Schmitt* StPO § 254 Rn. 6 ff. Zu weiteren Verlesungsmöglichkeiten *Mosbacher* NStZ 2014, 1 (3 ff.).

[170] BGHSt 3, 149 (150); 14, 310 (312); 21, 285 (286 f.); siehe dazu – kritisch – *Roxin/Schünemann* § 46 Rn. 25; zusammenfassend *Lesch* JA 1995, 693.

[171] Bis Juni 2021 bestand diese Pflicht nur bei der *ersten* Vernehmung; nunmehr besteht sie bei jeder Vernehmung; dazu *Bleckat* StV 2021, 820 ff.

[172] Überblick bei *Rössner/Safferling* 1. Problem.

[173] Dazu *v. Gerlach* NJW 1969, 779; *Grünwald* Beweisrecht S. 78; *Beulke/Swoboda* StrafProzR Rn. 172 f.; *Kohlhaas* NJW 1965, 1255; *Peters* § 28 I. 1.

dieser Auffassung wäre A also Beschuldigter gewesen (und hätte dementsprechend über seine Beschuldigtenrechte belehrt werden müssen). Für die objektive Theorie lässt sich geltend machen, dass die Orientierung an dem Kriterium des Anfangsverdachts vor Manipulationen durch die Strafverfolgungsbehörden schützt. Gegen diese Auffassung spricht jedoch, dass der Begriff des Anfangsverdachts – zumal in seiner Abhängigkeit vom jeweiligen Ermittlungsstand – gewisse Unschärfen aufweist, so dass die Rechtsprechung den Ermittlungsbehörden bei der Feststellung des Anfangsverdachts einen Beurteilungsspielraum einräumt.[174] Zudem hat der Gesetzgeber in verschiedenen Vorschriften (§§ 55, 60 Nr. 2 StPO) zu erkennen gegeben, dass er Verdächtige ohne Beschuldigteneigenschaft für möglich hält.

Die herrschende **„gemischt subjektiv-objektive Beschuldigtentheorie"** verlangt 218 deshalb neben dem Anfangsverdacht (oder auch an dessen Stelle[175]) zusätzlich als subjektives Element einen Willensakt der Strafverfolgungsbehörde, mit dem diese zum Ausdruck bringt, dass sie das Strafverfahren gegen den Verdächtigen als Beschuldigten betreiben will.[176] Ein solcher Willensakt (der auch konkludent in der Vornahme von gegen den Beschuldigten gerichteten Ermittlungshandlungen zum Ausdruck gebracht werden kann),[177] liegt vorliegend nicht vor. Die Vernehmung ohne Belehrung über ein Schweigerecht bringt vielmehr den Willen zum Ausdruck, A als Zeugen zu behandeln. Danach wäre A folglich noch nicht als Beschuldigter anzusehen. Dieses Ergebnis ist aber nicht sachgerecht, wenn die Strafverfolgungsbehörden dem Betroffenen den Beschuldigtenstatus vorenthalten, obwohl zweifelsfrei die objektiven Voraussetzungen eines Anfangsverdachts bestehen. Auch die h.M. hält deshalb das objektive Bestehen eines Anfangsverdachts für maßgeblich, wenn der grundsätzlich erforderliche Willensakt aus sachwidrigen Erwägungen – und damit **willkürlich** – unterbleibt.[178] Auf einen gezielten Willen zur Umgehung der Beschuldigtenrechte kommt es dafür nicht an.[179] Da zum Zeitpunkt der Befragung die vorliegenden Anhaltspunkte auf A hinwiesen, bestand offenbar gegen ihn ein Anfangsverdacht und X durfte A nicht mehr als Zeugen behandeln. Danach kommen letztlich beide Auffassungen zu dem Ergebnis, dass A als Beschuldigter anzusehen war. Folglich ist die Belehrung über sein Schweigerecht und sein Recht zur Verteidigerkonsultation rechtswidrig unterblieben.[180]

dd) Beweisverwertungsverbot

Fraglich ist allerdings, ob der Verstoß gegen die Belehrungspflichten einer Verwertung der Aussage des A entgegensteht.

Die frühere Rechtsprechung erkannte ein Beweisverwertungsverbot lediglich für den Fall an, 219 dass der Richter in der Hauptverhandlung seine Belehrungspflicht (nach § 243 Abs. 5 S. 1 StPO) verletzt hatte.[181] Die Verletzung von Belehrungspflichten im Ermittlungsverfahren durch Polizei oder Staatsanwaltschaft sollte hingegen nach dem Wortlaut von § 136 StPO (auch im Vergleich zu § 136a StPO, der in Abs. 3 ein Beweisverwertungsverbot normiert) und wegen

---

[174] *BVerfG* NJW 1984, 1451 (1452); *BGH* NStZ 1988, 511; KK-StPO/*Diemer* § 152 Rn. 8; kritisch *Kröpil* JURA 2012, 833 f.
[175] *BGH* JR 2008, 39 (40) m. Anm. *Roxin* JR 2008, 16 ff.
[176] *BGH* NStZ 2019, 539 (541); *Beulke/Swoboda* StrafProzR Rn. 172; *Hinderer* JA 2012, 116 f.; *Klesczewski* Rn. 108 ff.
[177] *BGH* NStZ 2015, 291 (292).
[178] Vgl. BGHSt 10, 8 (12); 51, 367 Rn. 16 ff.; *BGH* NStZ-RR 2012, 49.
[179] *BGH* NStZ 2019, 539 (542).
[180] So auch *AG Bayreuth* StV 2004, 370.
[181] BGHSt 25, 325.

der weitreichenden praktischen Konsequenzen (bloßes Versehen der Ermittlungsbehörden vereitelt Aufklärung der Tat) kein Verwertungsverbot nach sich ziehen.[182]

220 Mittlerweile steht der BGH[183] mit der ganz h. M. im Schrifttum[184] auf dem Standpunkt, dass die unterlassene Belehrung ein Beweisverwertungsverbot begründet. Dafür spricht zunächst das Gewicht des **nemo tenetur-Grundsatzes** (Menschenwürde!).[185] Da nicht jedem Beschuldigten sein Schweigerecht bekannt ist, sichert die Belehrungspflicht ein faires Verfahren. Das gilt in gleicher Weise auch für die Belehrung über das Recht, einen Verteidiger hinzuzuziehen. Denn beide Rechte „hängen eng zusammen und sichern im System der Rechte zum Schutz des Beschuldigten seine verfahrensmäßige Stellung in ihren Grundlagen."[186] Die Verteidigung dient nicht zuletzt dazu, den Beschuldigten hinsichtlich des Gebrauchs seines Schweigerechts zu beraten.[187] Unterbleibt die Belehrung, so wird das Schweigerecht des Beschuldigten verkürzt, weil er sich in Unkenntnis über dieses Recht zu einer Aussage gegenüber den Behörden verpflichtet glaubt. Die Gefahr unbedachter Selbstbelastung besteht gerade im Ermittlungsverfahren, wenn sich der Beschuldigte unvorbereitet und ohne anwaltlichen Beistand der Vernehmungssituation ausgesetzt sieht.[188]

221 Aus dieser Begründung des Beweisverwertungsverbots entwickelt der BGH auch dessen **Grenzen:**[189] der Belehrung über sein Schweigerecht wie auch über das Recht auf Verteidigerkonsultation bedarf vor allem der Beschuldigte, dem diese Rechte unbekannt sind. Kennt der Beschuldigte seine Rechte auch ohne Belehrung, so wiege der Verfahrensverstoß nicht so schwer, dass er das öffentliche Interesse an der Aufklärung des Sachverhalts überwiegen könnte; die Aussage bleibe also verwertbar. Da keine Anhaltspunkte dafür bestehen, dass A von seinen Rechten Kenntnis hatte, bleibt es insoweit bei dem Beweisverwertungsverbot.

222 Im Übrigen macht der BGH die Schutzbedürftigkeit des Angeklagten davon abhängig, dass er sich in der Hauptverhandlung auf dieses Beweisverwertungsverbot beruft und der Verwertung spätestens in direktem Anschluss an die Einführung des Beweismittels (Zeitpunkt des § 257 StPO) widerspricht (sog. **„Widerspruchslösung"**; → Rn. 208a).[190] Diese Widerspruchsobliegenheit besteht allerdings nur, wenn der Angeklagte entweder vom Gericht ausdrücklich auf dieses Erfordernis hingewiesen worden ist oder er einen Verteidiger hat (von dem angenommen wird, er sei über das Widerspruchserfordernis orientiert). Die Widerspruchslösung wird im Schrifttum zu Recht **kritisch** beurteilt, denn es ist nicht Sache des Angeklagten

[182] BGHSt 31, 395 (399 f.).

[183] BGHSt 38, 214 = *BGH* JR 1992, 381 m. Anm. *Fezer* = *BGH* JZ 1992, 918 m. Anm. *Roxin;* BGHSt 47, 172 (173 f.); dazu auch *Bohlander* NStZ 1992, 504 ff.; *Geppert* JK 92 StPO § 136 I/7; *Kiehl* NJW 1993, 501 ff.

[184] Siehe etwa *Ambos* Beweisverwertungsverbote S. 52; Meyer-Goßner/Schmitt/*Schmitt* StPO § 136 Rn. 20 ff.

[185] BGHSt 38, 214 (220 ff.).

[186] BGHSt 47, 172 (174); vgl. auch BGHSt 42, 15. Verneint hat der *BGH* (NStZ-RR 2018, 219) dagegen ein Verwertungsverbot wegen der unterlassenen Belehrung über die Möglichkeit einer Pflichtverteidigerbestellung (§ 136 Abs. 1 S. 5 StPO).

[187] BGHSt 47, 172 (174).

[188] BGHSt 38, 214 (221 f.).

[189] Näher BGHSt 38, 214 (224 ff.).

[190] BGHSt 38, 214; 42, 15 (22 ff.); *Hinderer* JA 2012, 118; *Kröpil* JR 2012, 451 ff.; *Mosbacher* FS Rissing-van Saan, 357 ff.; *ders.* NStZ 2011, 606 ff.; *Rössner/Safferling* 17. Problem (S. 115); zur Verfassungsmäßigkeit der Widerspruchslösung BVerfGE 130, 1 Rn. 124). Im Ermittlungsverfahren findet die Widerspruchslösung keine Anwendung, BGHSt 64, 89 Rn. 26 ff.

(bzw. seines Verteidigers), Fehler der Ermittlungsbehörden auszugleichen.[191] Folgt man dagegen der Auffassung des BGH, so könnte das Beweisverwertungsverbot entfallen, wenn A einen Verteidiger hatte – wofür der Sachverhalt aber keine Anhaltspunkte bietet – oder er trotz Belehrung einer Verwertung nicht widersprochen hat.

Entsprechend den Fällen unterbliebener Belehrung sind Konstellationen zu behandeln, in denen die Belehrung zwar erfolgt ist, aber das weitere **Verhalten der Ermittlungsbehörden darauf abzielt, die Beschuldigtenrechte zu unterlaufen.**[192] Hier begründet „nicht die Unkenntnis des Beschuldigten von seinen Rechten, sondern Mängel der Rechtsdurchsetzung" den Verfahrensverstoß.[193] So liegt es etwa, wenn der Vernehmungsbeamte einem erkennbar hilfsbedürftigen Beschuldigten, der noch keinen Verteidiger hat, bei einer nächtlichen Vernehmung lediglich das Branchentelefonbuch aushändigt, anstatt ihn auf den auch nachts erreichbaren anwaltlichen Notdienst hinzuweisen.[194] Eine Pflicht, den Beschuldigten insoweit zu unterstützen, ist mittlerweile gesetzlich normiert (§ 136 Abs. 1 S. 3, 4 StPO).[195] Ein Beweisverwertungsverbot sieht der BGH auch in solchen Fällen begründet, in denen der Vernehmungsbeamte nach Berufung auf das Schweigerecht bzw. nach dem Verlangen, einen Verteidiger hinzuzuziehen, weiterhin hartnäckig versucht, eine Aussage von dem unverteidigten Beschuldigten zu erlangen.[196] Die Aussage bleibt aber verwertbar, wenn sich der Beschuldigte ohne Einflussnahme der Ermittlungsbehörden freiverantwortlich dafür entscheidet, entgegen seiner ursprünglichen Absicht ohne Verteidiger auszusagen.[197] 223

c) Sich selbst belastender Zeuge – fehlende Belehrung nach § 55 Abs. 2 StPO

Fall:[198] Zeuge Z wird trotz der erkennbaren Gefahr von Selbstbelastungen nicht darüber belehrt, dass er die Antwort auf eine Frage unter Hinweis auf sein Auskunftsverweigerungsrecht verweigern kann. 224

a) Ist seine Aussage zu dieser Frage im Urteil verwertbar?
b) Die Staatsanwaltschaft leitet aufgrund der Aussage ein Strafverfahren gegen Z ein. Darf sie das und kann Z's Aussage in dem gegen ihn geführten Verfahren verwertet werden?

Fallfrage a): Das Auskunftsverweigerungsrecht des § 55 Abs. 1 StPO erlaubt es dem Zeugen, die Auskunft auf Fragen zu verweigern, deren Beantwortung ihn oder einen Angehörigen in die Gefahr bringen würde, wegen einer Straftat oder Ordnungswidrigkeit verfolgt zu werden. Da Z ein solches Auskunftsverweigerungsrecht zusteht, ist seine Vernehmung insoweit unter Missachtung der Belehrungspflicht nach 225

[191] Siehe etwa *Ambos* Beweisverwertungsverbote S. 54; SSW StPO/*Beulke* Einl. Rn. 163; *Dornach* NStZ 1995, 57 ff.; *Hellmann* StrafProzR Rn. 451; HK-GS/*Jäger* StPO § 136 Rn. 31; *Lesch* JA 1995, 162 f.; *Schroth* JuS 1998, 970; eingehend *Heinrich* ZStW 112 (2000), 398 ff.
[192] Siehe Meyer-Goßner/Schmitt/*Schmitt* StPO § 136 Rn. 21. Näher zu der uneinheitlichen Rechtsprechung HK-GS/*Jäger* StPO § 136 Rn. 37 ff.
[193] BGHSt 42, 15 (20).
[194] BGHSt 42, 15; vgl. *Schlüchter/Duttge* S. 48 f.
[195] Eingehend *Swoboda/Carlsen/Rühs* JURA 2021, 1005 ff.
[196] BGHSt 38, 372; 42, 15; 52, 11 (19 ff.); 58, 301 (304 ff.); dazu *Jäger* JA 2013, 793 ff.; *Jahn* JuS 2013, 1047 f.
[197] BGHSt 42, 170; 58, 301 (305); *BGH* NStZ 2013, 299; KK-StPO/*Diemer* § 136 Rn. 14.
[198] Vgl. die Zusatzfragen von *Beulke* Klausurenkurs III Rn. 555, 607; *Bosch* JURA 2012, 37 f.; *Eisenberg* JURA 1987, 265 (271); *Engländer* Rn. 258; *Kahlo/Zabel* JURA 2012, 857 f.; *Bosch* S. 587 f.; Klausur bei *Mitsch/Ellbogen* Fall 7 (S. 106 ff., 117 f.); *Klesczewski/Hawickhorst* JA 2015, 109 (112); Überblick bei *Rössner/Safferling* 19. Problem. Zum entsprechenden Fall, in dem der Zeuge aufgrund der Stärke des gegen ihn gerichteten Verdachts sogar als Beschuldigter zu belehren gewesen wäre, siehe *Ambos/Bock* JURA 2011, 874 (875 f.).

§ 55 Abs. 2 StPO zustande gekommen; die Vernehmung verstößt gegen ein Beweiserhebungsverbot (Beweismittelverbot, → Rn. 201).[199] Der BGH will daraus jedoch kein Beweisverwertungsverbot ableiten, da § 55 StPO nur den Zeugen, nicht aber den Beschuldigten vor Nachteilen schützen wolle. Eine Verwertung berühre nicht den Rechtskreis des Beschuldigten (**Rechtskreistheorie,** → Rn. 206).[200]

226 Eine **Gegenauffassung** macht geltend, § 55 StPO solle auch den Beschuldigten schützen, und zwar vor wahrheitswidrigen Aussagen eines Zeugen, der sich auf diese Weise der Verfolgungsgefahr entziehen will.[201] Während diese Ansicht lediglich die betroffenen Rechtskreise anders ziehen will, wendet eine **grundsätzlichere Kritik** gegen die Rechtskreistheorie ein, der Beschuldigte habe Anspruch auf ein insgesamt rechtsstaatliches Verfahren. Deshalb berühre jeder Verfahrensverstoß seinen „Rechtskreis".[202]

227 **Fallfrage b):** Die **Einleitung eines Ermittlungsverfahrens** setzt das Bestehen eines Anfangsverdachts voraus (§ 160 Abs. 1 StPO, → Rn. 56 f.). Es besteht Einigkeit, dass ungeachtet der Frage der Verwertbarkeit der Aussage als solcher diese jedenfalls zum Anlass genommen werden kann, ein Ermittlungsverfahren gegen den Zeugen einzuleiten.[203] Dahinter steht der gleiche Gedanke, der auch gegen die Fernwirkung von Beweisverwertungsverboten (dazu → Rn. 250 ff.) spricht, dass es nämlich eine unangemessene Beeinträchtigung der Belange der Strafverfolgung wäre, wenn der Fehler bei der Belehrung das gesamte Strafverfahren lahmlegen würde. Hinsichtlich der Frage nach der **Verwertbarkeit** der **Aussage im Urteil zu Lasten des (früheren) Zeugen** ist von der Einsicht auszugehen, dass § 55 Abs. 2 StPO als Ausprägung des nemo tenetur-Grundsatzes den Zeugen vor der Fehlvorstellung schützen soll, er sei zu selbstbelastenden Aussagen verpflichtet.[204] Mit Blick auf die Bedeutung des nemo tenetur-Grundsatzes (Art. 1 GG, → Rn. 220) überwiegt das Interesse des Beschuldigten am Schutz seiner Selbstbelastungsfreiheit gegenüber den Belangen der Strafrechtspflege, so dass die Aussage unverwertbar ist. Das gilt aber – entsprechend der Rechtsprechung zur Beschuldigtenbelehrung (→ Rn. 221 f.) – nicht, wenn der Beschuldigte bei seiner Zeugenaussage sein Verweigerungsrecht kannte oder sein Verteidiger einer Verwertung nicht widersprochen hat.[205]

d) Der Angehörige als Zeuge; Verwertungsverbot nach § 252 StPO; Verwertungsverbot bei fehlender Belehrung nach § 52 Abs. 3 StPO

228 **Fall:**[206] Der Beschuldigte A und sein Opfer, die Zeugin Z, haben nach der Tat geheiratet. Jetzt wird Z auf Antrag der Staatsanwaltschaft im Ermittlungsverfahren vom Ermittlungs-

---

[199] Eingehend zu § 55 StPO *Bosch* JURA 2012, 37 ff.; *Rinio* JuS 2008, 600 ff.

[200] Grundlegend BGHSt 11, 213; vgl. auch *Ranft* Rn. 532; *Rogall* JZ 1996, 953. Eingehend *Frisch* Rudolphi-Symposium, 173 ff., zu § 55 Abs. 2 StPO siehe 194 f.

[201] *Fezer* Fall 15 Rn. 31; *Geppert* JURA 1991, 137 (139); *Roxin/Schünemann* § 24 Rn. 48; dagegen wiederum *Ranft* Rn. 533; *Schroth* JuS 1998, 975 mit der Erwägung, dass die Beurteilung des Beweiswertes einer Aussage der richterlichen Beweiswürdigung obliege.

[202] *Ambos* Beweisverwertungsverbote S. 41 f.; *Blau* JURA 1993, 519; *Roxin/Schünemann* § 24 Rn. 24.

[203] *Bosch* JURA 2012, 38; *Grünwald* JZ 1966, 499 mit Fn. 97.

[204] KK-StPO/*Senge* § 55 Rn. 1.

[205] *OLG Celle* NStZ 2002, 386; *Ambos* Beweisverwertungsverbote S. 57; *Bosch* JURA 2012, 38; Meyer-Goßner/Schmitt/*Schmitt* StPO § 55 Rn. 17.

[206] Zu ähnlichen Problemen siehe die Zusatzfragen von *Becker* ZJS 2010, 403 (420 f.); Coester-Waltjen/*Berg* S. 56, 65 f.; *Beulke* Klausurenkurs III Rn. 555, 605; *Bottke* JuS 1992, 770; *El-Ghazi/Meglalu* JuS 2020, 761 (767 f.); *Frisch/Murmann* JuS 1999, 1196 (1203); *Füllkrug*

richter vernommen (§ 162 StPO). (Wie) ist diese Aussage verwertbar, wenn Z sich in der Hauptverhandlung auf ihr Schweigerecht nach § 52 StPO beruft und

a) sie bei ihrer Vernehmung vom Ermittlungsrichter auf ihr Zeugnisverweigerungsrecht als Angehörige hingewiesen worden ist oder
b) ein solcher Hinweis nicht erfolgt ist? Wäre die Belehrung erfolgt, hätte Z keine Angaben gemacht oder
c) ein solcher Hinweis nicht erfolgt ist und Z in der Hauptverhandlung erklärt, sie wolle zwar nicht die Belastungen einer Aussage in der Hauptverhandlung auf sich nehmen, sei aber mit einer Verwertung ihrer früheren Aussage einverstanden?[207]

Fallfrage a): Nach **§ 252 StPO** darf die Aussage eines vor der Hauptverhandlung vernommenen Zeugen, der erst in der Hauptverhandlung von seinem Zeugnisverweigerungsrecht Gebrauch macht,[208] nicht **verlesen** werden. Diese Vorschrift normiert danach ein selbständiges (von Fehlern bei der Beweiserhebung unabhängiges, → Rn. 202) Beweisverwertungsverbot. Voraussetzung für eine Anwendung von § 252 StPO ist zunächst eine vor der Hauptverhandlung erfolgte Zeugenvernehmung. Der Begriff der Vernehmung ist hier weit aufzufassen und umfasst alle Situationen, bei denen der Zeuge durch das amtliche Auftreten eines Vertreters der Strafverfolgungsbehörden in einen Konflikt zwischen Wahrheitspflicht und familiären Bindungen geraten kann.[209] Vernehmung ist demnach insoweit auch die informatorische Befragung, hingegen nicht der Fall, dass der Zeuge bei einer Spontanäußerung selbst die Initiative ergreift.[210] Vorliegend ist Z sogar förmlich vernommen worden. Weitere Voraussetzung ist das Bestehen eines Zeugnisverweigerungsrechts nach §§ 52–54 StPO.[211] Z ist als Ehefrau gemäß § 52 Abs. 1 Nr. 1 StPO zeugnisver- 229

JURA 1989, 362 (365 f.); *Hackling* JuS 1993, 401 f.; *Hardtung* JuS 2006, 54 (59); *Heinrich/Reinbacher* 38/13 ff.; *Mansdörfer* Rn. 435 ff.; *Mitsch* JA 2014, 592 (598 f.); *Noak/Sengbusch* JURA 2005, 499 f.; *Bosch* S. 562 ff., 570 ff.; *Rackow* JA 2011, 23 (30 f.); *Steinberg/Schwenke* JuS 2020, 430 (432); *Valerius/Zehetgruber* JA 2014, 431 (438 f.); ferner *Ambos/Bock* JURA 2011, 874 (876 f.); *Hillenkamp* JuS 1997, 830 f.; *Rössner/Safferling* 18. Problem; *Schroeder/Meindl* Fall 4; *v. Lewinski* JuS 2006, 434; StPO-Klausur bei Hellmann/*Golovnenkov* Rn. 417 ff.; *Mitsch/Ellbogen* Fall 5.

207 Vgl. BGHSt 45, 203; dazu gut: *Ranft* JURA 2000, 628 ff.

208 Ist der Zeuge dagegen verstorben oder sonst nicht erreichbar, so ist nach überwiegender Auffassung der Rechtsgedanke des § 252 StPO nicht anwendbar, sondern § 251 Abs. 1 Nr. 2 StPO einschlägig, der für diese Fälle eine Protokollverlesung erlaubt; dazu BGHSt 22, 35; 25, 176 (177 f.); 27, 139 (141 ff.); *OLG Koblenz* bei *Jäger* JA 2014, 712 ff.; *Bosch* JURA 2012, 34 f.

209 Also grundsätzlich nicht bei Befragungen durch V-Leute oder Verdeckte Ermittler, die dem Zeugen nicht in amtlicher Eigenschaft gegenübertreten; BGHSt 40, 211 (214 f.). Kritisch dazu HK-StPO/*Julius/Bär* § 252 Rn. 7 m. w. N.

210 *BGH* NJW 1980, 1533; *OLG Hamm* bei *Jahn* JuS 2012, 369; in der Falllösung *Weidemann* JA 2008, 129; vgl. auch *Bosch* JURA 2012, 36 f.

211 Übersicht zu den Zeugnisverweigerungsrechten bei *Fürmann* JuS 2004, 303 ff. Welche Zeugnisverweigerungsrechte dem Anwendungsbereich von § 252 StPO unterfallen ist allerdings umstritten, siehe Meyer-Goßner/Schmitt/*Schmitt* StPO § 252 Rn. 2 ff.; *Schroth* JuS 1998, 972. Bei § 53 StPO will die Rechtsprechung ein Verwertungsverbot nach § 252 StPO nur dann anerkennen, wenn der Zeuge schon im Ermittlungsverfahren nicht von seiner Schweigepflicht entbunden war (BGHSt 18, 146; *BGH* NStZ 2012, 281 mit kritischer Anm. *Jäger* JA 2012, 472 ff.). Ebenfalls umstritten ist, ob § 252 StPO auch in Bezug auf den auskunftsverweigerungsberechtigten Zeugen (§ 55 StPO) Anwendung findet. Dagegen spricht der Wortlaut von § 252 StPO, wo nur vom zeugnisverweigerungsberechtigten Zeugen die Rede ist und nach Auffassung des BGH auch die Rechtskreistheorie, da § 55

weigerungsberechtigt. Da die Vorschrift den Schutz familiärer Verbundenheit (Art. 6 Abs. 1 GG) im Strafverfahren bezweckt,[212] spielt es keine Rolle, dass die Eheschließung erst nach der Tat erfolgt ist.[213] § 252 StPO verbietet seinem eindeutigen Wortlaut nach die Verlesung des vom Ermittlungsrichter gefertigten Vernehmungsprotokolls.

230 Damit wäre es aber noch nicht ausgeschlossen, die Angaben der Z durch **Vernehmung der Vernehmungsperson** in das Verfahren einzuführen. Es besteht jedoch Einigkeit, dass der Gesetzgeber mit §§ 52, 252 StPO einen grundsätzlichen Vorrang des Schutzes der Beziehungen von Beschuldigten und Zeugen gegenüber dem Interesse an der Wahrheitsfindung zum Ausdruck bringen wollte[214] und deshalb der Anwendungsbereich von § 252 StPO weiter reicht als sein Wortlaut. Der bezweckte Schutz familiärer Bindungen würde nämlich unterlaufen, wenn der Inhalt der früheren Aussage ohne weiteres durch Anhörung der Vernehmungsperson als Zeugen (nebst Vorhalt aus dem Vernehmungsprotokoll, → Rn. 215)[215] in der Hauptverhandlung rekonstruiert werden könnte.[216] In der Literatur wird deshalb vielfach die Auffassung vertreten, § 252 StPO begründe ein umfassendes Verwertungsverbot, das auch die Vernehmung der Vernehmungsperson (und dementsprechend auch Vorhalte aus dem Protokoll) verbiete.[217] Danach wäre auch die Vernehmung des Ermittlungsrichters unzulässig. Die Rechtsprechung hält ebenfalls prinzipiell eine Rekonstruktion der früheren Aussage durch den Zeugenbeweis für unzulässig,[218] macht aber von diesem Grundsatz eine Ausnahme, wenn die frühere Vernehmung von einem **Richter** durchgeführt wurde.[219] Denn dem Richter bringe das Gesetz höheres Vertrauen entgegen[220]; seine Belehrung biete die Gewähr dafür, dem Zeugen Kenntnis von seinem Weigerungsrecht zu verschaffen und ihm die Tragweite seines Handelns bewusst zu machen.[221] Vor diesem Hintergrund soll das öffentliche Aufklärungsinteresse höher zu gewichten sein als das Interesse des Zeugen, sich bis zur Hauptverhandlung die Entscheidung über die Verwertbarkeit seiner Aussage offen

---

StPO den Zeugen in seiner Konfliktlage, nicht aber den Beschuldigten schützen wolle, siehe BGHSt 17, 245 (246 f.) und oben c); vgl. auch *Schroth* JuS 1998, 972; *Volk/Engländer* GK StPO § 27 Rn. 14.

[212] *Roxin/Schünemann* § 24 Rn. 20.

[213] Vgl. BGHSt 22, 219 (220). Eine Ausnahme will der *BGH* (BGHSt 45, 342 [347 ff.]) machen, wenn die zur Zeugnisverweigerung berechtigende Stellung gerade zu diesem Zweck herbeigeführt worden ist, also etwa die Eheschließung nur der Begründung eines Zeugnisverweigerungsrechts dient. Der *BGH* erblickt darin eine unlautere Verfahrensmanipulation. Zu Recht wird dagegen in der Literatur darauf hingewiesen, dass das Gesetz an die formale Stellung („Ehegatte“) anknüpft und damit keinen Raum für Abwägungen im Einzelfall lässt (*Beulke/Swoboda* StrafProzR Rn. 646).

[214] Zur Verfassungsmäßigkeit *BVerfG* NStZ-RR 2004, 18.

[215] Vgl. *BGH* StV 2012, 706.

[216] Das Verwertungsverbot erstreckt sich darüber hinaus auch auf Schriftstücke oder Tonbandaufnahmen, die ein Zeuge im Zusammenhang mit seiner Vernehmung übergibt; BGHSt 22, 219; *BGH* NStZ 2013, 247 (dazu *Mosbacher* JuS 2013, 132 f.; kritisch *Böse* GA 2014, 266 ff.).

[217] Siehe Radtke/Hohmann/*Pauly* StPO § 252 Rn. 25; *Roxin/Schünemann* § 46 Rn. 29 je m. w. N.

[218] *BGH* NStZ 2021, 58.

[219] Eingehend BGHSt (GrS) 61, 221 Rn. 27–52.

[220] Vgl. § 251 StPO, der in Abs. 2 die Verlesung richterlicher Protokolle in weiterem Umfang zulässt als die Verlesung nicht-richterlicher Protokolle nach Abs. 1.

[221] BGHSt 2, 99; 21, 218; 32, 25 (30 f.); 46, 189 (195); 49, 72 (77); zur Kritik etwa *Ambos* Beweisverwertungsverbote S. 37 f.; *Eisenberg* NStZ 1988, 488 f.; *Geerds* JuS 1991, 384 f.

zu halten.[222] Letztlich dürfte für dieses Ergebnis eine praktische Erwägung sprechen: Gerade in Fällen häuslicher Gewalt wird der Gesinnungswandel von Zeugen häufig das Resultat von Einschüchterung und Bedrohung durch den Beschuldigten sein. Die Verwertbarkeit der früheren Aussage schützt den Zeugen vor Repressalien und sichert das öffentliche Interesse an der Strafverfolgung.[223] Nach Auffassung der Rechtsprechung wäre es also möglich, den Ermittlungsrichter zu vernehmen und ihm zur Gedächtnisstütze das Protokoll vorzuhalten.[224] – Vor dem Hintergrund dieser Rechtsprechung ist nun auch der Antrag der Staatsanwaltschaft auf Vernehmung der Z durch den Ermittlungsrichter (§ 162 StPO) zu verstehen: Die Einschaltung des Ermittlungsrichters dient hier der **Beweissicherung.**[225]

Der 2. Strafsenat hatte durch einen Anfragebeschluss (§ 132 Abs. 3 S. 1 GVG) innerhalb des BGH eine Diskussion darüber ausgelöst, ob die Verwertbarkeit einer richterlichen Vernehmung davon abhängig gemacht werden soll, dass der Richter im Ermittlungsverfahren zusätzlich zur Belehrung über das Zeugnisverweigerungsrecht den **Zeugen darauf hinweisen muss,** dass der Inhalt der Vernehmung auch bei Zeugnisverweigerung in der Hauptverhandlung durch eine **Vernehmung des Ermittlungsrichters in das Verfahren eingeführt** werden kann.[226] Nach Vorlage zum **Großen Senat für Strafsachen** (§ 132 Abs. 2, 4 GVG) hat sich dieser **gegen das Erfordernis einer qualifizierten Belehrung** ausgesprochen.[227] Zur Begründung weist der Große Senat zunächst auf das Fehlen einer gesetzlichen Grundlage für eine solche Belehrungspflicht hin. Überhaupt seien Belehrungspflichten bezogen auf die Verwertbarkeit von Aussagen der StPO fremd. Selbst ein Beschuldigter müsse nicht darüber belehrt werden, dass seine früheren Aussagen auch dann, wenn er sich später auf sein Schweigerecht beruft, durch Vernehmung der Verhörsperson in das Verfahren eingeführt werden können.[228] Schließlich bestehe auch kein Bedarf nach einer qualifizierten Belehrung, da gerade dem vor einem Richter aussagenden Zeugen vor Augen stehe, dass seine Angaben im weiteren Verfahren Relevanz haben können.[229]

Fallfrage b): Während im Fall a) die Beweiserhebung rechtlich nicht zu beanstanden **231**
war, erfolgt die Vernehmung des nicht belehrten Zeugen hier unter Verstoß gegen ein **Beweiserhebungsverbot** (§ 52 Abs. 3 StPO). In Betracht kommt hier folglich ein unselbständiges Beweisverwertungsverbot. Damit stellt sich die Frage, ob das durch die fehlende Belehrung begründete Beweiserhebungsverbot ein Verwertungsverbot auch in den Fällen nach sich zieht, in denen die Rechtsprechung sonst – d. h. bei ordnungsgemäßer richterlicher Vernehmung – eine Verwertung zulässt. Die Gründe, die die Rechtsprechung für eine Verwertung in Form der Vernehmung des Richters als Zeugen anführt, tragen im Fall der unterbliebenen Belehrung gerade nicht. Denn wenn der Richter den Zeugen nicht von dessen Zeugnisverweigerungsrecht in Kenntnis setzt, so hat sich das Vertrauen in die besondere Qualität der richterlichen Vernehmung und vor allem in die Belehrung durch den Richter als unberechtigt erwiesen. Der sich seines Zeugnisverweigerungsrechts nicht bewusste Zeuge kann sich nicht für die Ausübung dieses Rechts entscheiden. Danach bleibt es

---

222 BGHSt 45, 342 (346).
223 *BGH* NStZ 2014, 596 (598); *Bosch* JURA 2012, 35 f.
224 *BGH* NStZ 2012, 521. Liegen die Voraussetzungen von § 255a Abs. 2 StPO vor, kann die Vernehmung des Ermittlungsrichters auch durch die Verwertung einer Bild-Ton-Aufzeichnung der von ihm durchgeführten Vernehmung ersetzt werden, *BGH* NStZ 2020, 181.
225 Vgl. etwa *Kindhäuser/Schumann* § 4 Rn. 35; eingehend *Jaklin* NStZ 2021, 70 ff.
226 *BGH* NStZ 2014, 596 ff.; dazu *Henckel* HRRS 2014, 482 ff.; *Jäger* JA 2014, 948 ff.; *Jahn* JuS 2014, 1138 ff. Übungsfall bei *Weidemann* JA 2017, 941 f.
227 BGHSt (GrS) 61, 221. So auch zuvor schon der 1., 4. und 5. Senat, s. *BGH* NStZ-RR 2015, 48; NStZ-RR 2015, 118; *BGH* Beschl. v. 14.1.2015 – 1 Ars 21/14. Kritisch *Beining* ZJS 2017, 260 f.; *Beulke/Swoboda* StrafProzR Rn. 646; *Farthofer/Rückert* HRRS 2017, 134 f.
228 BGHSt (GrS) 61, 221 Rn. 53 ff.
229 BGHSt (GrS) 61, 221 Rn. 63.

hier bei dem Grundsatz des umfassenden Schutzes des Angehörigenverhältnisses durch §§ 252, 52 StPO, so dass eine Verwertung der früheren Aussage der Z als zeugnisverweigerungsberechtigter Zeugin – auch durch Vernehmung des Ermittlungsrichters – unzulässig ist.

232 Etwas anderes soll nur gelten, wenn dem Zeugen sein Schweigerecht auch ohne Belehrung bekannt war und er auch bei ordnungsgemäßer Belehrung keinen Gebrauch davon gemacht hätte.[230] In diesem Fall sei die Aussage durch Richtervernehmung verwertbar, weil die Zeugenaussage (und damit im Falle einer Revision auch das Urteil, § 337 StPO) nicht auf der unterlassenen Belehrung beruhe. Da Z im vorliegenden Fall nach ordnungsgemäßer Belehrung keine Angaben gemacht hätte, bleibt es hier aber dabei, dass der Verstoß gegen § 52 Abs. 3 StPO zur Unverwertbarkeit ihrer Aussage führt.

233 **Fallfrage c):** Fraglich ist, ob etwas anderes gilt, wenn Z zwar in der Hauptverhandlung von ihrem Zeugnisverweigerungsrecht Gebrauch macht, sie aber zugleich erklärt, mit einer Verwertung ihrer früheren Aussage – sei es durch Verlesung, sei es durch Vernehmung der Vernehmungsperson – einverstanden zu sein. Nach dem Wortlaut des § 252 StPO führt die Zeugnisverweigerung in der Hauptverhandlung zur Unzulässigkeit der Protokollverlesung und – wie dargestellt – grundsätzlich auch zum Verbot der Vernehmung der Verhörsperson. Ob dieses gesetzlich normierte Verwertungsverbot auch dann gilt, wenn der Zeuge einer Verwertung zustimmt, hängt davon ab, ob der Zeuge über das Verwertungsverbot **disponieren** kann.

234 Der **BGH** hat einen solchen Verzicht des Zeugen auf das Verwertungsverbot nach § 252 StPO für wirksam gehalten, sofern der Zeuge über die Folgen des Verzichts vorab belehrt wurde (sog. „qualifizierte Belehrung").[231] Das gelte zwar wegen des im Interesse der Wahrheitsermittlung unverfügbaren Unmittelbarkeitsgrundsatzes (→ Rn. 36) nach § 250 S. 2 StPO nicht für die Protokollverlesung, die nur in den gesetzlich geregelten Fällen (§ 251 StPO) zulässig sei.[232] Zulässig sei aber die Vernehmung der Verhörsperson.[233] Der Zeuge könne über das Verwertungsverbot deshalb disponieren, weil die Vorschriften der §§ 252, 52 StPO allein seinem Schutz dienen, ihn nämlich vor Konflikten bewahren wollen, die sich aus einer Vernehmungssituation ergeben, in der der Zeuge einerseits der prozessualen Wahrheitspflicht unterliege und sich andererseits seinem Angehörigen verpflichtet fühle.[234] Geschützt würden also nur die persönlichen Belange des Zeugen, nicht aber der Angeklagte vor der Verwertung konfliktbeladener, und damit in ihrem Beweiswert fragwürdiger Beweismittel, und auch nicht das allgemeine Interesse an der Wahrheitsfindung.[235] Zweifeln am Wahrheitsgehalt der Zeugenaussage könne im Rahmen der richterlichen Beweiswürdigung Rechnung getragen werden.[236] Die Interessen des Zeugen seien auch insoweit geschützt, wie dieser zwar mit einer Verwertung seiner Angaben einverstanden ist, aber die mit einer Vernehmung in der Hauptverhandlung verbundenen Belastungen vermeiden will.[237]

---

230 *BGH* NStZ 1990, 549; *Volk/Engländer* GK StPO § 28 Rn. 15.
231 BGHSt 45, 203 (zustimmend *Ranft* JURA 2000, 631 f.); *BGH* NStZ 2020, 432; NStZ 2021, 58.
232 BGHSt 57, 254 Rn. 10; dazu *Theile* ZJS 2013, 128 ff.
233 BGHSt 52, 148.
234 BGHSt 45, 203 (207).
235 BGHSt 45, 203 (207).
236 BGHSt 45, 203 (208).
237 BGHSt 45, 203 (207).

Schon diese letztgenannte Erwägung wird in der **Literatur**[238] vielfach bestritten: Der Zeuge entscheide den Konflikt zwischen Wahrheitsfindung und Verwandtenbindung zugunsten der Wahrheitsfindung. „Er scheut also nicht den Konflikt, vor dem ihn das Gesetz ggf. bewahren will, und nimmt keine Rücksicht auf das Angehörigenverhältnis. Er entzieht sich nur den möglicherweise unangenehmen Fragen der in der Hauptverhandlung anwesenden Verfahrensbeteiligten. Dies zu ermöglichen ist nicht der Zweck des § 252 StPO".[239] Vielmehr würden auf diese Weise die Rechte der Verteidigung, Fragen an den Belastungszeugen zu stellen, unterlaufen, was gegen den Grundsatz des fairen Verfahrens verstoße.[240] Dem Interesse des Zeugen, die Belastungen durch die Hauptverhandlung zu verringern, werde durch die Zeugenschutzvorschriften der StPO (§§ 58a, 168e, 247a, 255a StPO) Rechnung getragen. Diese Vorschriften würden durch die Vorgehensweise des Zeugen unterlaufen, der sich so „sein eigenes Zeugenschutzprogramm bastelt" und zudem dem Gericht vorschreibe, wie es seine Aussage in die Hauptverhandlung einführen soll.[241] Grundsätzlicher noch wird in der Literatur entgegen dem BGH behauptet, § 252 StPO schütze auch das Interesse (des Angeklagten) an der Wahrheitsfindung, was sich bei einer systematischen Interpretation aus der Stellung dieser Norm bei den Vorschriften über die Beweisaufnahme ergebe.[242] Folgt man dieser Literaturauffassung, so ist immer dann, wenn sich der zeugnisverweigerungsberechtigte Zeuge in der Hauptverhandlung auf sein Zeugnisverweigerungsrecht beruft, die Verwertung einer früheren Aussage unabhängig von der Zustimmung des Zeugen unzulässig.[243] 235

e) Verwertung von Tagebüchern

Fall:[244] Der wegen Mordes an einer Frau angeklagte A hatte vor der Tat ein Tagebuch geführt, in dem er über seine Beziehungsprobleme zu Frauen und seinen Hang zu Gewalttaten reflektierte. Kann das von den Ermittlungsbehörden sichergestellte Tagebuch verwertet werden, wenn A in der Hauptverhandlung der Verwertung widerspricht?[245] 236

Problematisch ist hier nicht die Rechtmäßigkeit der Sicherstellung nach § 94 StPO, denn das Tagebuch war potentiell als Beweismittel von Bedeutung (und sei es auch nur für den Fall einer Zustimmung des Beschuldigten). Da ein Beweiserhebungs- 237

---

238 Eingehend zur Diskussion *Kraatz* JA 2014, 774 ff.

239 *Roxin* FS Rieß, 455.

240 *Ambos* Beweisverwertungsverbote S. 38 f.; *Schmitt* NStZ 2013, 213 ff.; *Vogel* StV 2003, 600 f.

241 *Roxin* FS Rieß, 455, 459; *Keiser* NStZ 2000, 460; *Vogel* StV 2003, 600; vgl. auch BGHSt 46, 1 (4 f.); *Beulke/Swoboda* StrafProzR Rn. 646.

242 *Dallmeyer* JA 2000, 277 f.; *Roxin* FS Rieß, 454; *Vogel* StV 2003, 600; dagegen *Ranft* JURA 2000, 632.

243 In diesem Sinn hat der *BGH* (BGHSt 46, 1) auch hinsichtlich der Verwertbarkeit von Angaben entschieden, die eine zeugnisverweigerungsberechtigte Zeugin im Rahmen einer „Vernehmung" durch den Verteidiger gemacht hatte.

244 Aus der Übungsfallliteratur *Heinrich/Reinbacher* 29/13 ff.; *Schroeder/Meindl* Fall 5; vgl. auch *Schlüchter/Duttge* S. 13; Hellmann/*Claus* Rn. 158 ff.; *Mitsch/Ellbogen* Fall 12; *Putzke/Scheinfeld* Rn. 479 ff.; *Steinberg/Mathieu/Horn* ZJS 2012, 365 (366 f.).

245 Nach BGHSt 34, 397 = *BGH* NStZ 1987, 569 m. Anm. *Plagemann* = *BGH* JR 1988, 469 m. Anm. *Geppert;* siehe auch *Geppert* JK 88 StPO § 261/7. Überprüfung durch das *BVerfG* in BVerfGE 80, 367; dazu etwa *Amelung* NJW 1988, 1002 ff.; *Hofmann* JuS 1992, 591 f.; *Küpper* JZ 1990, 419 f.; *Wolter* StV 1990, 175 ff.

verbot somit nicht vorlag, stellt sich die Frage, ob ein **selbständiges Beweisverwertungsverbot** eingreift.[246]

238 Ein solches selbständiges Beweisverwertungsverbot könnte sich hier unmittelbar aus der Verfassung, nämlich aus dem durch Art. 2 Abs. 1 i. V. m. Art. 1 Abs. 1 GG geschützten **Persönlichkeitsrecht** ergeben. Zu den Schutzgütern des allgemeinen Persönlichkeitsrechts gehören auch die Privat-, Geheim- und Intimsphäre,[247] grundsätzlich also auch die Befugnis, darüber zu entscheiden, inwieweit persönliche Lebenssachverhalte offenbart werden.[248] Es stellt sich damit die Frage, ob die Belange des Strafverfahrens einen Eingriff in das Persönlichkeitsrecht des Angeklagten legitimieren können. Dies wäre von vornherein ausgeschlossen, wenn die Entscheidungsbefugnis über den Umgang mit Tagebuchaufzeichnungen dem **Kernbereich** privater Lebensgestaltung zugehören würde, der mit Blick auf die Wesensgehaltsgarantie des Art. 19 Abs. 2 GG und die Unantastbarkeit der Menschenwürde (Art. 1 Abs. 1 S. 1 GG) der öffentlichen Gewalt schlechthin entzogen ist.[249] Sowohl der BGH[250] als auch das BVerfG[251] (in einer 4: 4 Entscheidung) haben die Tagebuchaufzeichnungen im vorliegenden Fall nicht dem unantastbaren Kernbereich zugeschlagen. Denn durch den strafrechtlich relevanten Inhalt seien Belange der Allgemeinheit nachhaltig berührt. Das ist freilich zweifelhaft: Die Gegenauffassung[252] weist darauf hin, dass die Auseinandersetzung mit dem eigenen Ich zum innersten Bereich der Persönlichkeit gehöre und dieser Kernbereich nicht deshalb verlassen werde, weil die Selbstreflexion in einem Tagebuch schriftlich niedergelegt ist. Auch der später hergestellte Bezug zu einer Straftat könne an dem höchstpersönlichen Charakter der Aufzeichnungen nichts ändern.[253]

239 Die Kritiker der Tagebuchentscheidung haben durch zwei spätere Entscheidungen des BGH und durch die Rechtsprechung des BVerfG[254] Bestärkung erhalten: In beiden BGH-Fällen waren im Rahmen richterlich angeordneter Abhörmaßnahmen **Selbstgespräche** des Beschuldigten aufgezeichnet worden, durch die er sich selbst belastet hatte. Im ersten Fall[255] betraf die Abhörmaßnahme ein Krankenzimmer, und damit eine Wohnung im Sinne von § 100c StPO (sog. „Großer Lauschangriff“).[256] Der BGH hat entschieden, dass die Aufzeichnung wegen Verletzung des durch

---

[246] *Blau* JURA 1993, 520.

[247] Vgl. etwa *Leibholz/Rinck* GG Art. 2 Rn. 31.

[248] BVerfGE 80, 367 (373).

[249] BVerfGE 80, 367 (373 f.).

[250] BGHSt 34, 397 (401).

[251] BVerfGE 80, 367 (376 f.); ebenso *BerlVerfGH* NJW 2004, 593; *Steinberg/Mathieu/Horn* ZJS 2012, 365 (366 f.).

[252] Siehe *Ambos* Beweisverwertungsverbote S. 71; *Amelung* NJW 1988, 1004 ff.; *Geppert* JR 1988, 473 f.; *Krey/Heinrich* Rn. 1620 f.; SK-StPO/*Wolter* (Loseblattausgabe) Vor § 151 Rn. 31 ff. Instruktiv auch die Auffassung der Richter, die die Entscheidung des *BVerfG* nicht trägt; siehe BVerfGE 80, 367 (380 ff.).

[253] Anders läge es freilich, wenn der Beschuldigte nach der Tat dem Tagebuch deren Begehung anvertraut hätte. Die schlichte Sachverhaltsschilderung weist keinen höchstpersönlichen Charakter auf. Vgl. BVerfGE 109, 279 Rn. 141; *Engländer* Rn. 268.

[254] BVerfGE 109, 279 Rn. 141.

[255] BGHSt 50, 206; dazu *Ellbogen* NStZ 2006, 179 ff.; *Lindemann* JR 2006, 191 ff.; *Wohlers* JR 2012, 389 ff.; *Zimmermann* GA 2013, 162 ff. Als Zusatzfrage bei *Heinrich/Reinbacher* 20/16 ff.; *Saliger* ZJS 2008, 395 (397 f.).

[256] Der Begriff der „Wohnung“ wird im Rahmen von § 100c StPO mit Blick auf den Schutz des Persönlichkeitsrechts weit ausgelegt, nämlich als die räumliche Sphäre, in der sich das Privatleben ungestört entfalten kann. Damit ist auch das Krankenzimmer umfasst; vgl. *BGH* StV 2005, 591 (592); Heghmanns/Scheffler StrafVerf-HdB/*Murmann* III Rn. 250.

Art. 13 Abs. 1 i. V. m. Art. 1 Abs. 1 und 2 Abs. 1 GG geschützten unantastbaren Kernbereichs privater Lebensgestaltung – auch im Rahmen der Aufklärung eines Mordes – nicht verwertbar sei.[257] Im zweiten Fall[258] betraf die Abhörmaßnahme einen Pkw. Obwohl damit Äußerungen des Beschuldigten außerhalb einer Wohnung überwacht und aufgezeichnet worden waren (§ 100f StPO; sog. „Kleiner Lauschangriff“) hat der BGH einen Eingriff in den durch Art. 2 Abs. 1 i. V. m. Art. 1 Abs. 1 GG absolut geschützten Kernbereich der Persönlichkeit – und damit ein Verwertungsverbot – angenommen. Einen Unterschied zur Tagebuchentscheidung sieht der BGH – wenig überzeugend[259] – in beiden Fällen darin, dass das Selbstgespräch „in keiner Form verdinglicht und der Gefahr eines Zugriffs preisgegeben war“.[260]

Nimmt man keinen Eingriff in den unantastbaren Kernbereich des Persönlichkeits- 240 rechts an, so ist eine Verwertung nicht schlechthin ausgeschlossen, und ihre Rechtmäßigkeit beurteilt sich am Maßstab des **Verhältnismäßigkeitsgrundsatzes.** Danach müsse den Aufzeichnungen zum einen Bedeutung für die Wahrheitsfindung zukommen (Geeignetheit).[261] Weiterhin dürfe kein milderes Mittel zur Wahrheitsermittlung zur Verfügung stehen und schließlich könne das Interesse an einer wirksamen Strafrechtspflege nur bei Verfolgung schwerer Kriminalität die Beeinträchtigung des Persönlichkeitsrechts des Beschuldigten überwiegen (Verhältnismäßigkeit im engeren Sinn).[262] Legt man diese Maßstäbe an den vorliegenden Fall an, so rechtfertigt der bedeutsame Beitrag, den das Tagebuch bei der Aufklärung schwerster Kriminalität erbringt, seine Verwertung.

f) Durch Straftaten Privater erlangte Beweismittel

Fall:[263] Z hat zum Zwecke der Erpressung heimlich ein Telefongespräch mit A mit- 241 geschnitten, in dem A erklärt hatte, einen Dritten zu einer Brandstiftung angestiftet zu haben. In der später gegen A geführten Hauptverhandlung wegen Anstiftung zur schweren Brandstiftung stellt sich die Frage, ob die Tonbandaufnahme auch gegen den Willen des A verwertet werden kann.[264]

Grundsätzlich müssen Tonbandaufnahmen nach h. M. im Wege des **Augenscheins-** 242 **beweises** (§§ 86–93 StPO) in das Verfahren eingeführt werden.[265] Für diese Auf-

[257] BGHSt 50, 206 (210).

[258] BGHSt 57, 71 mit Bespr. *Allgayer* NStZ 2012, 399 f.; *Ernst/Sturm* HRRS 2012, 374 ff.; *Heintschel-Heinegg* JA 2012, 395 f.; *Ladiges* StV 2012, 517 ff.; *Mitsch* NJW 2012, 1486 ff.; *Mosbacher* JuS 2012, 705 ff.; *Warg* NStZ 2012, 237 ff.; *Wohlers* JR 2012, 389 ff.; *Zabel* ZJS 2012, 563 ff.; *Zimmermann* GA 2013, 162 ff.

[259] *Ambos* Beweisverwertungsverbote S. 71 f.; *Ellbogen* NStZ 2006, 180; *Mitsch* NJW 2012, 1488; *Wohlers* JR 2012, 389 f.; *Zabel* ZJS 2012, 566. Zustimmend dagegen *Rössner/Safferling* 23. Problem (S. 143, 146 f.). Eingehend zur Entwicklung *Jahn/Geck* JZ 2012, 561 ff.

[260] BGHSt 50, 206 (213); 57, 71 Rn. 17.

[261] BVerfGE 80, 367 (377 f.).

[262] BVerfGE 80, 367 (379 f.); BGHSt 34, 397 (401); *OLG Schleswig* NStZ-RR 2000, 112.

[263] Zu ähnlichen Problemen siehe die Zusatzfrage von *Otto* JURA 1988, 44 (49); *ders.* JURA 1985, 384 (388 f.); *Putzke/Scheinfeld* Rn. 454; *Schöpe* ZJS 2014, 304 (307 ff.); in der StPO-Hausarbeit *Duttge/Klaffus* JuS 2022, 44 (47 f.); Hellmann/*Beckemper* Rn. 1 ff.; *Steinberg/Mathieu/Horn* ZJS 2012, 365 (368). Zur Beweisverwertung von privaten Aufnahmen mit Dash- und Bodycams *Jansen* StV 2019, 578 ff.

[264] Vgl. BGHSt 36, 167 (171 ff.); dazu *Joerden* JURA 1990, 633 ff.; *Kramer* NJW 1990, 1760 ff. Allgemein *Beckemper/Wegner* JA 2003, 510 ff.; *Wölfl* JA 2001, 504 ff.

[265] Meyer-Goßner/Schmitt/*Schmitt* StPO § 86 Rn. 11.

fassung – und gegen die Anwendung der Regeln des Urkundenbeweises – spricht der Umstand, dass Bandaufnahmen lediglich das flüchtig gesprochene Wort wiedergeben und auch leichter als Urkunden manipulierbar sind.[266]

243 Im vorliegenden Fall ist aber zweifelhaft, ob es einer **Verwertung** entgegensteht, dass die Aufnahme unter Begehung einer Tat nach **§ 201 Abs. 1 Nr. 1 StGB** zustande gekommen ist. Zwar kann die Verwirklichung dieses Tatbestandes in engen Grenzen nach § 34 StGB gerechtfertigt sein, wenn die Aufnahme zur Abwendung einer sonst bestehenden Beweisnot dient.[267] Vorliegend hat Z jedoch zum Zwecke der Erpressung und folglich rechtswidrig gehandelt. Fraglich ist damit, ob auch deliktisch erlangte Beweismittel Privater im Strafprozess verwertet werden dürfen. Das ist jedenfalls dann ausgeschlossen, wenn das Beweismittel durch eine schwere Menschenrechtsverletzung gewonnen wurde (z. B. durch Folter erlangtes Geständnis).[268] Stellt die Verwertung ihrerseits eine (erneute) Verletzung des Persönlichkeitsrechts dar (vgl. § 201 Abs. 1 Nr. 2 StGB), so hängt die Rechtmäßigkeit der Verwertung nach h. M. von deren **Verhältnismäßigkeit** ab. Es ist also zu prüfen, ob die Intensität des Eingriffs in einem angemessenen Verhältnis zur Bedeutung des Strafverfahrens und der Relevanz des Beweismittels steht. Ist die Tonbandaufnahme nicht dem Kernbereich des Persönlichkeitsrechts zuzuordnen und ist ihre Verwertung zur Aufklärung einer schwerwiegenden Straftat erforderlich, so will die h. M. ihre Verwertung zulassen.[269] Diese Grundsätze sprechen für eine Verwertung im vorliegenden Fall.

244 Gegen eine Verwertung deliktisch erlangter Beweismittel werden allerdings grundsätzliche **Einwände** erhoben:[270] Zum einen lässt sich geltend machen, dass die StPO diese Vorgehensweise zur Beweisgewinnung nicht zulässt. Dieser Einwand greift zwar insoweit nicht durch, als die Beweismethodenverbote der StPO nur die Strafverfolgungsorgane, nicht aber Privatpersonen binden.[271] Andererseits geht es hier aber auch gar nicht um die Erlangung des Beweismittels, sondern um die Beweisverwertung im Strafprozess, für die unzweifelhaft die Vorschriften der StPO einschlägig sind.[272] Insoweit gilt dann aber wieder, dass der Augenschein grundsätzlich ein zulässiges Beweismittel darstellt, dessen Ausschöpfung im Interesse der Wahrheitsermittlung und einer funktionstüchtigen Strafrechtspflege geboten ist. Gegen eine Verwertung der rechtswidrig erlangten Aufzeichnungen lässt sich freilich der Grundsatz eines fairen, rechtsstaatlichen Verfahrens ins Feld führen. Denn die Strafverfolgungsbehörden bedienen sich deliktisch erlangter Beweismittel zur Erfüllung ihrer Aufgaben.[273] Darin kann man einen Selbstwiderspruch sehen: der Staat kann

---

[266] *Roxin/Schünemann* § 28 Rn. 9.

[267] Schönke/Schröder/*Eisele* StGB § 201 Rn. 31b.

[268] *LG Düsseldorf* wistra 2011, 37; *Ambos* Beweisverwertungsverbote S. 107 f.; *Hellmann* StrafProzR Rn. 477, 530; *Rogall* JZ 1996, 949; *Rössner/Safferling* 22. Problem; *Roxin/Schünemann* § 24 Rn. 65; a. A. *Kramer* JURA 1988, 522.

[269] BGHSt 36, 167 (173 f.); *Hellmann* StrafProzR Rn. 530. Materiellrechtlich ist damit zugleich das Gebrauchmachen der Aufzeichnung (§ 201 Abs. 1 Nr. 2 StGB) nach § 34 StGB gerechtfertigt; vgl. *Brunhöber* GA 2010, 586 f.

[270] Eingehend in der Fallbearbeitung *Schöpe* ZJS 2014, 304 (307 ff.).

[271] *Ranft* Rn. 1621; *Roxin/Schünemann* § 24 Rn. 65; siehe aber auch die beachtliche Kritik bei *Jahn* JuS 2000, 444 f.

[272] Vgl. *Grünwald* Beweisrecht S. 163 f.

[273] Vgl. *Ambos* Beweisverwertungsverbote S. 108 ff.; *Joerden* JuS 1993, 928. Allerdings werden auch auf der Grundlage dieser Auffassung deliktisch erlangte Beweismittel zumindest dann verwertbar bleiben, wenn die Ermittlungsbehörden diese Beweismittel (höchstwahrscheinlich) auch auf rechtmäßigem Weg erlangt hätten; sogenannte „hypothetische Ermittlungsverläufe“, vgl. → Rn. 252. Vgl. auch *Zabel* GA 2011, 363.

sich zur Erfüllung seiner Aufgaben nicht solcher Beweismittel bedienen, deren Erlangung er zugleich zum Gegenstand eines Strafverfahrens macht. Ist man dieser Auffassung, so ist eine Verwertung auch im vorliegenden Fall ausgeschlossen.

Diese Bedenken verschärfen sich natürlich noch, wenn **Vertreter des Staates** selbst zur Erlangung von Beweismitteln **Straftaten begehen.**[274] Die Diskussion über diese Frage wurde hinsichtlich der von staatlicher Seite gekauften Dateien („Steuer-CDs") geführt, die Informationen über mögliche Steuerhinterzieher mit Bankkonten in der Schweiz oder in Liechtenstein enthalten. Die Strafprozessordnung sieht eine explizite gesetzliche Ermächtigungsgrundlage für solche Ankäufe nicht vor.[275] Im Falle einer Strafbarkeit der die Daten ankaufenden Staatsbediensteten (etwa wegen Beihilfe zum Verrat von Geschäftsgeheimnissen; § 23 Abs. 1 Nr. 2, 3 GeschGehG)[276] würde die Abwägung ein Beweisverwertungsverbot nahelegen.[277] Mittlerweile[278] hat der Gesetzgeber in § 202d Abs. 3 Nr. 1 StGB aber zum Ausdruck gebracht, dass er den staatlichen Ankauf von Steuer-CDs für Zwecke der Durchführung von Besteuerungs- oder Strafverfahren für straffrei hält.[279] Damit bleibt auch insoweit für ein Beweisverwertungsverbot nur das Argument, dass der Staat sich mit dem Ankauf von Daten aus einer Straftat selbstwidersprüchlich verhält.[280] 245

7. Verwertungsverbot nach § 136a Abs. 3 StPO; Fernwirkung

Fall:[281] Der wegen schweren Raubes dringend tatverdächtige A befand sich in Untersuchungshaft. Der Kriminalbeamte K überredete den Häftling Z dazu, dem A ein Geständnis zu entlocken. Zu diesem Zweck wurde Z in die Zelle des A verlegt. Es gelang Z tatsächlich, sich in As Vertrauen einzuschleichen, indem er mit ihm u. a. gemeinsam Fluchtpläne schmiedete und ihm schließlich sogar in Aussicht stellte, anstelle des A die Mitwirkung an dem diesem angelasteten Überfall auf sich zu nehmen. So konnte er A schließlich Angaben über den Tathergang entlocken. Aufgrund dieser Angaben gelang es der Polizei auch, den X als weiteren Belastungszeugen gegen A zu ermitteln. Dürfen die von Z und X in der Hauptverhandlung gemachten Aussagen verwertet werden?[282] 246

[274] Als Zusatzfrage bei *Fahl* ZJS 2009, 63 (69 f.); als Fall bei *Höffler/Kaspar* Fall 9 Rn. 26 ff.; *Kauffmann* JA 2010, 597 ff.; eingehend *Kaspar* GA 2013, 206 ff.

[275] *LG Düsseldorf* wistra 2011, 37 (38); NStZ-RR 2011, 84 f. sieht den Eingriff durch die Ermittlungsgeneralklausel nach §§ 399 Abs. 1, 404 AO i. V. m. §§ 161 Abs. 1, 163 Abs. 1 StPO gedeckt; ebenso *Höffler/Kaspar* StrafR Fall 9 Rn. 34; dagegen unter Hinweis auf das Gewicht des Eingriffs etwa *Spernath* NStZ 2010, 311.

[276] Vgl. etwa *LG Düsseldorf* wistra 2011, 37 (38); NStZ-RR 2011, 84 f.; *Ambos* Beweisverwertungsverbote S. 114 f.; *Kaiser* NStZ 2011, 383 ff.; *Kölbel* NStZ 2008, 241 (243); *Ostendorf* ZIS 2010, 301 ff.; *Samson/Langrock* wistra 2010, 201 ff.; *Schünemann* NStZ 2008, 305 (308); *Sieber* NJW 2008, 881 f.; *Trüg/Habetha* NStZ 2008, 481 (489).

[277] *Beulke/Swoboda* StrafProzR Rn. 733; *Ignor/Jahn* JuS 2010, 394 f.; *Trüg* StV 2011, 111 ff.; differenzierend *Ambos* Beweisverwertungsverbote S. 120 ff. Verfassungsrechtlich ist eine Unverwertbarkeit nicht gefordert; *BVerfG* NStZ 2011, 103 Rn. 42–55.

[278] Mit dem am 18.12.2015 in Kraft getretenen „Gesetz zur Einführung einer Speicherpflicht und einer Höchstspeicherfrist für Verkehrsdaten"; BGBl. I S. 2218.

[279] BT-Drs. 18/1288, S. 17; NK-StGB/*Walter/Kargl* § 202d Rn. 12.

[280] So *Putzke/Scheinfeld* Rn. 460.

[281] Aus der Übungsfallliteratur *Hillenkamp* JuS 2014, 924 (931); *Mansdörfer* Rn. 68 ff.; *Mitsch/Ellbogen* Fall 5; *Putzke/Scheinfeld* Rn. 438 f.; *Schroeder/Meindl* Fall 9; *Steinberg/Schwenke* JuS 2020, 430 (432 f.). Übungsfall zu § 136a StPO in der Variante des Versprechens eines gesetzlich nicht vorgesehenen Vorteils und zur Fernwirkung bei *Schöpe* JuS 2015, 143 (145 ff.). Zusatzfrage zu § 136a StPO bei angedrohter Misshandlung und zur Fernwirkung bei *Heinrich/Reinbacher* 32/9 ff.; dazu auch *Rössner/Safferling* 21. Problem.

[282] Nach BGHSt 34, 362 = *BGH* JuS 1988, 409 m. Anm. *Hassemer* = *BGH* JZ 1987, 936 m. Anm. *Fezer* = *BGH* JR 1988, 426 m. Anm. *Seebode* = *BGH* NStZ 1989, 33 m. Anm. *Wagner;* dazu auch *Fahl* JA 1998, 754 ff.; *Geppert* JK 87 StPO § 136a/3; *Grünwald* StV

247 **Verwertbarkeit der Zeugenaussage des Z:** Die Aussage von Z könnte nach **§ 136a Abs. 3 S. 2 StPO** unverwertbar sein, wenn die Beweisgewinnung unter Verstoß gegen § 136a Abs. 1 StPO (i. V. m. § 163a Abs. 4 S. 2 StPO) erfolgt wäre. In Betracht kommt also ein unselbständiges Beweisverwertungsverbot. § 136a StPO ist unmittelbar nur auf **Vernehmungen** anzuwenden. Da die h. M. einen formellen Vernehmungsbegriff zu Grunde legt, der nur erfüllt ist, wenn der Vernehmende dem Beschuldigten in offizieller Funktion gegenübertritt, stellt der Spitzeleinsatz eine solche Vernehmung nicht dar.[283]

248 Um Umgehungen zu verhindern, will der BGH die Vorschrift aber auf Fälle **entsprechend anwenden,** in denen sich die Ermittlungsbehörden die in § 136a Abs. 1 StPO umschriebenen Verhaltensweisen Privater zurechnen lassen müssen. Eine solche Zurechnung komme auch dann in Betracht, wenn die Behörden die besonderen Bedingungen der Untersuchungshaft zur Erlangung von Äußerungen eines Häftlings ausnutzen.[284] In solchen Fällen befürwortet der BGH in analoger Anwendung von § 136a Abs. 1 S. 2 StPO die Annahme **verbotenen Zwanges,** sofern der Private auf Initiative der Ermittlungsbehörden tätig wird.[285] Denn unzulässig ist nicht nur der Einsatz von Zwangsmitteln, die das Strafverfahrensrecht nicht vorsieht, sondern auch die Zweckentfremdung eines an sich zulässigen Zwangsmittels zur Herbeiführung einer Äußerung. Das vorliegend eingesetzte Zwangsmittel der Untersuchungshaft dient nach § 112 StPO vornehmlich dazu, der Flucht- oder Verdunkelungsgefahr entgegenzuwirken, um die Durchführung eines geordneten Strafverfahrens zu gewährleisten und die spätere Strafverfolgung sicherzustellen (→ Rn. 68 f.).[286] Es dient nicht dazu, die in der Haftsituation reduzierten Möglichkeiten, sich der Einflussnahme eines Polizeispitzels zu entziehen, zur Herbeiführung selbstbelastender Äußerungen auszunutzen. Die Ausnutzung der Situation des Beschuldigten in der Untersuchungshaft stellt also die Ausübung von – zu diesem Zweck – unzulässigem Zwang dar und begründet damit ein Verwertungsverbot analog § 136a Abs. 3 S. 2 StPO.[287]

249 Fraglich ist weiterhin, ob sich (zusätzlich) ein Verwertungsverbot nach § 136a Abs. 3 S. 2 StPO aus einer Beeinträchtigung der Willensfreiheit des A durch **Täuschung** ergibt. Hält man den Anwendungsbereich von § 136a StPO – zumindest seinem Rechtsgedanken nach – für eröffnet (dazu schon vorstehend → Rn. 248), so kommt es darauf an, ob die Angaben des A durch Täuschung im Sinne dieser

---

1987, 470 ff.; *Kramer* JURA 1988, 520 ff. Fortgeführt in BGHSt 44, 129 (= *BGH* JuS 1999, 196 f. m. Anm. *Martin* = *BGH* JR 1999, 346 m. Anm. *Hanack* = *BGH* NStZ 1999, 147 m. Anm. *Roxin;* dazu *Fahl* JA 1999, 102 ff.; *Jahn* JuS 2000, 441 ff.). Ähnliche Fallkonstellation bei Einsatz eines Verdeckten Ermittlers (§§ 110a ff. StPO) bei BGHSt 52, 11; dazu *Mitsch* JURA 2008, 211 ff. und Falllösung bei *Carlsen/Rühs/Swoboda* JURA 2021, 1316 (1319 ff.); *Heinrich/Reinbacher* 33/7 ff.

[283] Dazu *Kramer* JURA 1988, 521. Zu den Vernehmungsbegriffen schon → Rn. 107 f.

[284] BGHSt 34, 362 (363 f.); 44, 129 (134); kritisch *Kramer* JURA 1998, 522 f. Legt man statt des vom BGH vertretenen formellen Vernehmungsbegriffs einen funktionalen Vernehmungsbegriff zugrunde, der die amtliche Herbeiführung von Aussagen (auch vermittelt über eine Privatperson) genügen lässt, so ist § 136a StPO auf den polizeilich inszenierten Spitzeleinsatz unmittelbar anwendbar; so Löwe/Rosenberg/*Gleß* StPO § 136a Rn. 10; *Seebode* JR 1988, 427 f.

[285] Verwertbar soll die Aussage dagegen bleiben, wenn ein Häftling aus eigener Initiative das „Geständnis" eines Mithäftlings den Behörden offenbart; *BGH* NJW 1989, 843 (844 f.).

[286] BVerfGE 32, 87 (93); *Roxin/Schünemann* § 30 Rn. 1.

[287] BGHSt 34, 362 (363 f.); 44, 129 (134 ff.); *Fezer* JZ 1987, 937; kritisch *Grünwald* StV 1987, 471. Vgl. auch *EGMR* StV 2003, 257 ff. – Fall Alan v. Großbritannien – m. Anm. *Gaede.*

Vorschrift erlangt worden sind. Dieser Begriff wird eng ausgelegt.[288] Denn ein Vergleich mit dem Gewicht der anderen in § 136a StPO genannten unerlaubten Vernehmungsmethoden zeigt – auch mit Blick auf die weitreichenden Folgen eines Verstoßes (§ 136a Abs. 3 StPO: Verwertungsverbot) – dass nicht schon jede kriminalistische List von dieser Vorschrift erfasst sein soll.[289] Als Täuschung wird insbesondere das bewusste Vorspiegeln von Tatsachen angesehen,[290] während bloßes Verschweigen nach h. M. grundsätzlich nicht ausreicht.[291] Erblickt man im Verschweigen der Spitzeleigenschaft ein bloßes Unterlassen, so läge darin demnach keine Täuschung.[292] Es ist aber auch diskutabel, das Verschweigen eines Umstandes dann als Täuschung ausreichen zu lassen, wenn dem Staat eine Rechtspflicht zur Aufklärung obliegt.[293] Eine solche Pflicht könnte sich hier (ähnlich einer Garantenstellung aus Ingerenz) aus dem vorangegangenen Einschleusen des Polizeispitzels ergeben. Sogar eine Täuschung durch positives Tun liegt aber jedenfalls hinsichtlich des Vorspiegelns der Bereitschaft zur gemeinsamen Flucht und zur Übernahme der Verantwortung für die A angelastete Tat vor, durch die Z sich in das Vertrauen von A eingeschlichen hat.[294] So gesehen lässt sich also die Unverwertbarkeit der Äußerungen von A (und damit der Zeugenaussage von Z) auch auf einen Verstoß gegen das Täuschungsverbot stützen.

Verwertbarkeit der Zeugenaussage von X: Fraglich ist, ob sich aus § 136a Abs. 3 S. 2 StPO auch ein Verwertungsverbot hinsichtlich der Aussage von X ergibt, da diese aufgrund der – nach dem Vorstehenden: unverwertbaren – Angaben von Z erlangt wurde. Es stellt sich also die Frage, ob lediglich die unter Verstoß gegen § 136a StPO (analog) erlangten Angaben unverwertbar sind oder ob § 136a Abs. 3 S. 2 StPO auch eine **Fernwirkung** hinsichtlich solcher Beweismittel begründet, deren Erlangung auf die unverwertbare Aussage zurückzuführen ist. 250

Hinzuweisen ist darauf, dass das Problem der Fernwirkung von dem der **Fortwirkung** zu unterscheiden ist: Bei der Fortwirkung geht es um die Verwertbarkeit solcher Beweismittel, bei deren Gewinnung die ein Beweisverwertungsverbot begründenden Umstände noch weitergewirkt haben. 251

Beispiel 1:[295] Die unter der Androhung von Folter erfolgte Aussage (§ 136a StPO) wird anschließend vor dem Richter wiederholt. Hier erstreckt sich die Unverwertbarkeit auch auf die Aussage vor dem Richter, wenn der Beschuldigte erkennbar weiterhin unter dem Eindruck der Drohung steht. Aber auch, wenn die bedrohliche Situation im Zeitpunkt der richterlichen Vernehmung nicht mehr besteht, sind die Rechte des Beschuldigten doch

---

[288] Siehe etwa *Hellmann* StrafProzR Rn. 463; *Joerden* JuS 1993, 929 f.

[289] Eingehend zur List im Strafverfahren *Soiné* NStZ 2010, 596 ff.

[290] Beispielhaft *BGH* NJW 2017, 1253 (1255): Der Polizeibeamte spiegelt dem Beschuldigten den Tatverdacht bezogen auf einen Mord vor, den der Beschuldigte nur durch eine Einlassung zur Sache entkräften könne. Weiteres Beispiel bei *Hillenkamp* JuS 2014, 924 (931).

[291] KK-StPO/*Diemer* § 136a Rn. 19, 21 f.; Löwe/Rosenberg/*Gleß* StPO § 136a Rn. 42 f.; Meyer-Goßner/Schmitt/*Schmitt* StPO § 136a Rn. 15 f.

[292] *Kramer* JURA 1988, 523. Jedenfalls bei gesetzwidrigen Maßnahmen liegt es aber nahe, das Verschweigen als konkludente Täuschung (durch positives Tun) und damit als Verstoß gegen § 136a StPO aufzufassen; siehe Löwe/Rosenberg/*Gleß* StPO § 136a Rn. 41.

[293] HK-GS/*Jäger* StPO § 136a Rn. 19.

[294] *Kramer* JURA 1988, 523 f. Die Annahme eines Verstoßes gegen das Täuschungsverbot entspricht der h. M. in der Literatur zu dem zugrundeliegenden Fall; vgl. *Grünwald* StV 1987, 470 f.; *Seebode* JR 1988, 429 f.; SK-StPO/*Rogall* § 136a Rn. 56.

[295] *LG Frankfurt/M.* StV 2003, 325; *BGH* NStZ 2021, 431 ff. Zusatzfrage zur Fortwirkung bei *Becker* ZJS 2010, 403 (419 f.); *Heinrich/Reinbacher* 32/9 ff.; *Kasiske* JURA 2012, 736 (743); *Putzke/Scheinfeld* Rn. 412 ff.

noch fortwirkend verletzt, soweit er der Fehlvorstellung erlegen ist, ein Leugnen oder die Ausübung seines Schweigerechts hätten nach dem einmal erfolgten Geständnis ihren Sinn verloren. Auch insoweit ist seine Entscheidungsfreiheit durch den ursprünglichen Verfahrensverstoß beeinträchtigt, so dass sich von einer Fortwirkung sprechen lässt.[296] Ein Verwertungsverbot kann der vernehmende Richter in diesen Fällen allerdings dadurch vermeiden, dass er der Fortwirkung des Verfahrensverstoßes durch eine **qualifizierte Belehrung** ein Ende setzt:[297] Er muss den Beschuldigten dann über sein allgemeines Schweigerecht hinaus darüber belehren, dass die unter Verstoß gegen § 136a StPO erlangte Aussage nicht verwertbar ist, so dass der Beschuldigte unbeeinflusst von seiner früheren Aussage über sein weiteres Prozessverhalten entscheiden kann.

Beispiel 2: Das entsprechende Problem stellt sich, wenn der Beschuldigte nicht ordnungsgemäß über sein Schweigerecht belehrt wurde (Verstoß gegen § 136 Abs. 1 S. 2 StPO, → Rn. 213 ff.) und deshalb auch bei einer anschließenden Vernehmung trotz nunmehr erfolgter Belehrung annimmt, eine Berufung auf sein Schweigerecht sei mit Blick auf die bereits erfolgte Aussage sinnlos. Auch hier kann die zweite Vernehmungsperson durch eine qualifizierte Belehrung, also durch den Hinweis auf die Unverwertbarkeit der ersten Aussage, sicherstellen, dass der Verfahrensverstoß nicht in die zweite Vernehmung fortwirkt. Erfolgt keine qualifizierte Belehrung und sagt der Beschuldigte gerade deshalb aus, weil er die erste Aussage für verwertbar hält, so soll dies nach der Rechtsprechung des BGH nicht zwingend zur Unverwertbarkeit führen. Es sei vielmehr nach allgemeinen Grundsätzen (→ Rn. 203) das Interesse an der Straftataufklärung gegen die Rechtsbeeinträchtigung des Beschuldigten abzuwägen. Dabei komme dem Verstoß gegen die Pflicht zur qualifizierten Belehrung nicht das gleiche Gewicht zu wie der vorangegangenen Beeinträchtigung der Selbstbelastungsfreiheit, weil der Beschuldigte nunmehr immerhin über sein Schweigerecht informiert wurde.[298]

252 Die Antwort auf die Frage, ob Beweisverwertungsverbote eine Fernwirkung entfalten, ist **umstritten:** In der Literatur wird teilweise eine Fernwirkung des Verwertungsverbots grundsätzlich bejaht.[299] Zur Begründung wird die Notwendigkeit einer Disziplinierung rechtswidrig handelnder Ermittlungsbeamter angeführt (ähnlich der im nordamerikanischen Strafprozess geltenden „fruit of the poisonous tree doctrine“[300]) und es wird darauf hingewiesen, dass durch die Fernwirkung den Behörden jeder Anreiz für eine Umgehung der Beweiserhebungsvorschriften genommen werde. Für eine Fernwirkung – gerade bei Verstößen gegen § 136a StPO – lässt sich weiter geltend machen, dass es nach dem Zweck der Vorschrift keinen Grund gibt, die unmittelbar selbstbelastende Aussage von deren mittelbaren Folgen zu unterscheiden, denn in beiden Fällen führt eine zum Schutz vor ungewollter Selbstbelastung verbotene Verletzung der Willensfreiheit des Beschuldigten zur Erlangung des

---

[296] *Weigend* StV 2003, 438; teilweise wird der Begriff der Fortwirkung für das Weiterwirken von Irrtum oder Zwang im Rahmen von § 136a StPO reserviert; teilweise wird er auch auf die Fehlvorstellung hinsichtlich der Verwertbarkeit des rechtswidrig erlangten Beweismittels erstreckt; vgl. *Trüg* JA 2004, 397 mit Fn. 46.

[297] *Weigend* StV 2003, 438 f.; *Hinderer* JA 2012, 118 f.; *Hoven* JA 2013, 372; eingehend zur qualifizierten Belehrung *Trüg* JA 2004, 394 ff.; kritisch zu diesem Erfordernis etwa Meyer-Goßner/Schmitt/*Schmitt* StPO § 136a Rn. 30.

[298] BGHSt 53, 112 (115 f.); *BGH* NStZ 2019, 227 (228 f.); kritisch (für generelles Verwertungsverbot) Radtke/Hohmann/*J. Kretschmer* § 136 Rn. 34.

[299] In diesem Sinne etwa *Fezer* Fall 16 Rn. 50; *Grünwald* Beweisrecht S. 158 f., 161; *Kühne* Rn. 912; *Rüping* Rn. 495; *Weigend* StV 2003, 440 (für Verstöße gegen § 136a StPO).

[300] Zu dieser und ihren zahlreichen Einschränkungen *Ambos* Beweisverwertungsverbote S. 129 ff.

Beweismittels.[301] Auch die Befürworter einer Fernwirkung des Verwertungsverbots halten allerdings solche Beweismittel für verwertbar, die die Ermittlungsbehörden (höchstwahrscheinlich) auch ohne Verfahrensverstoß erlangt hätten (sog. **„hypothetische Ermittlungsverläufe"**).[302] Da nichts dafür spricht, dass die Aussage des X auch unabhängig von den unverwertbaren Angaben von Z erlangt worden wäre, erfasst das Beweisverwertungsverbot nach dieser Auffassung auch die Aussage des X.

Die h. M. lehnt dagegen eine generelle Fernwirkung – jedenfalls bei den meisten Verfahrensverstößen[303] – ab.[304] Rechtswidrigem Verhalten von Ermittlungsbeamten sei durch materiell strafrechtliche (z. B. § 343 StGB) oder disziplinarrechtliche Konsequenzen zu begegnen, sie könnten aber nicht den Untersuchungsgrundsatz suspendieren.[305] Nach Auffassung des BGH dürfe ein Verfahrensfehler, der ein Verwertungsverbot für ein Beweismittel herbeiführt, „nicht ohne weiteres dazu führen, dass das gesamte Strafverfahren lahmgelegt wird".[306] Auch im hier vorliegenden Fall eines Verstoßes gegen § 136a StPO lehnt die Rechtsprechung eine Fernwirkung ab.[307] **253**

Richtig wird eine Lösung sein, die in jedem Einzelfall die verschiedenen Interessen zum Ausgleich bringt: Wenn – wie hier dargestellt (→ Rn. 203 ff.) – die Frage des Bestehens eines (unselbständigen) Beweisverwertungsverbots ein komplexes Abwägungsproblem ist, dann liegt es nahe, auch die Reichweite dieses Verbots (also die Frage der Fernwirkung) nach diesen Grundsätzen zu beantworten.[308] Im Rahmen einer solchen Abwägung sind dann neben dem Schutzzweck der verletzten Norm etwa die grundrechtliche Relevanz eines Verfahrensverstoßes, die Bedeutung der zu ermittelnden Straftat und die Möglichkeit einer Erlangung des Beweismittels auf rechtmäßigem Weg zu berücksichtigen.[309] Eine Fernwirkung wird teilweise auch bei durch Straftaten des Staates erlangten Beweismitteln (→ Rn. 245) zum Schutz der Integrität des Rechtsstaates behauptet.[310] Bei Verstößen gegen § 136a StPO sprechen die Massivität des damit verbundenen Eingriffs und die Zielrichtung dieser Vorschrift, eine Selbstbelastung durch unzulässige Beeinträchtigung der Willensfreiheit **254**

---

[301] *Grünwald* Beweisrecht S. 158 f.

[302] Dazu eingehend *Flöhr* JURA 1995, 131 ff.; *Rogall* NStZ 1988, 385 ff.; kritisch *Kühne* Rn. 912. Nach *Hellmann* StrafProzR Rn. 484 soll diese Einschränkung nicht bei krassen Verstößen gegen § 136a StPO eingreifen.

[303] Vom *BGH* (BGHSt 29, 244) anerkannte Ausnahme: Fernwirkung des Beweisverwertungsverbots des § 7 Abs. 3 G 10.

[304] Meyer-Goßner/Schmitt/*Schmitt* Einl. Rn. 57; *Lesch* StrafProzR 3/169 f.; *Roxin/Schünemann* § 24 Rn. 59 f.

[305] *Lesch* StrafProzR 3/170; *Ranft* Rn. 1617; *Roxin/Schünemann* § 24 Rn. 60.

[306] BGHSt 27, 355 (358); 32, 68 (71); 34, 362 (364); *BGH* NStZ 2006, 402 (404).

[307] BGHSt 34, 362 (364); zustimmend KK-StPO/*Diemer* § 136a Rn. 42.

[308] So *Ambos* Beweisverwertungsverbote S. 147 f.; SSW StPO/*Eschelbach* § 136a Rn. 67; SK-StPO/*Rogall* § 136a Rn. 112; *ders.* JZ 1996, 948 f.; auch *LG Frankfurt/M.* StV 2003, 325 (327) – wobei es im Rahmen der Abwägungslösung alles andere als selbstverständlich ist, wenn das Gericht bei der Androhung von Folter zur Verwertbarkeit des Beweismittels gelangt; so auch *Weigend* StV 2003, 440 f. – das Gericht hat es offenbar für entscheidend gehalten, dass es (nur) bei der Androhung geblieben ist; ähnlich *Joerden* JuS 1993, 931. Generell zum Zusammenhang der ratio von Verwertungsverboten und der Behandlung der Fernwirkung *Wohlers* FS Wolter, 1181 (1198 f.).

[309] Wobei allerdings bei Eingriffen in den unantastbaren Kernbereich von Grundrechten kein Raum für eine Abwägung bleibt: aus solchen Eingriffen erlangte Erkenntnisse dürfen nicht zum Anknüpfungspunkt weiterer Ermittlungen gemacht werden; s. BVerfGE 109, 279 (332).

[310] *Schünemann* NStZ 2008, 309.

auszuschließen,[311] für eine Fernwirkung.[312] Auch wenn es vorliegend um die Aufklärung einer schweren Straftat geht, dürften doch die besseren Gründe für die Unverwertbarkeit der Aussage des X sprechen.

8. Unmittelbarkeit; Zeuge vom Hörensagen; Aufklärungspflicht; V-Mann-Problematik

255 **Fall:**[313] Im Verlauf eines gegen A geführten Ermittlungsverfahrens wegen unerlaubten Handeltreibens mit Betäubungsmitteln ist ein anonymer Zeuge (Z) durch Kriminalhauptmeister K zu einem Geständnis vernommen worden, das A gegenüber Z abgelegt haben soll. Z ist gegen finanzielle Zuwendungen und die Zusage der Vertraulichkeit regelmäßig im Auftrag der Polizei bei der Aufklärung von Straftaten behilflich. Das Innenministerium weigert sich gegenüber dem Gericht, die Identität des Z aufzudecken oder dem K zu diesem Punkt eine Aussagegenehmigung (§ 54 Abs. 1 StPO) zu erteilen. Darf/muss das Gericht K über den Inhalt der Vernehmung als Zeugen hören und inwieweit kann das Gericht eine Verurteilung auf seine Angaben stützen?[314]

256 Fraglich ist schon, ob eine Vernehmung des K möglicherweise deshalb unzulässig ist, weil sie infolge eines **unselbständigen Beweisverwertungsverbots** bei der Entscheidungsfindung des Gerichts nicht berücksichtigt werden darf. Ein unselbständiges Beweisverwertungsverbot setzt zunächst voraus, dass das Beweismittel unter Verstoß gegen ein **Beweiserhebungsverbot** erlangt wurde. Vorliegend könnte sich ein Beweiserhebungsverbot aus einer Verletzung des **Vorbehalts des Gesetzes** (Art. 20 Abs. 3 GG) ergeben, weil eine spezielle gesetzliche Ermächtigungsgrundlage für den Einsatz des Z nicht besteht (→ Rn. 65): Z ist ein sogenannter **V-Mann** (Vertrauens-Mann), d. h. „eine Person, die, ohne einer Strafverfolgungsbehörde anzugehören, bereit ist, diese bei der Aufklärung von Straftaten auf längere Zeit vertraulich zu unterstützten und deren Identität grundsätzlich geheim gehalten wird“.[315] V-Leute sind zu unterscheiden von Verdeckten Ermittlern, das sind unter einer Legende ermittelnde Polizeibeamte (Legaldefinition in § 110a Abs. 2 S. 1 StPO). Den Einsatz von Verdeckten Ermittlern regeln §§ 110a–110c StPO. Eine analoge Anwendung dieser Vorschriften auf den Einsatz von V-Leuten kommt schon mangels planwidriger Regelungslücke nicht in Betracht.[316] Den Einsatz von V-Leuten will die (noch) überwiegende Auffassung auf die Ermittlungsgeneralklauseln der §§ 161, 163 StPO (dazu → Rn. 65) stützen.[317] Dies entspricht der Auffassung des Gesetzgebers,[318] die die Rechtsprechung teilt.[319] Das BVerfG hat allerdings in einem obiter dictum eine Abweichung von dieser Haltung zu erkennen gege-

[311] Zur ratio von § 136a StPO vgl. *Joerden* JuS 1993, 927.
[312] Radtke/Hohmann/*J. Kreschmer* StPO § 136a Rn. 44; SK-StPO/*Rogall* § 136a Rn. 113 f.
[313] Aus der Übungsfallliteratur *Beulke* Klausurenkurs III Rn. 399, 475 f.; *ders.* JA 2008, 762 f.; *Ranft* JURA 1993, 487; *Schroeder/Meindl* Fall 10; Fall zum Verdeckten Ermittler bei Hellmann/*Beckemper* Rn. 533 ff.
[314] BGHSt 36, 159.
[315] RiStBV Anlage D I 2.2 (abgedruckt bei Meyer-Goßner/Schmitt StPO Anh. 3); einen guten Überblick zu den mit dem V-Mann-Einsatz verbundenen Rechtsfragen bietet *Eschelbach* StV 2000, 390 ff.
[316] BGHSt 41, 42; 45, 321 (330).
[317] Meyer-Goßner/Schmitt/*Köhler* StPO § 110a Rn. 4a, § 163 Rn. 34a.
[318] Vgl. Begr. Gesetzentwurf BRat BT-Drs. 12/989, S. 41.
[319] BGHSt (GrS) 32, 115 (121 f.); 41, 43 f.; *BVerfG* NJW 1987, 1874.

ben.[320] Tatsächlich lässt sich die Annahme, der V-Mann-Einsatz sei von den Ermittlungsgeneralklauseln gedeckt, nicht halten: Der von den Strafverfolgungsbehörden initiierte Einsatz von V-Leuten begründet Eingriffe in Grundrechte der Betroffenen, insbesondere in die Privatsphäre als Ausprägung des allgemeinen Persönlichkeitsrechts und in das Recht auf informationelle Selbstbestimmung,[321] die auf Grund ihres Gewichts einer speziellen Ermächtigungsgrundlage bedürfen (vgl. entsprechend zur „Hörfalle" → Rn. 119 ff.).[322] Erblickt man danach im V-Mann-Einsatz einen Verstoß gegen ein **Beweiserhebungsverbot, so stellt sich die Frage, ob daraus ein Beweisverwertungsverbot abzuleiten** ist (zu den hierfür maßgeblichen Kriterien → Rn. 203 ff.). Dafür spricht, dass sich das Fehlen einer gesetzlichen Ermächtigungsgrundlage gerade dahin interpretieren lassen könnte, dass die auf solche Weise erhobenen Informationen den Strafverfolgungsbehörden nicht zur Verfügung stehen sollen. Auch ist eine rechtmäßige Möglichkeit zur Erlangung dieser Informationen nicht ersichtlich und die Eingriffe würden durch die Einführung des Beweismittels in öffentlicher Hauptverhandlung vertieft. Gegen ein Beweisverwertungsverbot lässt sich freilich anführen, dass der Gesetzgeber auf spezialgesetzliche Regelungen deshalb verzichtet hat, weil er von der rechtlichen Zulässigkeit solcher Maßnahmen ausgegangen ist und dementsprechend die auf diese Weise erhobenen Informationen nach dem Willen des Gesetzgebers gerade nicht dem Strafverfahren vorenthalten bleiben sollten.

Hält man – mit der Rechtsprechung und einem Teil der Literatur – den V-Mann-Einsatz auch ohne spezielle gesetzliche Ermächtigungsgrundlage für zulässig oder nimmt zumindest kein aus dem Fehlen einer Grundlage folgendes Beweisverwertungsverbot an, so stellt sich die Frage, ob die **Aufklärungspflicht** des Gerichts nach § 244 Abs. 2 StPO die Vernehmung des K verlangt oder ob sich das Gericht damit nicht begnügen darf und auf eine Vernehmung des Z bestehen muss. Einer Vernehmung des K steht es nach h. M. nicht schon entgegen, dass es sich bei ihm lediglich um einen **Zeugen vom Hörensagen** handelt.[323] Einen Verstoß gegen den materiellen Unmittelbarkeitsgrundsatz im Sinne von § 250 StPO soll ein solches Vorgehen schon deshalb nicht darstellen, weil diese Vorschrift es lediglich verbiete, den Personalbeweis durch den Urkundenbeweis zu ersetzen, während es vorliegend darum gehe, den sachnäheren Personalbeweis durch einen sachferneren Personalbeweis zu ersetzen.[324] Auch der Zeuge vom Hörensagen bleibe insofern unmittelbares Beweismittel, als er Angaben über eigene Wahrnehmungen (nämlich über das, was ihm gesagt wurde) mache. 257

Allerdings stellt der Zeuge vom Hörensagen im Verhältnis zum unmittelbaren Zeugen ein **schlechteres Beweismittel** dar, so dass es die gerichtliche Aufklärungspflicht regelmäßig gebietet, nach Möglichkeit den sachnäheren Zeugen zu hören.[325] Unter Berücksichtigung des Gewichts der Angaben des Z gebietet auch im vor- 258

---

[320] *BVerfG* NStZ 2000, 489 (490) m. Anm. *Rogall.*

[321] *Malek/Wohlers* Rn. 430; KMR/*Bockemühl* StPO § 110a Rn. 3 f. m. w. N. auch zu abweichenden Auffassungen. Eingehend *Gercke* StV 2017, 615 (617 ff.).

[322] So etwa *Fezer JZ* 1995, 972; *Lilie/Rudolph NStZ* 1995, 515; *Bernsmann/Jansen StV* 1998, 229 f.; *Hetzer* Kriminalistik 2001, 695 ff.; KMR/*Bockemühl* StPO § 110a Rn. 9; *Malek/Wohlers* Rn. 474, 481 ff. Zur begrenzten Reichweite der Ermittlungsgeneralklauseln siehe schon → Rn. 65.

[323] Siehe etwa *Rössner/Safferling* 15. Problem; *Roxin/Schünemann* § 46 Rn. 33 f.; zur Verfassungsmäßigkeit BVerfGE 57, 292 f.; eingehend zum Zeugen vom Hörensagen *Geppert* JURA 1991, 538 ff.; *Detter* NStZ 2003, 1 ff.; kritisch *Seebode/Sydow* JZ 1980, 506 ff.

[324] Siehe *Fezer* Fall 14 Rn. 48 f.; *Geppert* JURA 1991, 541 f.

[325] *Fezer* Fall 14 Rn. 51.

liegenden Fall die Aufklärungspflicht, dass sich das Gericht nach Möglichkeit einen persönlichen Eindruck von dem Zeugen verschafft und die Glaubhaftigkeit der Aussage durch unmittelbare Nachfragen überprüft. Fraglich ist aber, ob diese Verpflichtung auch bei behördlicher Geheimhaltung der Identität eines Zeugen besteht oder ob das Gericht die Vernehmung dieses Zeugen durch die des Vernehmungsbeamten ersetzen darf.

259 Die Geheimhaltung der Identität des V-Mannes kann – wie im vorliegenden Fall – durch eine sogenannte **„Sperrerklärung"** erfolgen, durch die die oberste Dienstbehörde die Preisgabe der Identität des geheim gehaltenen Zeugen untersagt.[326] Die Berechtigung hierzu hat die Behörde nach h. M. analog §§ 110b Abs. 3 S. 3, 96 StPO dann, wenn der Zeuge bei Aufdeckung seiner Identität in Gefahr für Leib oder Leben geraten würde[327] oder wenn er künftig für die Ermittlungsbehörden nicht mehr einsetzbar wäre.[328] In der zeugenschaftlichen Vernehmung des Vernehmungsbeamten – hier: des K – wird die Sperrerklärung in der Weise umgesetzt, dass die für seine Vernehmung nach § 54 Abs. 1 StPO, § 37 BeamtStG (Landesbeamte), § 67 BBG (Bundesbeamte)[329] erforderliche Aussagegenehmigung von der Behörde dahingehend eingeschränkt wird, dass er über die Identität des V-Mannes keine Auskunft geben darf.

260 Diese umfassende Form der Sperrung des Zeugen ist aber nicht immer zu dessen Schutz und zum Schutz von Ermittlungsinteressen erforderlich. Da die Geheimhaltung eines Zeugen in die Rechte der Verfahrensbeteiligten (insbesondere in das Fragerecht; Art. 6 Abs. 3 lit. d EMRK) und die Überzeugungsbildung des Gerichts nachhaltig eingreift, hat die Rechtsprechung eine **Stufentheorie** entwickelt, die das Geheimhaltungsinteresse und die Interessen der Prozessbeteiligten zu einem Ausgleich bringen soll.[330] Auf der **1. Stufe** wird der V-Mann in der Hauptverhandlung als Zeuge vernommen, allerdings durch besondere Vorkehrungen geschützt. Solche Vorkehrungen sind insbesondere der Verzicht auf die Nennung von Wohnort und Personalien (§ 68 Abs. 2, Abs. 3 StPO), der Ausschluss der Öffentlichkeit (§ 172 Nr. 1a GVG) und die Entfernung des Angeklagten aus dem Sitzungssaal für die Dauer der Vernehmung (§ 247 StPO). Mit der Einführung von § 247a StPO kommt auch eine Vernehmung des außerhalb des Sitzungsraums befindlichen Zeugen per Videokonferenz in Betracht.[331]

261 Dagegen hielt der Große Senat eine Beweisaufnahme unter **optischer oder akustischer Abschirmung** eines Zeugen (etwa durch Trennwände oder Verzerrung der Stimme durch technische Mittel) mangels entsprechender gesetzlicher Regelung für unzulässig.[332] Diese Entschei-

326 Eingehend „Zur Problematik behördlicher Sperrerklärungen" *Geppert* JURA 1992, 249 ff.; zur verfassungsrechtlichen Beurteilung BVerfGE 57, 250 (281 ff.). Die bloße Zusicherung der Vertraulichkeit durch die Staatsanwaltschaft hat dagegen für das Gericht, das nur dem Gesetz unterworfen ist (Art. 97 Abs. 1 GG), keine Bedeutung; *BGH* StV 2012, 5.

327 BGHSt 33, 83 (90 ff.); *Fezer* JZ 1996, 609 f.

328 *VGH Mannheim* NJW 2013, 102 f. (wo sogar darauf verwiesen wird, dass im Falle einer Vernehmung generell die Bereitschaft zur Zusammenarbeit mit der Polizei sinke); Meyer-Goßner/Schmitt/*Köhler* StPO § 96 Rn. 12a, § 110b Rn. 8; dagegen kritisch *Geppert* JURA 1992, 250 m. w. N.

329 Meyer-Goßner/Schmitt/*Schmitt* StPO § 54 Rn. 4 ff.

330 Dazu zusammenfassend *Beulke/Swoboda* StrafProzR Rn. 654; *Hellmann* StrafProzR Rn. 677 ff.; *Kindhäuser/Schumann* § 21 Rn. 125 ff.; *Volk/Engländer* GK StPO § 27 Rn. 32 ff. Zur Verfassungsmäßigkeit *BVerfG* StV 2010, 337 m. Anm. *Safferling*. Vgl. auch *VGH Kassel* StV 2013, 685 ff.; NJW 2014, 240 ff. (dazu *Mahler* HRRS 2013, 333 ff.) zum Fall einer rechtswidrigen Sperrerklärung.

331 *Detter* StV 2006, 544 ff.; *Norouzi* JuS 2003, 434 ff.; *Renzikowski* JZ 1999, 606 f.

332 BGHSt (GrS) 32, 115 (124).

dung wird allerdings mit Blick auf die seitherigen Änderungen der Gesetzeslage in der neueren Literatur und Rechtsprechung kritisch beurteilt:[333] Zwar ist die Möglichkeit optischer oder akustischer Abschirmung des Zeugen nach wie vor gesetzlich nicht geregelt, aber der Gesetzgeber hat durch die erweiterten Möglichkeiten einer Anonymisierung von Zeugen (§ 68 Abs. 3 StPO) und die Möglichkeit der audiovisuellen Vernehmung (§ 247a StPO) zu erkennen gegeben, dass die Glaubwürdigkeitsprüfung keine volle Individualisierung des Zeugen erfordert. Während nach der früheren Fassung des § 68 StPO „die Frage nach einer allgemeinen Glaubwürdigkeit des Zeugen im Sinne einer dauerhaften personalen Entscheidung" – also: sein „Leumund" – im Vordergrund stand, geht es heute bei der Glaubwürdigkeitsprüfung mehr um die „Analyse des Aussageinhalts", also um eine stärker am Inhalt der Aussage orientierte Beurteilung der Frage, „ob auf ein bestimmtes Geschehen bezogene Angaben einem tatsächlichen Erleben des Zeugen entsprechen".[334] Verlieren die Bedenken aus der (fehlenden) gesetzlichen Regelung von Maßnahmen der optischen oder akustischen Abschirmung an Gewicht, so rücken die materiellen Argumente für eine Zulässigkeit solcher Maßnahmen in den Vordergrund: Sowohl unter dem Aspekt der Wahrheitsermittlung als auch mit Blick auf die Wahrung der Rechte der Verteidigung ist eine optische oder akustische Abschirmung des Zeugen (die sich auch aus technischen Gründen insbesondere im Rahmen einer Videovernehmung nach § 247a StPO anbietet) gegenüber einer vollständigen Sperrung des Zeugen vorzugswürdig.[335] Insbesondere besteht – sowohl für das Gericht als auch für die anderen Verfahrensbeteiligten – die Möglichkeit, unmittelbar Fragen an den Zeugen zu richten (vgl. auch Art. 6 Abs. 3 lit. d EMRK). Eine abgeschirmte Vernehmung kommt freilich nur in Betracht, wenn die Sicherheitsbelange des Zeugen und die berechtigten Interessen der Ermittlungsbehörden auf diese Weise gewahrt werden können. Dies wird in den Fällen nicht der Fall sein, „in denen die Vertrauenspersonen dem engeren Umfeld der Tätergruppe angehören und Befragungen zur Herkunft ihres Wissens und anderen Details nahe liegender Weise indirekt zur Offenlegung ihrer Identität führen können".[336]

Auf der **2. Stufe** wird der Zeuge lediglich für eine kommissarische Vernehmung außerhalb der Hauptverhandlung freigegeben. Die Sperre für die Hauptverhandlung ist dann ein nicht zu beseitigendes Hindernis, dessen Vorliegen eine kommissarische Vernehmung erlaubt (§ 223 StPO). Den staatlichen Geheimhaltungsinteressen kann auf diese Weise jedoch nur eingeschränkt Rechnung getragen werden, weil bei der kommissarischen Zeugenvernehmung dem Verteidiger die Anwesenheit zu gestatten ist (§ 224 StPO).[337] Der hier gegebene Fall, bei dem sogar dem Gericht der V-Mann vorenthalten und lediglich der Vernehmungsbeamte als Zeuge vom Hörensagen angeboten wird, ist die strikteste Form – die **3. Stufe** – der Geheimhaltung. 262

Ob im vorliegenden Fall eine umfassende Sperrerklärung zum Schutz des Informanten (oder zumindest zum Zwecke von dessen weiterer Einsetzbarkeit) tatsächlich erforderlich ist, ist dem Sachverhalt nicht zu entnehmen. Nach Auffassung des BGH steht es der Unerreichbarkeit eines Zeugen aber nicht entgegen, wenn das Gericht Zweifel an der Rechtmäßigkeit der Sperrerklärung hat, solange diese nur **nicht offensichtlich rechtswidrig** ist.[338] Für eine offensichtliche Rechtswidrigkeit der Sperrerklärung bietet der Sachverhalt keine Anhaltspunkte. 263

---

[333] So der 1. Senat des *BGH* NJW 2003, 74 in einem Anfragebeschluss (vor einer Vorlage nach § 132 Abs. 4 GVG), der aber infolge Rücknahme der Revision vor einer Beantwortung durch die anderen Senate gegenstandslos geworden war. Vgl. auch *BGH* NStZ 2005, 43; 2006, 648; *VGH Kassel* StV 2013, 685 (688); NJW 2014, 240 (242); *Detter* StV 2006, 547 f.; *Diemer* NStZ 2001, 397 f.; *Norouzi* JuS 2003, 436 ff.

[334] *BGH* NJW 2003, 74 (75).

[335] *BGH* NJW 2003, 74; *Diemer* NStZ 2001, 398; *Norouzi* JuS 2003, 436 ff.

[336] *BGH* StV 2004, 241 (242) m. Anm. *Wattenberg*.

[337] BGHSt (GrS) 32, 115 (127).

[338] BGHSt 36, 159 (162 f.) (in ausdrücklicher Abkehr von BGHSt 31, 148 (154 ff.); 33, 83 (92)); *VGH Mannheim* NJW 2013, 102 (103); kritisch zur „Kehrtwende" des BGH *Geppert* JURA 1992, 252.

264 Das Gericht muss sich aber – insbesondere bei **verbleibenden Zweifeln** an der Rechtmäßigkeit der Sperrerklärung – infolge seiner Aufklärungspflicht darum bemühen, eine Aufhebung der Sperrerklärung zu erreichen, um wenigstens eine kommissarische Vernehmung (2. Stufe) zu ermöglichen. Dazu gehört es insbesondere, sich nicht mit der Verweigerung der Aussagegenehmigung durch eine nachgeordnete Behörde zufriedenzugeben[339] oder wenn – wie hier – bereits die oberste Dienstbehörde die Aussagegenehmigung verweigert hat,[340] durch Gegenvorstellungen auf eine Erteilung hinzuwirken, soweit hierfür Aussicht besteht.[341]

265 Bleiben solche Bemühungen erfolglos, so ist der Zeuge – auch wenn das Gericht die Sperrerklärung für rechtswidrig hält – **unerreichbar.**[342] Ein auf seine Vernehmung gerichteter Beweisantrag kann nach § 244 Abs. 3 S. 3 Nr. 5 StPO abgelehnt werden. Nach Auffassung des BGH ergibt sich nun wiederum aus § 244 Abs. 2 StPO die Pflicht, auch das sekundäre Beweismittel heranzuziehen, wenn es einen Aufklärungserfolg verspricht.[343] Ein Aufklärungserfolg kann bei Vernehmung des K als des sachferneren Beweismittels nicht von vornherein ausgeschlossen werden, so dass die Aufklärungspflicht dessen Vernehmung verlangt.

265a Für die Beantwortung der Frage, inwieweit sich das Gericht dann schließlich auch **für eine Verurteilung auf die Angaben von Z stützen** kann, ist zu beachten, dass auch bei Vorenthalten des anonymen Belastungszeugen das Verfahren insgesamt **fair** bleiben muss. Art. 6 Abs. 3d EMRK garantiert dem Beschuldigten, „Fragen an Belastungszeugen zu stellen oder stellen zu lassen". Dieses **Konfrontationsrecht** hat der BGH früher im Falle der Vernehmung der Verhörsperson für gewahrt gehalten, weil „Belastungszeuge" im Sinne dieser Vorschrift nicht der V-Mann, sondern der Vernehmungsbeamte sei, dem der Beschuldigte und sein Verteidiger Fragen stellen können.[344] Das verfehlt offensichtlich den Zweck des Konfrontationsrechts, das darauf abzielt, sich durch Befragung des Urhebers der belastenden Behauptung verteidigen zu können. Der EGMR und nun auch der BGH beziehen Art. 6 Abs. 3d EMRK dementsprechend (auch) auf die Ursprungsquelle, also auf den anonymen Zeugen.[345] Dabei besteht Einigkeit, dass nicht jedes Verfahren, in dem die Befragung des Belastungszeugen nicht möglich war, einen Konventionsverstoß begründet.[346] Vielmehr ist zur Beurteilung der Verfahrensfairness eine **Gesamtwürdigung** anzustellen, in der nach der Rechtsprechung des EGMR drei Kriterien zu beachten sind (sog. **„Drei-Stufen-Theorie"**; nicht zu verwechseln mit der Stufentheorie des BGH, → Rn. 260 ff.):[347]

---

339 *BGH* NStZ 2001, 333.

340 Zur Zuständigkeit des Innenministeriums siehe BGHSt 41, 36.

341 BGHSt 36, 159 (161 f.).

342 BGHSt 36, 159 (162 f.).

343 BGHSt 36, 159 (164 f.).

344 BGHSt 17, 382 (388); *BGH* StV 1991, 100 (101); ebenso *Fezer* Fall 14 Rn. 53.

345 *EGMR* StV 1990, 481 f.; BGHSt 46, 93 (95 f.); *BGH* NStZ 2017, 602 f.; 2018, 51 (52 f.); vgl. *Eschelbach* StV 2000, 397.

346 Siehe aber bezogen auf den Einsatz von V-Personen *EGMR* StV 1997, 617 – van Machelen/Niederlande – m. Anm. *Wattenberg/Violet* (dazu *BGH* StV 2000, 649 [650 f.]); *Renzikowski* JZ 1999, 605 ff.; *Wattenberg* StV 2000, 690 ff. m. w. N. aus der Rspr. des *EGMR.* Zu Spannungen in der Rechtsprechung des *BGH* und der (früheren) Rechtsprechung des *EGMR* siehe *Safferling* NStZ 2006, 75 ff. Zum Wandel der Rechtsprechung des *EGMR* *Bois-Pedan* HRRS 2012, 120 ff.; *Gaede* StV 2018, 175 ff.

347 *EGMR* StV 2017, 213 (216 ff.); übernommen in *BGH* NStZ 2017, 602 (603); 2018, 51 (52 f.); dazu *Mosbacher* JuS 2017, 746 f. Allerdings ist zu beachten, dass die im Text genannten Stufen nach der Rechtsprechung nicht strikt aufeinander aufbauen und auch keine feste Prüfungsreihenfolge verlangen; *EGMR* StV 2017, 213 (219); *BGH* NStZ 2018, 51 (52).

- Maßgeblich ist erstens, ob ein **trifftiger Grund** dafür vorlag, dass der Belastungszeuge nicht unmittelbar befragt werden konnte. Einen solchen Grund stellt auch die Unerreichbarkeit des Zeugen aufgrund einer berechtigten (oder jedenfalls nicht erkennbar rechtswidrigen) Sperrerklärung dar.
- Zweitens ist die **Bedeutung der Aussage** für die gerichtliche Entscheidung zu berücksichtigen. Je stärker sich das Gericht auf die lediglich mittelbar eingeführte Aussage stützt, desto problematischer erscheint die darin liegende Beschränkung der Verteidigung. Die Rechtsprechung hat bislang aus dem Grundsatz der Verfahrensfairness abgeleitet, dass eine Verurteilung dann nicht ausschließlich auf die Angaben eines mittelbaren Zeugen gestützt werden kann, wenn die Beschränkung des Konfrontationsrechts im Verantwortungsbereich des Staats liegt, wie dies bei der Sperrung eines Zeugen durch die Exekutive der Fall ist. Die Aussage müsse vielmehr durch **zusätzliche bedeutsame Beweisanzeichen abgestützt** werden.[348] Diese Rechtsprechung hat der BGH neuerdings in Zweifel gezogen, weil der Beweiswert einer Aussage nichts damit zu tun hat, ob die fehlende Befragungsmöglichkeit von der Justiz zu verantworten ist.[349] Deshalb erscheint unter dem Aspekt der Wahrheitsermittlung jede pauschale Beurteilung der Qualität des Beweismittels problematisch. Im vorliegenden Fall lässt sich weder die Beweislage insgesamt noch die Bedeutung der künftigen Aussage von Z für die Überzeugungsbildung des Gerichts abschätzen.[350]
- Drittens ist im Rahmen der Stufentheorie zu beachten, dass eine Erschwernis der Verteidigung durch ausgleichende Faktoren **kompensiert** werden kann. Diese Kompensation erfolgt nach Auffassung des BGH vor allem im Rahmen der Beweiswürdigung (§ 261 StPO): Das Gericht muss die Fehleranfälligkeit des Beweises vom Hörensagen durch eine besonders **vorsichtige Beweiswürdigung** in Rechnung stellen und damit zeigen, dass es sich des reduzierten Beweiswerts bewusst ist.[351]

In der Literatur werden gegen die Stufentheorie des BGH weitreichende **Bedenken** 266
erhoben.[352] So wird geltend gemacht, die Vernehmung des Zeugen vom Hörensagen verstoße zwar bei formeller Betrachtung nicht gegen den Unmittelbarkeitsgrundsatz, weil ein Personalbeweis geführt werde. In der Sache liege aber ein Verstoß gegen den materiellen Unmittelbarkeitsgrundsatz vor, der die Verwertung des sachnächsten Beweismittels verlange. So sei die ratio des § 250 StPO, der die Verlesung von Vernehmungsniederschriften verbietet, auf die Vernehmung des Vernehmungsbeamten zu übertragen, denn der Vernehmungsbeamte sei als Beweismittel nicht besser geeignet als die Urkundenverlesung.[353]

---

[348] *BVerfG* NJW 1996, 448 (449); *BVerfG* StV 2010, 337 m. Anm. *Safferling; EGMR* NJW 2006, 2753 (2755 f.) – Haas/Deutschland; BGHSt 17, 382 (385 f.); 33, 178 (182 f.); 36, 159 (166 f.); 46, 93 (104 ff.); *BGH* NStZ 2000, 265; 2007, 103; wistra 2013, 400 (401); NStZ 2018, 51 (53); MüKoStPO/*Miebach* § 261 Rn. 281; *Rüping* Rn. 425.

[349] *BGH* NStZ 2018, 51 (54); zustimmend *Arnoldi* NStZ 2018, 55 (56). In diesem Sinne auch schon Löwe/Rosenberg/*Sander* StPO § 261 Rn. 137, 143 f.

[350] Das ist auch der Grund dafür, weshalb vorliegend über die Reichweite der Aufklärungspflicht noch unabhängig von der Frage nach der Berücksichtigung der Aussage von Z im Rahmen der Beweiswürdigung entschieden wurde. Denn die Beantwortung der zweiten Frage hängt auch davon ab, wie sich die Beweislage am Ende der Hauptverhandlung darstellt.

[351] *BVerfG* NJW 1996, 448 (449); *BGH* NStZ 2015, 419; 2018, 51 (54); BeckOK StPO/*Eschelbach* StPO § 261 Rn. 56 ff.; MüKoStPO/*Miebach* § 261 Rn. 286; SSW StPO/Schluckebier § 261 Rn. 48.

[352] So z. B. von *Fezer* Fall 14 Rn. 54 ff.; *Lesch* 2/187 ff.; *ders.* JA 1995, 701 f.; *Wattenberg* StV 2000, 688 ff.

[353] Siehe dazu und zu den Gegenargumenten *Geppert* JURA 1991, 541 f.

9. Tatprovokation durch V-Mann

267 **Fall:**[354] In der Hauptverhandlung gegen A wegen unerlaubten Handelns mit Betäubungsmitteln stellt sich heraus, dass der V-Mann Z den A massiv zur Tatbegehung gedrängt und ihm u. a. seine Mithilfe bei der Beschaffung von Papieren für eine Flucht ins Ausland zugesichert hatte. Auf diese Weise hatte Z den A zur Tat bewegt, um dann bei Abschluss des Geschäfts den polizeilichen Zugriff zu ermöglichen. A stand bereits zuvor in Verdacht, mit Betäubungsmitteln zu handeln. Über die gesamte Vorgehensweise war der polizeiliche V-Mann-Führer unterrichtet. (Wie) muss das Gericht die Vorgehensweise des Z bei seiner Entscheidung berücksichtigen?

268 Eine spezielle gesetzliche **Rechtsgrundlage** für den Einsatz sogenannter „Lockspitzel" (oder auch: agent provocateur) enthält die StPO nicht. Die zum V-Mann-Einsatz generell geäußerten Bedenken hinsichtlich der Tragfähigkeit der Ermittlungsgeneralklauseln (→ Rn. 256) richten sich also auch gegen den Einsatz des agent provocateur.[355] Zusätzliche Bedenken gegen dessen Einsatz ergeben sich aus dem Umstand, dass der Lockspitzel nicht nur an der Straftataufklärung mitwirkt, sondern in staatlichem Auftrag die Straftatbegehung (mit-)veranlasst und damit eine rechtsstaatlich zumindest bedenkliche Aufgabe erfüllt.

269 Auch wenn man den Einsatz von V-Leuten nicht bereits mangels gesetzlicher Ermächtigungsgrundlage generell für unzulässig hält, bleiben jedenfalls Maßnahmen verboten, die in Widerspruch zum Rechtsstaatsprinzip stehen. Fraglich ist demnach, ob das Verhalten von Z eine den Strafverfolgungsbehörden anzulastende **rechtsstaatswidrige Tatprovokation** darstellt, und welche Konsequenzen gegebenenfalls hieraus für das weitere Verfahren zu ziehen sind.

270 Der BGH spricht von einer Tatprovokation nicht schon dann, wenn die V-Person einen Dritten lediglich auf seine Bereitschaft zur Begehung bestimmter Taten hin befragt.[356] „Dagegen ist die V-Person als tatprovozierender Lockspitzel tätig, wenn sie über das bloße 'Mitmachen' hinaus in die Richtung auf eine Weckung der Tatbereitschaft oder eine Intensivierung der Tatplanung mit einiger Erheblichkeit **stimulierend auf den Täter einwirkt**".[357] Am Vorliegen einer Tatprovokation kann demnach vorliegend, da Z den A zur Tatbegehung „gedrängt" hatte, kein Zweifel bestehen.

271 Eine Tatprovokation soll aber **nicht schlechterdings unzulässig** sein. Zur Begründung wird angeführt, dass eine wirksame Aufklärung von Straftaten vielfach ohne den Einsatz von Lockspitzeln nicht möglich sei. „Die kriminalistische Erfahrung zeigt, dass solche Aufklärung namentlich auf dem Felde des unerlaubten Handeltreibens mit Betäubungsmitteln, das durch Abschottung der verschiedenen Handelsebenen und durch konspiratives Vorgehen gekennzeichnet ist, oft nur durch verdeckte Ermittlungen erreicht werden kann und nur so eine beweiskräftige Überführung der Täter möglich ist."[358] Der Lockspitzeleinsatz soll folglich dazu dienen,

[354] Siehe die entsprechende strafprozessuale Zusatzfrage bei *Kinzig/Luczak* JURA 2002, 493 (499), die – ohne Unterschied in der Sache – den Einsatz eines Verdeckten Ermittlers betrifft, sowie die Klausur von *Ranft* JURA 1993, 487 ff. Überblick bei *Rössner/Safferling* 4. Problem.

[355] *Fischer/Maul* NStZ 1992, 7 ff.

[356] BGHSt 60, 238 Rn. 24; *BGH* NStZ 2018, 355 (357) m. Anm. *Esser.*

[357] BGHSt 47, 44 (47) unter Bezugnahme auf BGHSt 45, 321 (338); BGHSt 60, 238 Rn. 24.

[358] BGHSt 47, 44 (50).

Personen, die nicht nachweisbare Straftaten begangen haben oder künftig begehen werden, der Begehung gleichartiger provozierter Straftaten zu überführen. Eine solche kriminaltaktische Begründung kann zwar selbstverständlich nicht dazu führen, dass die rechtsstaatliche Strafrechtspflege Zweckmäßigkeitserwägungen geopfert wird.[359] Andererseits verlangt das Rechtsstaatsprinzip (aus dem auch das Prinzip des fairen Verfahrens hergeleitet wird, Art. 2 i. V. m. Art. 20 Abs. 3 GG; → Rn. 33) aber auch die Berücksichtigung der Belange einer effizienten Strafrechtspflege, ohne die Gerechtigkeit nicht verwirklicht werden kann.[360]

Vor diesem Hintergrund macht der BGH die **Zulässigkeit einer Provokation** davon abhängig, dass sie in Bezug auf eine Person erfolgt, gegen die wegen vergleichbarer Straftaten bereits ein **Anfangsverdacht** besteht (§ 152 Abs. 2 StPO; vgl. → Rn. 62, 217) oder die in einem vergleichbaren Grad verdächtig ist, zu einer zukünftigen Straftat **bereit zu sein.**[361] Denn es sei nicht Aufgabe des dem Fairnessprinzip verpflichteten Staates, „einen Unverdächtigen durch Provokation in die Täterschaft zu treiben“.[362] Da ein Anfangsverdacht hinsichtlich gleichartiger Straftaten vorliegend bereits bestand, ist die Provokation unter diesem Aspekt nicht rechtswidrig. 272

Aber auch bei bestehendem Anfangsverdacht ist nach der Rechtsprechung nicht jede Art der Provokation zulässig. Trete das Gewicht der Tat hinter das Gewicht des provozierenden Verhaltens so weit zurück, dass das Verhalten des Lockspitzels als **„unvertretbar übergewichtig“** erscheine, so liege eine rechtsstaatswidrige Tatprovokation vor.[363] Dafür lässt sich hier geltend machen, dass Z den A „massiv“ zur Tatbegehung „gedrängt“, also besonders intensiv auf A eingewirkt hatte. Auch die zugesicherte Unterstützung bei der Flucht spricht für ein Übergewicht des Verhaltens von Z. Zwar hängt die zulässige Intensität der Einwirkung auch davon ab, wie stark der gegen den Betroffenen gerichtete Tatverdacht ist, so dass bei starkem Verdacht auch eine intensivere Form der Einwirkung zulässig ist.[364] Doch die hier vorliegende Einwirkung dürfte unabhängig vom bestehenden Verdachtsgrad den zulässigen Rahmen provozierenden Verhaltens überschreiten. 273

Da vorliegend bereits nach den Grundsätzen des BGH eine rechtsstaatswidrige Tatprovokation vorliegt, bedarf es hier keiner Diskussion der Frage, ob der **EGMR** strengere Anforderungen an die Rechtmäßigkeit des Lockspitzeleinsatzes stellt.[365] Der EGMR nimmt eine verbotene Provokation an, wenn sich die Polizeibeamten (entsprechendes muss für eine V-Person gelten) „nicht auf eine **weitgehend passive Strafermittlung** beschränken, sondern die betroffene Person derart beeinflussen, dass diese zur Begehung einer Straftat verleitet wird, die sie andernfalls nicht begangen hätte“.[366] Bei der Beurteilung der Frage, ob sich die ermittelnde Person weitgehend passiv verhalten hat, berücksichtigt der EGMR auch eine bereits zuvor bestehende Tatneigung und die Ausübung von Druck etwa durch ein beharrliches Aufrechterhalten der Aufforderung zur Straftatbegehung.[367]

---

[359] *EGMR* NStZ 2015, 412 (414) – Furcht/Deutschland.
[360] *BVerfG* NStZ 2016, 49 f.
[361] BGHSt 47, 44 (47 f.); eingehend auch BGHSt 45, 321.
[362] BGHSt 47, 44 (50); ähnlich *EGMR* NStZ 1999, 47 m. Anm. *Sommer;* NJW 2009, 3565 ff.
[363] BGHSt 32, 345 (347); 47, 44 (49); 60, 238 Rn. 24; 60, 276 Rn. 24; *BGH* NStZ 1995, 506; 2014, 277 (279) (dazu *Jahn* JuS 2014, 371 ff.); *BGH* NStZ 2018, 355 (356 f.).
[364] BGHSt 47, 44 (49).
[365] Verneinend BGHSt 60, 238 Rn. 26 ff.; offen gelassen in BGHSt 60, 276 Rn. 35. Eine Tendenz zur Erhöhung der Hürden für die Annahme einer rechtsstaatswidrigen Tatprovokation durch die nationalen Gerichte sieht *Conen* StV 2022, 182 (186 f.).
[366] *EGMR* NStZ 2015, 412 (414) – Furcht/Deutschland; vgl. *Penkuhn/Brill* JuS 2016, 685.
[367] *EGMR* NStZ 2015, 412 (414) – Furcht/Deutschland.

274 Freilich kann das Verhalten des V-Mannes nur dann dem Staat als rechtsstaatswidriges Verhalten angelastet werden, wenn die Strafverfolgungsbehörden sich das Verhalten des Z **zurechnen** lassen müssen. Der BGH hat dazu ausgeführt: „Eine unzulässige Tatprovokation ist dem Staat im Blick auf die Gewährleistung des fairen Verfahrens dann zuzurechnen, wenn diese Provokation mit Wissen eines für die Anleitung der V-Person verantwortlichen Amtsträgers geschieht oder dieser sie jedenfalls hätte unterbinden können".[368] So liegt es hier. Danach liegt eine dem Staat zurechenbare unzulässige Tatprovokation vor.

275 Fraglich ist damit schließlich, welche **Konsequenzen** aus diesem Befund zu ziehen sind. Ein Teil der Literatur und vor allem die Rechtsprechung plädieren traditionell für eine Berücksichtigung der unzulässigen Provokation im Rahmen der **Strafzumessung.**[369] Mit dieser Lösung ist zum Ausdruck gebracht, dass auch der zur Tat provozierte Täter noch Strafe oder – bei einer Strafreduzierung auf Null – zumindest einen Schuldspruch verdienen kann, weil er sich letztlich eigenverantwortlich zur Tatbegehung entschlossen hat.[370] Zugleich kann im Rahmen der Strafzumessung das Gewicht der staatlichen Rechtsverletzung berücksichtigt werden, so dass die Strafzumessungslösung flexibel am Einzelfall orientiert ist und auch den staatlichen Strafverfolgungsbelangen Rechnung tragen kann.[371] Dagegen hat sich der EGMR auf den Standpunkt gestellt, dass die Strafzumessungslösung in aller Regel nicht geeignet sei, die Belastung des Beschuldigten mit einem aufgrund der Provokation von Beginn an unfairen Verfahren zu kompensieren.[372] Damit das Verfahren fair i.S.d. Art. 6 Abs. 1 EMRK ist, dürften alle Beweismittel, die durch die polizeiliche Tatprovokation erlangt worden sind, nicht verwendet werden oder es müsse ein Verfahren mit einem vergleichbaren Ergebnis angewendet werden.[373] Der EGMR befürwortet also ein **Beweisverwertungsverbot,** das sich nicht lediglich auf die Aussage des V-Mannes bezieht (die in der Regel für einen Tatnachweis verzichtbar wäre),[374] sondern auf alle als Ergebnis der Provokation gewonnenen Beweismittel.[375] Da damit die Führung eines Tatnachweises nicht möglich wäre, läuft diese Lösung praktisch auf die verschiedentlich in der Literatur vertretene Auffassung hinaus, die rechtsstaatswidrige Tatprovokation begründe ein **Verfahrenshindernis.**[376] Dafür wird das

---

[368] BGHSt 47, 44 (48).

[369] In diesem Sinne etwa BGHSt 45, 321 (326 ff.); 47, 44 (52); 60, 328; *BVerfG* NStZ 2016, 49 ff. zur Verfassungskonformität der Strafzumessungslösung und zu ihrer Vereinbarkeit mit der Rechtsprechung des *EGMR;* KK-StPO/*Bruns* § 110c Rn. 10 ff.; *Kindhäuser/Schumann* § 14 Rn. 20; LK-StGB/*Schneider* § 46 Rn. 224 ff. Vgl. auch *Lackner/Kühl* StGB § 46 Rn. 30.

[370] *Sinn/Maly* NStZ 2015, 382.

[371] Vgl. BGHSt 60, 238.

[372] *EGMR* NStZ 1999, 47 (48); NStZ 2015, 412 (415 f.) – Furcht/Deutschland; NJW 2021, 3515 – Akbay u.a./Deutschland (dazu *Klaus* ZIS 2021, 388 ff.). Eingehend zum Spannungsverhältnis zwischen der Rechtsprechung des EGMR einerseits und BGH sowie BVerfG andererseits *Conen* StV 2022, 182 ff.

[373] *EGMR* NStZ 2015, 412 (415 f.) – Furcht/Deutschland.

[374] BGHSt 60, 276 Rn. 52; *Maul* FS BGH, 2000, 576 f.

[375] *EGMR* NStZ 1999, 47 (48); NStZ 2015, 412 (415 f.) – Furcht/Deutschland; dazu *Penkuhn/Brill* JuS 2016, 685. In diesem Sinne etwa auch *Kinzig* StV 1999, 292: „Durch die unzulässige staatliche Tatprovokation ist die zu verfolgende Straftat so kontaminiert, dass die Tat als solche und als Beweismittel der weiteren strafprozessualen Verwertung entzogen sein muss." Ähnlich *Ambos* NStZ 2002, 632; *Kempf* StV 1999, 130; vgl. auch *Sinn/Maly* NStZ 2015, 383. Der *BGH* (BGHSt 60, 276 Rn. 50 f.) weist zutreffend darauf hin, dass sich ein solches Beweisverwertungsverbot nicht überzeugend in das deutsche Strafrechtssystem einfügen lässt.

[376] Dafür mit unterschiedlichen Begründungen *Esser* StV 2021, 383 ff.; *Herzog* StV 2003, 412; *Taschke* StV 1984, 179; *Maul* FS BGH, 578; *Renzikowski* GS Keller, 2003, 203 f. So nun auch BGHSt 60, 276 Rn. 53 ff.

Gewicht des Verfahrensverstoßes (Art. 1 Abs. 1, 2 Abs. 1 GG) geltend gemacht. Zudem verhalte sich ein Staat, der zum Zwecke der anschließenden Bestrafung Straftaten provoziert, selbstwidersprüchlich und habe seinen Strafanspruch verwirkt. Gegen die Annahme eines Verfahrenshindernisses spricht aber, neben den bereits dargestellten Strafverfolgungsbelangen (→ Rn. 271) und dem Umstand, dass auch der provozierte Täter letztlich eine eigenverantwortliche Entscheidung für die Begehung einer Straftat trifft (siehe oben), auch die systematische Überlegung, dass selbst gravierende Verstöße gegen § 136a StPO regelmäßig lediglich zu einem Beweisverwertungsverbot (nicht etwa zu einem Verfahrenshindernis) führen sollen.[377] Nachdem aber der EGMR eine Kompensation des Verfahrensverstoßes im Rahmen der Strafzumessung grundsätzlich nicht für ausreichend hält (siehe oben), hat der 2. Strafsenat des BGH sich neuerdings unter Hinweis auf die verfassungsrechtlich (Art. 20 Abs. 3 GG) gebotene Berücksichtigung der EMRK nebst der Rechtsprechung des EGMR (→ Rn. 29) auf den Standpunkt gestellt, dass eine rechtsstaatswidrige Tatprovokation in der Regel ein Verfahrenshindernis begründe.[378] Dagegen wird wiederum geltend gemacht, dass dem EGMR nicht die Kompetenz zukomme, die im nationalen Strafverfahren aus einem Konventionsverstoß zu ziehenden Konsequenzen festzulegen. Es sei vielmehr die Aufgabe der nationalen Gerichte, Verfahrensverstöße im Rahmen der jeweiligen Verfahrensordnung so zu kompensieren, dass den Anforderungen von Art. 6 EMRK Genüge getan ist.[379] Deshalb hat der 1. Strafsenat des BGH daran festgehalten, dass (von „extremen Ausnahmefällen" abgesehen) im Regelfall eine Strafmilderung genügt.[380] Auch das BVerfG sieht diese äußerste Zurückhaltung bei der Anerkennung eines Verfahrenshindernisses deshalb als geboten an, weil ein Verbot der Durchsetzung des staatlichen Strafanspruchs das im Rechtsstaatsprinzip wurzelnde Interesse an einer der materiellen Gerechtigkeit dienenden Strafverfolgung vereitle.[381]

Folgt man der Strafzumessungslösung, so ist die Aussage des K zwar verwertbar. **276**
Das Gericht muss aber im Falle einer Verurteilung des A den Verfahrensverstoß im Urteil feststellen und im Rahmen der Strafzumessung das Gewicht des Verstoßes und die daraus für die Strafzumessung gezogenen Konsequenzen darlegen.

10. Absprachen im Strafverfahren

Fall:[382] Im Verfahren gegen A vor dem Amtsgericht als Schöffengericht sind mehrere **277**
Hauptverhandlungstage angesetzt.[383] Als der Vorsitzende Richter R vor dem ersten Verhandlungstag feststellt, dass die Ladung einiger Zeugen Schwierigkeiten bereitet, bittet er den Verteidiger V und Staatsanwalt S zu einem Gespräch. In dessen Verlauf wird

---

[377] *BVerfG* NStZ 2016, 49 (51); *LG Frankfurt/M.* StV 2003, 327.

[378] BGHSt 60, 276 Rn. 53 ff.; dazu *Jäger* JA 2016, 308 ff. Vgl. auch *Meyer/Wohlers* JZ 2015, 761 ff.

[379] *BVerfG* NStZ 2016, 49 (51 f.); *Sinn/Maly* NStZ 2015, 382.

[380] BGHSt 60, 238 ff. Eingehend zum Dissens der beiden Senate *Jahn/Kudlich* JR 2016, 54 ff.

[381] *BVerfG* NStZ 2016, 49 (50).

[382] Aus der Übungsfallliteratur *Eisele/Majer* JA 2011, 187 (192); *Fahl/Geraats* JA 2009, 791 ff.; *Heinrich/Reinbacher* 40/25 ff.; *Höffler/Kaspar* Fall 8 Rn. 40 ff. (bezogen auf das Jugendstrafverfahren); *Mansdörfer* Rn. 477 ff.; *Mitsch/Ellbogen* Fall 11; *Bosch* S. 592 ff.; *Putzke/Scheinfeld* Rn. 640 ff.; Überblick bei *Nistler* JuS 2009, 916 ff.; *Rössner/Safferling* 12. Problem.

[383] Unterbrechungen nach §§ 228 f. StPO.

schließlich in Aussicht gestellt, dass A für den Fall der Ablegung eines umfassenden Geständnisses zu einer Freiheitsstrafe von höchstens einem Jahr bei Strafaussetzung zur Bewährung verurteilt werden soll. R berät dieses Ergebnis vor Beginn der Hauptverhandlung mit den Schöffen. Nach Beginn der Hauptverhandlung und Verlesung der Anklageschrift durch S informiert R über die Vorgespräche und schlägt deren Inhalt als Gegenstand einer Verständigung vor. Dabei belehrt er A über sein Schweigerecht sowie nach § 257c Abs. 4, 5 StPO

- über die Beendigung der Bindungswirkung einer solchen Vereinbarung bei Änderungen in der Entscheidungsgrundlage, wenn das Gericht zu der Überzeugung gelangt, dass der in Aussicht gestellte Strafrahmen nicht mehr tat- oder schuldangemessen ist,
- darüber, dass die Bindungswirkung auch dann entfällt, wenn das weitere Prozessverhalten des Angeklagten nicht den zugrunde gelegten Erwartungen entspricht,
- über die Unverwertbarkeit eines Geständnisses bei Wegfall der Bindungswirkung.

Der über das Ergebnis erfreute A ist einverstanden, ebenso S. A legt sogleich ein Geständnis ab und wird anschließend zu einer Freiheitsstrafe von einem Jahr verurteilt, deren Vollstreckung zur Bewährung ausgesetzt wird. Nach Urteilsverkündung belehrt der Vorsitzende A über die Möglichkeiten der Rechtsmitteleinlegung und besonders auch darüber, dass die getroffene Vereinbarung das Recht zur Rechtsmitteleinlegung unberührt lässt (§ 35a StPO). Alle Vorgänge im Zusammenhang mit der Verständigung werden ordnungsgemäß protokolliert. Nehmen Sie Stellung zu dieser Art der Verfahrenserledigung und etwa hiergegen bestehenden Bedenken!

a) Einführung

278 Absprachen (das Gesetz spricht nun von „Verständigung“[384]; Kritiker sprechen gerne vom „deal“) sind seit Beginn der 80er Jahre in der öffentlichen und wissenschaftlichen Diskussion.[385] Die Absprache zeichnet sich im Kern dadurch aus, dass sich das Gericht (regelmäßig ohne Laienbeteiligung), die Staatsanwaltschaft sowie der Angeklagte (regelmäßig vertreten durch seinen Verteidiger) außerhalb der öffentlichen Hauptverhandlung im Rahmen von „Vorgesprächen“ auf bestimmte Modalitäten der Verfahrenserledigung verständigen.[386] Typischerweise sichert das Gericht vor allem eine Strafobergrenze für den Fall zu, dass der Angeklagte ein Geständnis ablegt. Während es dem Angeklagten dabei um den so erreichbaren Strafnachlass geht, wollen Gericht und Staatsanwaltschaft den Umfang der Beweisaufnahme reduzieren. Damit wird auch der Hintergrund der Absprachepraxis deutlich: Für die Justiz geht es um eine rasche und arbeitssparende Verfahrenserledigung, insbesondere bei komplexen Fällen, etwa im Bereich der Wirtschaftskriminalität.[387] Während Absprachen anfangs fern der strafprozessualen Vorgaben noch als „gentlemen's agreement“ strikt vertraulich behandelt wurden,[388] entwickelte

[384] Der Begriff der „Verständigung“ ist eher irreführend. Der Gesetzgeber wollte mit ihm den Eindruck einer „quasi-vertraglichen“ Bindung der Beteiligten entgegenwirken – genau eine solche Bindung entsteht aber durch eine Verständigung; vgl. BeckOK StPO/*Eschelbach* StPO § 257c Rn. 5; *Niemöller*/Schlothauer/Weider Teil A § 257c Rn. 28; *Roxin/Schünemann* § 17 Rn. 8a.

[385] Ausgangspunkt waren Beiträge von *Detlef Deal* (Pseudonym für *Hans-Joachim Weider*) StV 1982, 545 ff. und *Schmidt-Hieber* NJW 1982, 1017 (1020).

[386] Zu begrifflichen Unschärfen bei der Abgrenzung von Verständigungen und „unverbindlichen Erörterungen“ s. *Eckstein* FS Feltes, 445 ff.

[387] Mit gutem Grund lassen sich die Absprachen in eine neuere Tendenz hin zu einem „ökonomischen Strafprozess“ einordnen; dazu *Ostendorf/Brüning* § 20.

[388] *Detlef Deal* StV 1982, 549; ähnlich rückblickend *Schmidt-Hieber* NJW 1990, 1884.

der BGH allmählich einzelne Vorgaben und schließlich 1997 erstmals allgemeine Voraussetzungen für wirksame Absprachen,[389] die der Große Senat für Strafsachen des BGH im Jahre 2005 verfestigte und weiterentwickelte.[390] Da es aber Aufgabe des Gesetzgebers ist, die grundsätzlichen Fragen der Gestaltung des Strafverfahrens zu regeln (Art. 20 Abs. 3 GG: Vorbehalt des Gesetzes), sah der Große Senat die Grenzen richterrechtlicher Rechtsfortbildung erreicht[391] und appellierte „an den Gesetzgeber, die Zulässigkeit und, bejahendenfalls, die wesentlichen rechtlichen Voraussetzungen und Begrenzungen von Urteilsabsprachen gesetzlich zu regeln".[392]

Der Ruf des Großen Senats nach dem Gesetzgeber wurde von diesem erhört[393] und am 4.8.2009 trat das **Gesetz zur Verständigung im Strafverfahren** in Kraft, in dessen Zentrum § 257c StPO steht.[394] Die gesetzliche Regelung orientiert sich weitgehend an den vom BGH entwickelten Vorgaben. Damit behält die bisherige Diskussion über die Absprachen ihre Bedeutung, insbesondere soweit es die Bedenken hinsichtlich der Vereinbarkeit der Absprachen mit den Prinzipien und gesetzlichen Vorgaben des Strafprozesses anbelangt. 279

Dabei geht es nicht nur um die Vereinbarkeit der Absprachen mit dem einfachgesetzlichen Konzept der StPO. In Frage steht vielmehr, ob die neuen Regelungen mit der Verfassung, insbesondere mit dem Schuldprinzip und dem Grundsatz des fairen Verfahrens, in Einklang stehen. Es war deshalb nicht überraschend, dass sich im Jahre 2013 das **Bundesverfassungsgericht** in einer grundsätzlichen Entscheidung zur Verfassungsmäßigkeit des Verständigungsgesetzes äußern musste.[395] Diese Entscheidung ist **ambivalent ausgefallen:** Auf der einen Seite hat das BVerfG die gesetzlichen Regelungen für verfassungskonform erklärt, weil sie „bei der gebotenen präzisierenden Auslegung und Anwendung erwarten lassen, dass die verfassungsrechtlichen Anforderungen an die Ausgestaltung des Strafprozesses erfüllt werden".[396] Gleichzeitig hat das BVerfG aber seiner Sorge darüber Ausdruck verliehen, dass die Praxis die verfassungsrechtlich gebotenen gesetzlichen Vorgaben häufig in eklatanter Weise missachtet. Der „in erheblichem Maße defizitäre Vollzug" des Gesetzes führe aber „derzeit"(!) nicht zur Verfassungswidrigkeit.[397] Den Gesetzgeber treffe jedoch eine Pflicht, die Entwicklung zu beobachten und die gesetzliche Regelung notfalls nachzubessern.[398] Zentrale Sicherungen für ein rechtsstaatliches Verfahren erblickt das BVerfG in den Vorschriften zur Dokumentation und Transparenz der Absprа- 280

---

389 BGHSt 43, 195.

390 BGHSt (GrS) 50, 40.

391 Angesichts der Gesetzesferne und der Bedeutung der Absprachen für die Gestalt des Strafprozesses dürften die Grenzen richterlicher Rechtsfortbildung tatsächlich längst überschritten gewesen sein; vgl. *Dahs* NStZ 2005, 580; *Duttge/Schoop* StV 2005, 423; *Jahn* ZStW 118 (2006), 429; *Rieß* JR 2005, 438.

392 BGHSt (GrS) 50, 40 (64).

393 Näher *Murmann* ZIS 2009, 529 f.

394 Eingehend zum Ganzen – kritisch – *Murmann* ZIS 2009, 526 ff.

395 BVerfGE 133, 168; dazu *Beulke/Stoffer* JZ 2013, 662 ff.; *Fezer* HRRS 2013, 118 f.; *Globke* JR 2014, 9 ff.; *Heger/Pest* ZStW 126 (2014), 446 ff.; *König/Harrendorf* AnwBl 2013, 321 ff.; *Knauer* NStZ 2013, 433 ff.; *Kudlich* NStZ 2013, 379 ff.; *Landau* NStZ 2014, 425 ff.; *Niemöller* StV 2013, 419 ff. *Scheinfeld* ZIS 2013, 296 ff.; *Stuckenberg* ZIS 2013, 212 ff.; *Tsambikakis* ZWH 2013, 209 ff.; *Weigend* StV 2013, 424 ff.; sehr lesenswert auch *Fischer* FS Kühne, 203 ff.

396 BVerfGE 133, 168 Rn. 64.

397 BVerfGE 133, 168 LS 3, Rn. 116 ff.

398 BVerfGE 133, 168 Rn. 121.

chen.[399] Eine wesentliche Kontrollfunktion hinsichtlich der Einhaltung der gesetzlichen Vorgaben soll der Staatsanwaltschaft zukommen.[400] **Informelle Absprachen,** die die gesetzlichen Regelungen zur Transparenz und Dokumentation des Verständigungsverfahrens umgehen, sind unzulässig und entfalten keine Bindungswirkung.[401]

281 Mit der Entscheidung des BVerfG ist die **Diskussion keinesfalls beendet.** Das lehrreiche Spannungsverhältnis zwischen Absprachen einerseits und strafprozessualen Prinzipien sowie verfassungsrechtlichen Anforderungen andererseits besteht weiterhin und begründet die Beliebtheit der Absprachen insbesondere als Thema von mündlichen Prüfungen. Die Diskussion hat einen Umfang erreicht, der eine Beschränkung auf die grundsätzlichen Linien verlangt. Studierenden sollten aber die wesentlichen Kritikpunkte an der gesetzlichen Regelung bekannt sein, die nun anhand des vorstehenden Falles erörtert werden.[402]

b) Falllösung

282 Problematisch ist, ob das Gericht in der dargestellten Weise das Urteil im Vorhinein aushandeln und auf dieser Grundlage auf eine weitere Beweisaufnahme verzichten durfte. Dabei hat sich ein erster Kritikpunkt an der früheren Praxis, nämlich die mangelnde gesetzliche Grundlage,[403] mit der positivrechtlichen Regelung erledigt. Folgende Aspekte sind noch in der Diskussion:[404]

283 • **Verletzung der Aufklärungspflicht:**[405] Unzulässig könnte die Absprache sein, wenn das Gericht bei Orientierung an dem Verhandlungsergebnis seine Aufklärungspflicht nach § 244 Abs. 2 StPO (→ Rn. 36) verletzen würde. Die Aufklärungspflicht könnte deshalb verletzt sein, weil das Gericht auf eine der Wahrheitsfindung dienende weitere Beweisaufnahme verzichtet und sich stattdessen mit dem ausgehandelten Geständnis begnügt hat. Es liegt bei einem solchen Geständnis nicht fern, dass es nur aus „taktischen" Gründen abgelegt wurde und damit lediglich ein Verhandlungsergebnis widerspiegelt, aber nicht unbedingt den Tatsachen entspricht.[406] Nach **§ 257c Abs. 1 S. 2 StPO** soll die **Aufklärungspflicht unangetastet** bleiben. Der Gesetzgeber wollte – im Einklang mit der Rechtsprechung des BGH[407] und den Forderungen des verfassungsrechtlich verankerten Schuldgrundsatzes[408] – mit den Absprachen keinen neuen Typus eines „konsensualen Verfahrens" einführen, bei dem die Einigung der Beteiligten den Schuldnachweis ersetzt. Vielmehr sollte an der verfassungsrechtlich gebotenen Erforschung der materiellen Wahrheit als Grundlage einer gerechten, schuldange-

---

399 BVerfGE 133, 168 Rn. 80 ff.

400 BVerfGE 133, 168 Rn. 91 ff.; zu Recht skeptisch hinsichtlich der Bereitschaft der Staatsanwaltschaften, diese Aufgabe zu erfüllen, *Beulke/Stoffer* JZ 2013, 672; *König/Harrendorf* AnwBl 2013, 322 f.

401 BVerfGE 133, 168 Rn. 75 ff.; dazu *Beulke/Stoffer* JZ 2013, 671 f.; *Schneider* NStZ 2014, 259 f.; *Niemöller* GA 2014, 179 ff.; auch schon *BGH* NStZ 2011, 107. Zur Vermeidung von Umgehungen ist ein Rechtsmittelverzicht nach informeller Absprache unwirksam; *BGH* NJW 2014, 872 (dagegen *Niemöller* NStZ 2013, 22 f.). Hinzu kommen materiell-strafrechtliche Anschlussfragen nach einer etwaigen Strafbarkeit von Richtern (insbesondere wegen Rechtsbeugung, § 339 StGB) im Falle der Umgehung der gesetzlichen Vorgaben; dazu *Erb* StV 2014, 103 ff.; *Globke* JR 2014, 16 ff.; *Heger/Pest* ZStW 126 (2014), 482 ff.; *König/Harrendorf* AnwBl 2013, 323 f.

402 Grundlegend BGHSt 43, 195.

403 Dazu noch die 3. Auflage, Rn. 260 ff.

404 Vgl. auch den Überblick bei *Moldenhauer/Wenske* JA 2019, 698 ff.

405 Vgl. das Fallbeispiel bei *Ceffinato* JURA 2013, 876 f.

406 BeckOK StPO/*Eschelbach* StPO§ 257c Rn. 8.

407 BGHSt 43, 195 (204).

408 BVerfGE 133, 168 Rn. 53 f., 102 ff.

messenen Strafe festgehalten werden.[409] Daraus folgt für das besonders fehleranfällige ausgehandelte Geständnis, dass es vom Gericht auf seine Glaubwürdigkeit zu überprüfen ist.[410] Ein „inhaltsleeres Formalgeständnis", bei dem etwa lediglich mit einem Satz die Richtigkeit der Anklagevorwürfe eingeräumt wird, kann eine Verurteilung folglich nicht tragen.[411] Anders als nach der früheren Rechtsprechung des BGH[412] genügt es nach der Rechtsprechung des BVerfG nicht, das Geständnis anhand des Akteninhalts zu überprüfen.[413] Denn der Akteninhalt ist nicht Gegenstand der Hauptverhandlung und damit auch nicht Grundlage der richterlichen Überzeugungsbildung (§ 261 StPO). Möglich bleibt es freilich, dem Angeklagten Vorhalte aus der Akte zu machen[414] oder den Akteninhalt im Rahmen der gesetzlichen Vorgaben durch Verlesung (§§ 249 ff. StPO) oder im Wege des Selbstleseverfahrens (§ 249 Abs. 2 StPO) in den Prozess einzuführen. Das BVerfG stellt an die Überprüfung keine höheren Anforderungen als beim nicht-abgesprochenen Geständnis[415] – und ignoriert damit die besondere Fehleranfälligkeit des „erkauften" Geständnisses.[416] Jenseits dieser Bemühungen, die Verständigung und den Aufklärungsgrundsatz in Einklang zu bringen, wird gegen die Konzeption des Gesetzes der grundsätzliche Einwand erhoben, dass die Pflicht zur Aufklärung und das Interesse an einer Abkürzung des Verfahrens prinzipiell nicht zu vereinbaren sind: das Ziel der Absprache ist gerade eine Verfahrensverkürzung durch Reduzierung des Bemühens um Wahrheitsermittlung[417] – das BVerfG hat sich diesen Einwand aber nicht zu eigen gemacht. Der vorliegende Fall gibt über die näheren Umstände des Geständnisses keine Auskunft. Entnimmt man dem Sachverhalt, dass keinerlei Überprüfung des Geständnisses stattgefunden hat, so sind die vom BVerfG formulierten Anforderungen an die Aufklärung des Sachverhalts nicht erfüllt. Das Verfahren ist insoweit rechtswidrig.

---

[409] Gesetzentwurf der Bundesregierung, BT-Drs. 16/12310, S. 8; Gesetzentwurf der Fraktionen der CDU/CSU und SPD, BT-Drs. 16/11736, S. 6; BVerfGE 133, 168 Rn. 65, 67, 110. Insoweit zustimmend etwa *Heger/Pest* ZStW 126 (2014), 450; *Herzog* GA 2014, 691 ff.; *Murmann* ZIS 2009, 531 f.; *ders.* FS Roxin II, 1389 f.; *Roxin/Schünemann* § 17 Rn. 27; *Schünemann* FS Fezer, 559 ff. A. A. *Jahn* ZStW 118 (2006), 427 (455 ff.); *ders.* GA 2004, 280 ff.; *ders.* StV 2011, 501 f. Radtke/Hohmann/*Ambos/Ziehn* StPO § 257c Rn. 2 halten das Festhalten am Amtsaufklärungsgrundsatz für „realitätsfern"; dagegen BeckOK StPO/*Eschelbach* StPO § 257c Rn. 1.11.

[410] BVerfGE 133, 168 Rn. 68, 71; BGHSt 43, 195 (204).

[411] BVerfGE 133, 168 Rn. 70; BGHSt (GrS) 50, 40 (49); *BGH* NStZ-RR 2006, 187; Begründung zum Gesetzentwurf der Bundesregierung, BT-Drs. 16/12310, S. 14; Begründung zum Gesetzentwurf der Fraktionen der CDU/CSU und SPD, BT-Drs. 16/11736, S. 12; SSW StPO/*Ignor/Wegner* § 257c Rn. 53; *Krey/Heinrich* Rn. 1522 ff. A.A. *Jahn/Müller* NJW 2009, 2625 (2629); HK-GS/*König/Harrendorf* StPO § 257c Rn. 16.

[412] BGHSt (GrS) 50, 40 (49); so auch SSW StPO/*Ignor/Wegner* § 257c Rn. 26, 30.

[413] BVerfGE 133, 168 Rn. 71, wobei das *BVerfG* (Rn. 72) auch sieht, dass mit den gesteigerten Anforderungen auch die Möglichkeiten der Verfahrensabkürzung gegenüber der früheren Rechtsprechung eingeschränkt werden. Zustimmend etwa BeckOK StPO/*Eschelbach* StPO § 257c Rn. 6.1, 25; *Roxin/Schünemann* § 44 Rn. 64.

[414] Im Rahmen einer Zusatzfrage *Eisenberg* JuS 1986, 801.

[415] BVerfGE 133, 168 Rn. 71; ebenso SSW StPO/*Ignor/Wegner* § 257c Rn. 53.

[416] Zutreffend BeckOK StPO/*Eschelbach* StPO § 257c Rn. 8.1; *Roxin/Schünemann* § 44 Rn. 64.

[417] Näher *Murmann* ZIS 2009, 532 f.; *Stuckenberg* ZIS 2013, 215; vgl. auch HKV StrafR-HdB VII/*Lindemann* § 2 Rn. 62 („Selbstbetrug des Gesetzgebers"); *Theile* NStZ 2012, 668 f. Anders SSW StPO/*Ignor/Wegner* § 257c Rn. 22, 26 ff.

284 • **Verletzung des Schuldgrundsatzes:**[418] Weiterhin könnte durch die Absprache der Grundsatz schuldangemessenen Strafens verletzt sein.[419] Es besteht nämlich die Gefahr, dass die ausgehandelte Strafe weniger das verschuldete Unrecht der Tat, als vielmehr die Verhandlungsmacht der Beteiligten widerspiegelt. So könnte etwa der Angeklagte in umfangreichen und schwierigen Verfahren mit zahlreichen Beweisanträgen „drohen" und damit die Bereitschaft des Gerichts zur Zusicherung einer besonders niedrigen Strafe wecken. Auch im vorliegenden Fall, in dem über die geplante Verhandlungsdauer hinaus mit weiteren Verzögerungen zu rechnen war, könnte das Interesse des Gerichts am Abschluss des Verfahrens ein besonders weites Entgegenkommen bei der Strafhöhe zur Folge gehabt haben. Diesen praktischen Bedrohungen des Schuldgrundsatzes zum Trotz hält die gesetzliche Regelung am Grundsatz schuldangemessenen Strafens fest (vgl. § 257c Abs. 3 S. 2, Abs. 4 S. 1 StPO). Der Schuldgrundsatz (und damit die Ermittlung der für dessen Verwirklichung erforderlichen Tatsachengrundlage, → Rn. 283) ist für den Gesetzgeber verbindlich, ein „Handel mit der Gerechtigkeit" daher ausgeschlossen.[420] Auch hier stellt sich allerdings schon die Frage, ob die vom Gesetz unterstellte Vereinbarkeit von Absprachen und schuldangemessener Strafe überhaupt zutrifft. Denn die Absprachepraxis behält für den Angeklagten nur dann ihren Sinn, wenn er im Verhältnis zum „Normalverfahren" eine attraktive Reduzierung der Strafe erreichen kann. Es ist aber keinesfalls geklärt, ob das abgesprochene Geständnis überhaupt eine deutliche Reduzierung der Schuld begründen kann. Die Rechtsprechung steht auf dem Standpunkt, dass auch einem ausgehandelten **Geständnis schuldmindernde Bedeutung** zukomme.[421] Auch das ausgehandelte Geständnis indiziere nämlich, dass der Beschuldigte nicht grundsätzlich rechtsfeindlich eingestellt sei und dies wiederum indiziere, dass auch zum Zeitpunkt der Tat keine solche Einstellung vorlag (sog. „doppelte Indizkonstruktion").[422] Allerdings wird das taktische, regelmäßig nicht von Reue getragene Geständnis allenfalls in geringem Umfang eine Strafmilderung tragen.[423] Praktisch weitaus bedeutsamer dürfte deshalb ein anderer Aspekt sein, nämlich die durch ein Geständnis erstrebte Abkürzung des Verfahrens. Der Gesetzgeber hat zu erkennen gegeben, dass er die Verfahrensabkürzung als eigenständigen Strafzumessungsfaktor anerkennt. Denn neben einem Geständnis kann auch sonstiges „Prozessverhalten" Inhalt einer Absprache sein (§ 257c Abs. 2 StPO). In Betracht kommt hier vor allem der Verzicht auf Beweis- oder Befangenheitsanträge.[424] Freilich kann man sich fragen, was die Abkürzung des Verfahrens mit der Schuld des Angeklagten zu tun haben

---

[418] Vgl. das Fallbeispiel bei *Ceffinato* JURA 2013, 877 f.

[419] So etwa BeckOK StPO/*Eschelbach* StPO § 257c Rn. 1.5; dagegen etwa SSW StPO/*Ignor/Wegner* § 257c Rn. 12.

[420] BVerfGE 133, 168 Rn. 102 ff., 110; *Murmann* FS Roxin II, 1389; siehe auch schon *BVerfG* NJW 1987, 2662 (2663).

[421] BGHSt 43, 195 (208 ff.); kritisch *Murmann* FS Roxin II, 1389 f.

[422] BGHSt 1, 105 (106); *BGH* MDR 1954, 693; NStZ 1985, 545; eingehend *Bruns* Strafzumessungsrecht S. 591 ff.

[423] SSW StGB/*Eschelbach* § 46 Rn. 131, 132; *Hettinger* JZ 2011, 300; *Murmann* FS Roxin II, 1392 f.; *ders.* FS Frisch, 1147.

[424] Auch die eingeschränkte Ausübung des Fragerechts zum Schutz von Opferzeugen gehört hierher (kritisch BeckOK StPO/*Eschelbach* StPO § 257c Rn. 22); weitere Aufzählung bei *Niemöller*/Schlothauer/Weider Teil B § 257c Rn. 37; kritisch Meyer-Goßner/Schmitt/*Schmitt* StPO § 257c Rn. 14; *Murmann* FS Roxin II, 1393 ff.

soll.[425] Diese Frage stellt sich umso mehr, als das abgesprochene Geständnis nach der Rechtsprechung einen Strafnachlass von 20 bis 30 % begründen können soll.[426] Aber diese prinzipiellen Bedenken gegen die gesetzliche Regelung ändern für den vorliegenden Fall nichts daran, dass hier keine konkreten Anhaltspunkte dafür vorliegen, dass es aufgrund der Absprache zur Verhängung einer nicht schuldangemessenen Strafe gekommen ist.

- Auf die Beachtung des Schuldprinzips zielt auch das **Verbot der Vereinbarung** 285
einer sogenannten **„Punktstrafe"**.[427] Denn wenn sich das Gericht bereits im Rahmen der Absprache auf eine bestimmte Strafhöhe festlegen würde, so könnte es über die konkrete schuldangemessene Strafe nicht mehr am Ende der Hauptverhandlung (aus deren „Inbegriff", § 261 StPO) entscheiden. **§ 257c Abs. 3 S. 2 StPO** erlaubt aber, eine **Strafober- und eine Strafuntergrenze** zum Inhalt der Absprache zu machen. Im vorliegenden Fall hat das Gericht allerdings lediglich eine Höchstgrenze angegeben. Zum Teil wird unter Hinweis auf den Wortlaut der Vorschrift angenommen, es müssten stets Unter- und Obergrenze vereinbart werden.[428] Nach der ratio der Vorschrift und im Einklang mit der früheren Rechtsprechung[429] erscheint es aber plausibler, wenn die Vereinbarung einer Obergrenze ausreicht.[430] Die Möglichkeit, auch eine Untergrenze festzulegen, sollte den Interessen der Staatsanwaltschaft als notwendigem Absprachebeteiligten (§ 257c Abs. 3 S. 4 StPO) entgegenkommen.[431] Wenn sich die Staatsanwaltschaft aber auf eine Absprache ohne Vereinbarung einer Untergrenze einlässt, so dürfte dies in ihrer Dispositionsbefugnis liegen und keinen Gesetzesverstoß begründen. Auch wenn man das anders sieht und die Absprache insoweit für rechtswidrig hält, wäre der Rechtsfehler für den Angeklagten nicht nachteilig. Es fehlt deshalb an der für eine erfolgreiche Revision erforderlichen **Beschwer.**[432]
- Bedenklich erscheint die Vereinbarung über eine **Strafaussetzung zur Bewährung.** Der 286
Wortlaut von § 257c Abs. 2 StPO – insbesondere ein Umkehrschluss aus dessen Satz 3 – spricht dafür, die Strafaussetzung zur Bewährung als Gegenstand der Verhandlung zuzulassen.[433] Allerdings kann damit ein Recht, den durch § 56 StGB gezogenen Rahmen rechtlich zulässiger Strafaussetzung zu überschreiten, nicht verbunden sein.[434] § 56 StGB bietet jedoch einen weiten Beurteilungsspielraum für die im Rahmen der Bewährungsentscheidung erforderliche Sozialprognose.[435] Das Gericht kann im Rahmen der Absprache eine Erklärung darüber abgeben, wie es diesen Spielraum auszufüllen gedenkt.[436] Vorliegend bietet die Vereinbarung einer Strafaussetzung zur Bewährung, zumal bei einer

---

[425] SSW StGB/*Eschelbach* § 46 Rn. 133; Meyer-Goßner/Schmitt/*Schmitt* StPO § 257c Rn. 14, 16; *Murmann* FS Roxin II, 1393 ff.

[426] Meyer-Goßner/Schmitt/*Schmitt* StPO § 257c Rn. 19; dagegen BeckOK StPO/*Eschelbach* StPO § 257c Rn. 14: „nicht mehr als 10 bis 15 %".

[427] Vgl. schon BGHSt 43, 195 (206 f.); 51, 84 Rn. 5; *BGH* NStZ 2011, 231; NStZ 2011, 648; wistra 2011, 75.

[428] So *BGH* NStZ 2011, 648; BeckOK StPO/*Eschelbach* StPO § 257c Rn. 12.2. A. A. *Bittmann* wistra 2009, 415; SK-StPO/*Velten* § 257c Rn. 21.

[429] Z. B. BGHSt 43, 195 (207).

[430] *Niemöller*/Schlothauer/Weider Teil B § 257c Rn. 46.

[431] *Niemöller*/Schlothauer/Weider Teil B § 257c Rn. 44.

[432] *BGH* StV 2011, 75; SSW StPO/*Momsen* § 337 Rn. 89.

[433] Meyer-Goßner/Schmitt/*Schmitt* StPO § 257c Rn. 12. Aus dem Grundsatz des fairen Verfahrens folgt eine Pflicht des Gerichts, den Angeklagten vor einer Verständigung über in Betracht kommende Bewährungsauflagen zu informieren; *BGH* StV 2014, 393.

[434] Meyer-Goßner/Schmitt/*Schmitt* StPO § 257c Rn. 12; *Niemöller*/Schlothauer/Weider Teil B § 257c Rn. 57.

[435] SSW StGB/*Mosbacher/Claus* § 56 Rn. 49

[436] *Niemöller*/Schlothauer/Weider Teil B § 257c Rn. 57.

Freiheitsstrafe von maximal einem Jahr (§ 56 Abs. 1 StGB), keinen Anlass zu Zweifeln an deren Rechtmäßigkeit.

287 • **Verletzung des nemo tenetur-Grundsatzes und von § 136a StPO:** Aus der Pflicht des Gerichts zur Verhängung einer schuldangemessenen Strafe folgt, dass es einen Verstoß gegen § 136a Abs. 1 S. 3 StPO darstellt, dem Angeklagten im Falle einer Absprache eine unangemessen niedrige Strafe in Aussicht zu stellen oder umgekehrt eine unangemessen hohe Strafe für den Fall anzudrohen, dass er nicht zu einer Absprache bereit ist. Auf die Unzulässigkeit der (in der Praxis offenbar nicht ganz unüblichen) Androhung einer unangemessenen „Sanktionsschere" hat die höchstrichterliche Rechtsprechung wiederholt hingewiesen.[437] Zulässig bleibt es aber, dem Angeklagten für den Fall des Geständnisses eine schuldangemessene „Alternativstrafe" in Aussicht zu stellen.[438] Trotz des erheblichen Strafabschlages von 20 bis 30 %, den die Rechtsprechung bei einem Geständnis noch für angemessen hält (→ Rn. 284), soll die damit verbundene Anreizwirkung einer autonomen Entscheidung für die Ablegung eines Geständnisses nicht entgegenstehen, weil sich der Anreiz im rechtlichen Rahmen bewege. Der vorliegende Fall bietet keine Anhaltspunkte für eine rechtswidrige Einflussnahme auf A.

288 • **Verletzung des Öffentlichkeitsgrundsatzes (§ 169 GVG):** Eine Verletzung des Öffentlichkeitsgrundsatzes könnte darin liegen, dass die zur Absprache führenden Gespräche in der Praxis regelmäßig außerhalb der Hauptverhandlung stattfinden. Die gesetzliche Regelung akzeptiert – im Einklang mit der früheren Rechtsprechung[439] – dass Erörterungen zur Vorbereitung einer Verständigung außerhalb der Hauptverhandlung erfolgen können (insb. § 212 StPO).[440] In der Hauptverhandlung besteht allerdings eine **Mitteilungspflicht** dahingehend, ob (oder ob nicht[441]) über eine Verständigung i. S. v. § 257c StPO gesprochen worden ist, und welchen Inhalt die Gespräche hatten (§ 243 Abs. 4 StPO). Die Einhaltung der gesetzlichen Vorgaben sowie deren revisionsgerichtliche Überprüfbarkeit soll durch die **Protokollierungspflicht** bezogen auf Vorgespräche wie auch hinsichtlich des Zustandekommens oder Nichtzustandekommens einer Verständigung nach § 273 Abs. 1 S. 2, Abs. 1a StPO sichergestellt werden.[442] Die diesbezüglichen Vorgaben wurden vorliegend beachtet.

---

[437] *BGH* StV 2000, 556; StraFo 2003, 97 m. Anm. *Salditt;* StV 2004, 470 (471); 2007, 619; BVerfGE 133, 168 Rn. 113; *Ambos* Beweisverwertungsverbote S. 27 f.; *Bittmann* wistra 2009, 415; zusammenfassend Meyer-Goßner/Schmitt/*Schmitt* StPO § 257c Rn. 19.

[438] *BGHSt* 43, 195 (204); BVerfGE 133, 168 Rn. 113; *Bittmann* wistra 2009, 415; *Heger/Pest* ZStW 126 (2014), 455 f. Dagegen will *Niemöller*/Schlothauer/Weider Teil B § 257c Rn. 47, der Vorschrift des § 257c Abs. 3 S. 2 StPO ein Verbot der Nennung einer Alternativstrafe entnehmen. Für den damit offenbar gemeinten Umkehrschluss aus dem Umstand, dass dort nur die Nennung einer Ober- und Untergrenze vorgesehen ist, bietet das Gesetz aber keinen Anhaltspunkt, weil es insoweit um völlig unterschiedliche Fragen geht.

[439] BGHSt 43, 195 (206).

[440] § 212 StPO gilt auch für die Abschnitte zwischen einzelnen Hauptverhandlungstagen; Meyer-Goßner/Schmitt/*Schmitt* StPO § 212 Rn. 1.

[441] Das *BVerfG* (NStZ 2014, 592) hält eine Auslegung von § 243 Abs. 4 S. 1 StPO für willkürlich, wonach das Gesetz eine Mitteilung nur in dem Fall verlangt, dass Vorgespräche stattgefunden haben. Die Norm statuiere vielmehr, u. a. mit Blick auf das Ziel der Schaffung umfassender Transparenz, eine „Negativmitteilungspflicht". A. A. zu Recht BGHSt 58, 315 Rn. 5–10; *Heger/Pest* ZStW 126 (2014), 464; *Schneider* NStZ 2014, 199.

[442] *Niemöller*/Schlothauer/Weider Teil B § 273 Rn. 3; zu deren Anforderungen *Beulke/Stoffer* JZ 2013, 668. Fallbeispiel bei *Ceffinato* JURA 2013, 880 f.

289 • Das BVerfG misst den Regelungen zur Öffentlichkeit **zentrale Bedeutung** zu, da sie die „vollständige Transparenz" des Absprachevorgangs und dessen Kontrolle durch die Öffentlichkeit garantieren sollen.[443] Die Verletzung der Transparenz- und Dokumentationspflichten soll nach Auffassung des BVerfG mit Blick auf die zentrale Bedeutung dieser Vorschriften für eine rechtsstaatliche Ausgestaltung der Verständigung im Regelfall die **Revision** begründen.[444] Zwar komme nur ein relativer Revisionsgrund nach § 337 StPO in Betracht,[445] aber ein Beruhen des Urteils auf dem Gesetzesverstoß soll „regelmäßig schon deshalb nicht auszuschließen sein, weil die Verständigung, auf der das Urteil beruht, ihrerseits mit einem Gesetzesverstoß behaftet ist".[446] Im Revisionsverfahren wird der Nachweis, dass Mitteilungen nach § 243 Abs. 4 StPO erfolgt sind oder eine Verständigung stattgefunden oder auch nicht stattgefunden hat, aufgrund der Protokollierungspflicht dieser Vorgänge (§ 273 Abs. 1a StPO) **durch das Protokoll bewiesen** (§ 274 StPO). Ist sowohl das Vorliegen als auch das Nichtvorliegen eines Umstands protokollierungspflichtig, wie dies hinsichtlich der Verständigung als solcher (§ 273 Abs. 1a S. 1 und S. 3 StPO) und nach der Rechtsprechung des BVerfG auch bezogen auf die Mittelung über Vorgespräche nach § 243 Abs. 4 S. 1 StPO der Fall ist,[447] so endet die Beweiskraft, wenn weder das eine noch das andere protokolliert ist.[448] Das Revisionsgericht muss dann im **Freibeweisverfahren** klären, etwa durch die Einholung von Erklärungen der Prozessbeteiligten, ob Mitteilungen erfolgt sind oder Verständigungen stattgefunden haben.[449]

290 • **Verletzung von Anwesenheits- und Informationsrechten von Prozessbeteiligten:** Eine Verletzung der Mitteilungspflicht (§ 243 Abs. 4 StPO) beeinträchtigt aber nicht nur die Belange der Öffentlichkeit, sondern auch die der Schöffen, die das Richteramt in vollem Umfang ausüben (§ 30 GVG) und die Absprache ebenso mittragen müssen wie der Berufsrichter.[450] Entsprechendes gilt für den Angeklagten, der regelmäßig an den Vorgesprächen nicht beteiligt, aber in besonderer Weise von der Verständigung betroffen ist. Auch wenn der Mitteilungspflicht Genüge getan wurde, sollte nicht übersehen werden, dass die Information über Vorgespräche in aller Regel ein kümmerliches Surrogat sein wird, das die außerhalb der Hauptverhandlung geführte Diskussion um Strafrabatte und zu erbringende Leisungent nur ansatzweise abbildet.[451] Aber der Gesetzgeber steht mit Billigung des

---

443 BVerfGE 133, 168 Rn. 81, 88 ff.; eingehend *BVerfG* NJW 2020, 2461 ff.; vgl. auch *Beulke/Stoffer* JZ 2013, 667 ff.

444 Vgl. dazu *Schneider* NStZ 2014, 252 ff.

445 Der absolute Revisionsgrund des § 338 Nr. 6 StPO (Verletzung der Vorschriften über die Öffentlichkeit) liegt nach der Rechtsprechung des BGH nicht vor, wenn der Öffentlichkeit nicht die Verhandlung als solche, sondern nur bestimmte Teile, die öffentlich zu verhandeln wären, vorenthalten werden; siehe BGHSt 49, 255 (257); *BGH* NStZ 2014, 221 (222); kritisch dazu die Vorauflage, Rn. 278.

446 BVerfGE 133, 168 Rn. 97; zutreffend kritisch zu dieser Begründung *Beulke/Stoffer* JZ 2013, 669; *Stuckenberg* ZIS 2013, 215. Innerhalb des BGH ist umstritten, ob das Urteil bereits auf dem bloßen Verstoß gegen Protokollierungspflichten (sog. „Protokollrüge") beruhen kann (bejahend BGHSt 58, 310 Rn. 12–14; zutreffend verneinend *BGH* NStZ 2014, 395: die Protokollierung erfolgt erst nach Urteilsverkündung und kann folglich nicht das Urteil beeinflussen).

447 *BVerfG* NStZ 2014, 592; a. A. BGHSt 58, 315.

448 BGHSt 56, 3; Meyer-Goßner/Schmitt/*Schmitt* StPO § 274 Rn. 14a.

449 Meyer-Goßner/Schmitt/*Schmitt* StPO § 274 Rn. 18. Dabei sollen nach Auffassung des *BVerfG* (NJW 2012, 1136) für den Fall, dass sich der Sachverhalt nicht mehr aufklären lässt, entgegen den sonst im Freibeweisverfahren geltenden Regeln dieser Zweifel zugunsten des Angeklagten wirken, da das Gericht mit seinem Verstoß gegen gesetzlich angeordnete Dokumentationspflichten diese Unsicherheit zu verantworten hat; dazu *Beulke/Stoffer* JZ 2013, 670 f.; *Kröpil* JR 2013, 208 ff.; *Ladiges* JR 2012, 373; *Niemöller* StV 2012, 387 ff.

450 BVerfGE 133, 168 Rn. 90.

451 *Heger/Pest* ZStW 126 (2014), 465 f.; *Hettinger* JZ 2011, 300; *Murmann* ZIS 2009, 533; *B. Schmitt* GA 2001, 423 f.; *Weigend,* FG BGH IV, 1015 f.

BVerfG[452] auf dem Standpunkt, dass die Mitteilung die Interessen der Beteiligten hinreichend wahrt. Da vorliegend der Mitteilungspflicht genügt wurde, ist das Verfahren insoweit rechtmäßig.

291 • **Verletzung des „fair trial"-Grundsatzes:**[453] Absprachen sind für den Angeklagten deshalb risikobehaftet, weil er mit seinem Geständnis in Vorleistung tritt und darauf angewiesen ist, dass sich das Gericht an die abgesprochene Strafobergrenze hält. Da das Gericht zur Verhängung einer schuldangemessenen Bestrafung verpflichtet ist (→ Rn. 284), muss die **Bindung an die Absprache entfallen,** wenn sich erweist, dass das vereinbarte Strafmaß nicht schuldangemessen ist.[454] Nach § 257c Abs. 4 S. 1 StPO trägt der Angeklagte deshalb das Risiko eines Widerrufs der Absprache schon dann, wenn das Gericht – und sei es in Folge schludriger Aktenlektüre – im Rahmen der Verständigung nicht alle strafzumessungsrelevanten Umstände im Blick hatte.[455] Als Kompensation sieht das Gesetz für den Fall des Widerrufs der Vereinbarung die **Unverwertbarkeit des Geständnisses** vor (§ 257c Abs. 4 S. 3 StPO). Als Ausprägung der Verfahrensfairness muss das Gericht den Angeklagten über die Voraussetzungen und die Folgen einer Lösung des Gerichts von der getroffenen Vereinbarung **belehren** (§ 257c Abs. 4, 5 StPO).[456] Diese Belehrung, deren Unterlassen regelmäßig die Revision begründet,[457] ist vorliegend erfolgt.

292 **Zusammenfassend** kann festgehalten werden, dass die **Absprachen trotz der gesetzlichen Regelung einer Reihe grundsätzlicher Bedenken** ausgesetzt sind. Der Gesetzgeber hat zwar das Verständigungsverfahren mit dem Anspruch geregelt, die strafprozessualen Grundsätze, insbesondere den Aufklärungs- und den Schuldgrundsatz wie auch die Verfahrensfairness, unangetastet zu lassen. Aber das mit der Absprache verfolgte Ziel der Verfahrensverkürzung lässt sich mit einer konsequenten Verwirklichung der strafprozessualen Prinzipien nur schwer (viele Kritiker sagen: gar nicht[458]) in Einklang bringen. Zusätzlich wirkt es erschwerend, dass die professionellen Verfahrensbeteiligten, insbesondere Richter und Staatsanwälte, ganz **eigene Interessen an einer arbeitssparenden Verfahrenserledigung** haben.[459] Um dies am Ausgangsfall zu verdeutlichen: Der Vorsitzende erspart sich weitere Hauptverhandlungstermine und die Mühe von deren Vorbereitung. Zudem besteht, wenn ein Urteil nicht mit Rechtsmitteln angefochten wird, nach § 267 Abs. 4 StPO die Möglichkeit, ein sogenanntes „abgekürztes Urteil" abzufassen, bei dem der

---

[452] BVerfGE 133, 168 Rn. 90, das allerdings – blauäugig und zudem gegen den Wortlaut der Mitteilungspflicht (§ 243 Abs. 4 S. 1 StPO: „wesentlicher Inhalt") – von einer „umfassenden" Unterrichtung ausgeht.

[453] Vgl. das Fallbeispiel zur Bindungswirkung bei der Verständigung bei *Ceffinato* JURA 2013, 878 f.

[454] Darin zeigt sich die grundsätzliche Friktion zwischen Vereinbarung und Schuldgrundsatz; eingehend *Murmann* FS Roxin II, 1395 ff.

[455] Meyer-Goßner/Schmitt/*Schmitt* StPO § 257c Rn. 26; *Murmann* ZIS 2009 536 ff.; vgl. schon BGHSt (GrS) 50, 40 (50).

[456] BVerfGE 133, 168 Rn. 99; *Heger/Pest* ZStW 126 (2014), 453 f.; BeckOK StPO/*Eschelbach* StPO § 257c Rn. 41.

[457] BVerfGE 133, 168 Rn. 99; *BVerfG* StraFo 2014, 415; *BGH* StV 2013, 611; *Beulke/Stoffer* JZ 2013, 670; *Heger/Pest* ZStW 126 (2014), 474; Meyer-Goßner/Schmitt/*Schmitt* StPO § 257c Rn. 32c; *Scheider* NStZ 2014, 258. In der Fallbearbeitung *Höffler/Kaspar* Fall 8 Rn. 57 ff.

[458] Z. B. Radtke/Hohmann/*Ambos/Ziehn* StPO § 257c Rn. 17; BeckOK StPO/*Eschelbach* StPO § 257c Rn. 1.5; *Fezer* HRRS 2013, 118; *Hettinger* JZ 2011, 297 mit Fn. 74, 299; *Murmann* ZIS 2009, 531 ff.; *Schünemann* FS Wolter, 1121 ff.; *Stuckenberg* ZIS 2013, 215 (218).

[459] BeckOK StPO/*Eschelbach* StPO § 257c Rn. 1.5; *Hettinger* JZ 2011, 293; *Murmann* FS Roxin II, 1386 f.; *Schünemann* FS Wolter, 1109 f.; vgl. auch BVerfGE 133, 168 Rn. 114, 120: „Motivationsverschiebung"; „interessengeleitete Missverständnisse und Bestrebungen". An die richterliche Berufsethik appelliert *Herzog* GA 2014, 697 ff.

Darstellungsaufwand erheblich reduziert ist. Von dieser Möglichkeit kann das Gericht beim abgesprochenen Urteil besonders häufig Gebrauch machen, weil die Verfahrensbeteiligten mit dem Resultat einverstanden und deshalb an einer Anfechtung in der Regel nicht interessiert sind. Diese Anreize, die etwa in komplexen Wirtschaftsstrafverfahren noch weitaus stärker ins Gewicht fallen, führen in der Praxis nicht selten zur Missachtung der gesetzlichen Grenzen des Verständigungsverfahrens. Die vom BVerfG in Auftrag gegebene empirische Untersuchung ergab einen Anteil informeller (d. h.: rechtswidriger) Absprachen von über 50 %.[460] Vor diesem Hintergrund ist es umso bedeutsamer, dass grundsätzlich die (wenn auch praktisch nicht sehr bedeutsame[461]) Möglichkeit eröffnet bleibt, eine Überprüfung des Verständigungsverfahrens durch ein Rechtsmittelgericht zu ermöglichen.[462] Deshalb **untersagt** § 302 Abs. 1 S. 2 StPO einen **Rechtsmittelverzicht** nach einem abgesprochenen Urteil.[463] Der Angeklagte ist darüber zu belehren, dass es ihm trotz der Absprache frei steht, Rechtsmittel einzulegen[464] – dieser Verpflichtung ist das Gericht vorliegend nachgekommen. Für den **vorliegenden Fall** bleibt festzuhalten, dass das Verfahren infolge einer Verletzung des Aufklärungsgrundsatzes nach §§ 257c Abs. 1 S. 2; 244 Abs. 2 StPO rechtswidrig war. Da nicht ausgeschlossen werden kann, dass das Urteil auf diesem Mangel beruht, wäre eine Revision begründet (§ 337 StPO).

11. Die Stellung des Verletzten im Verfahren

Fall:[465] O ist von A zusammengeschlagen und schwer verletzt worden. O möchte nunmehr wissen, welche Rechte er im gegen A geführten Strafverfahren hat. 293

a) Das Opfer als Subjekt des Verfahrens und als Zeuge

Während das Opfer bzw. der Verletzte[466] früher im Wesentlichen als Beweismittel wahrgenommen wurde, hat sich in jüngerer Zeit in Gesetzgebung und Wissenschaft 294

---

460 *Altenhain/Dietmeier/May*, Die Praxis der Absprachen im Strafverfahren, 2013, zusammenfassend S. 181 ff.

461 BeckOK StPO/*Eschelbach* StPO § 257c Rn. 3; *Heger/Pest* ZStW 126 (2014), 468; *Murmann* ZIS 2009, 534.

462 BVerfGE 133, 168 Rn. 94 f.

463 So schon BGHSt (GrS) 50, 40 (60); dazu *Murmann* ZIS 2009, 528. Die Rechtsprechung (vgl. BGHSt 55, 82) akzeptiert allerdings die Einlegung und anschließende Rücknahme eines Rechtsmittels, was (da die Rücknahme von der h. M. als Verzicht auf die Wiederholung des Rechtsmittels gedeutet wird; Meyer-Goßner/Schmitt/*Schmitt* StPO § 302 Rn. 12; a. A. *Niemöller* NStZ 2013, 23 f.) in der Sache auf einen Verzicht (und damit auf eine Umgehung von § 302 Abs. 1 S. 2 StPO) hinausläuft; treffend kritisch *Fischer*, ZRP 2010, 250; vgl. die Fallbeispiele bei *Ceffinato* JURA 2013, 880; *Höffler/Kaspar* Fall 8 Rn. 50 ff.

464 Anders als nach der Rechtsprechung des *BGH* (BGHSt [GrS] 50, 40 [60 f.]) ist ein Rechtsmittelverzicht danach auch dann unwirksam, wenn der Angeklagte qualifiziert über sein fortbestehendes Anfechtungsrecht belehrt wurde; dazu kritisch *Murmann* ZIS 2009, 534.

465 Zusatzfrage zur Nebenklage bei *Beulke* Klausurenkurs III Rn. 243, 274. Überblicksdarstellungen bei *Heger* JA 2007, 244; *Klesczewski* Rn. 666 ff.; *Rieß* FS Jung, 751 ff.

466 Eingehend zum Begriff des Verletzten *Hilger* GA 2007, 287 ff. Das Gesetz spricht meist vom Verletzten. In der Sache ist mit dem Verletzten und dem Opfer das Gleiche gemeint. Allerdings impliziert der Begriff „Opfer" stärker, dass es sich bei dem Beschuldigten um den „Täter" handeln müsse – was mit der Unschuldsvermutung nicht in Einklang steht. Der

die Einsicht durchgesetzt, dass der Verletzte als **Subjekt des Verfahrens** mit eigenen Rechten auszustatten ist.[467] Neben dem traditionellen Klageerzwingungsverfahren (dazu → Rn. 158) und dem nur in Ausnahmefällen möglichen Privatklageverfahren (dazu → Rn. 159) wird die Rechtstellung des Verletzten als Prozessbeteiligtem in §§ 406d bis 406h StPO umrissen (dazu → Rn. 297). Weiter bestehen die Möglichkeiten einer Beteiligung als Nebenkläger (§§ 395 ff. StPO; → Rn. 298) und – sofern es um die Geltendmachung zivilrechtlicher Ansprüche geht – im Rahmen des Adhäsionsverfahrens (§§ 403 ff. StPO; → Rn. 299 ff.).

295 Neben diesen erweiterten Beteiligungsmöglichkeiten am Verfahren wurde das Augenmerk zunehmend auch auf die **Schutzinteressen des Verletzten** in seiner Rolle **als Zeuge** gerichtet. Insbesondere in Sexualstrafverfahren besteht die Gefahr einer sogenannten „sekundären Viktimisierung“ durch die erneute Konfrontation mit dem Tatgeschehen und dem Angeklagten. Diese Situation wird dadurch verschärft, dass der Verletzte als (mitunter einziger) Belastungszeuge im Interesse der Wahrheitsfindung eingehend und auch kritisch zu befragen ist, wobei auch unangenehme Fragen – etwa nach dem sexuellen Vorleben[468] – nicht unzulässig sind, wenn sie der Wahrheitsfindung dienen (§ 68a StPO StPO). Einen gewissen Schutz bietet insofern § 171b GVG, der den Ausschluss der Öffentlichkeit erlaubt, wenn Umstände aus dem persönlichen Lebensbereich des Verletzten zur Sprache kommen; der Ausschluss soll nach § 171b Abs. 2 GVG der Regelfall sein, wenn, insbesondere bei Sexualdelikten, ein unter 18-jähriger Zeuge vernommen werden soll. Bei dringender Gefahr eines schwerwiegenden Nachteils für die Gesundheit des Zeugen kann sogar der Angeklagte aus dem Sitzungszimmer entfernt werden (§ 247 StPO)[469] oder es kommt eine Videovernehmung in Betracht, bei der sich der Zeuge an einem anderen Ort befindet und seine Vernehmung in den Gerichtssaal übertragen wird (§ 247a StPO). Auf eine Verringerung der Aussagehäufigkeit, insbesondere bei Verletzten unter 18 Jahren, zielt die Möglichkeit der Videoaufzeichnung von Vernehmungen und deren spätere Vorführung in der Hauptverhandlung (§§ 58a, 255a StPO). Das gleiche Ziel wird auch mit der durch § 24 Abs. 1 Nr. 3 GVG eröffneten Zuständigkeit des Landgerichts in Fällen einer besonderen Schutzbedürftigkeit des Verletzten verfolgt: Ist Eingangsinstanz das Landgericht, so ist nämlich eine Berufung nicht statthaft und dem Verletzten wird eine Tatsacheninstanz erspart (→ Rn. 12, 17).[470]

296 Es ist nicht zu übersehen, dass der Schutz des Verletzten in ein **Spannungsverhältnis** zur Rechtsposition des Angeklagten treten kann.[471] Denn die in Rn. 295 dargestellten Beschränkungen bei der Befragung von Opferzeugen verschlechtern die Verteidigungsmöglichkeiten und die Bedingungen der Wahrheitsermittlung. Das lässt sich an einem weiteren Beispiel verdeutlichen: Grundsätzlich ist es Zeugen im Interesse einer unbefangenen, wahrheitsgemäßen Aussage verwehrt, vor ihrer Ver-

---

Begriff des Verletzten ist insoweit neutraler und vorzugswüridg. Dazu *Krey/Heinrich* Rn. 489 ff.; eingehend HKV StrafR-HdB VII/*Barton* § 19 Rn. 2 ff.

[467] Eingehend zu dieser Entwicklung HKV StrafR-HdB VII/*Barton* § 19 Rn. 39 ff.

[468] Vgl. BGHSt 13, 252.

[469] *BGH* NJW 2017, 3397 verlangt im Rahmen der technischen Möglichkeiten eine Übertragung der Vernehmung aus dem Sitzungszimmer in den Raum, in dem sich der Angeklagte befindet. Damit wird den Informations- und Verteidigungsbelangen besser Rechnung getragen als mit der nach § 247 S. 4 vorgesehenen nachträglichen Unterrichtung durch den Vorsitzenden. Dazu auch *Schneider* NStZ 2018, 128 ff.

[470] Vgl. *Heger* JA 2007, 247 f.

[471] Dazu HKV StrafR-HdB VII/*Barton* § 19 Rn. 155 ff.; *Schöch* FS Sieber, 591 ff.; *Schünemann* NStZ 1986, 442 f.; *ders.* FS Hamm, 687 ff.; *Weigend* NJW 1987, 1170 ff.

nehmung der Hauptverhandlung beizuwohnen (§ 58 Abs. 1 StPO). Hingegen ist der als Nebenkläger zugelassene oder zulassungsberechtigte Verletzte auch dann, wenn er als Zeuge vernommen werden soll, zur Anwesenheit in der Hauptverhandlung berechtigt (§§ 397 Abs. 1 S. 1, 406g Abs. 1 S. 2 StPO). Der Gesetzgeber hat damit den Konflikt zwischen der Wahrheitsfindung und den Interessen des Verletzten zugunsten des letzteren entschieden.

b) Falllösung

Zunächst wird O daran interessiert sein, sich über das Verfahren und die Ermittlungsergebnisse zu informieren. Dieses Interesse wird nicht zuletzt mit Blick auf die Verfolgung zivilrechtlicher Ansprüche bestehen. Denn der im Strafverfahren geltende Untersuchungsgrundsatz (→ Rn. 34) erleichtert dem Verletzten die Beweisführung in einem etwaigen Zivilprozess, in dem er die Beweislast für die anspruchsbegründenden Tatsachen trägt.[472] § 406e StPO billigt dem Verletzten zur Verfolgung seines Informationsinteresses ein Recht auf **Akteneinsicht** zu,[473] das regelmäßig durch Einschaltung eines Rechtsanwalts zu realisieren ist. Schon an dieser Regelung wird ersichtlich, dass sich der Verletzte im Strafverfahren des **Beistands eines Rechtsanwalts** bedienen kann (§ 406f StPO). Eine Kostentragung durch die Staatskasse erfolgt aber nur zugunsten des nebenklageberechtigten Verletzten nach Maßgabe von § 397a StPO. 297

Kommt es zu einer Anklage gegen A, so stellt sich die Frage, ob O sich dem Verfahren als **Nebenkläger** anschließen kann (§§ 395 ff. StPO).[474] Das setzt voraus, dass O entweder Verletzter einer zur Nebenklage berechtigenden Tat nach § 395 Abs. 1 StPO ist oder Verletzter einer anderen Tat, wenn eine Anschlussbefugnis wegen besonderer Gründe, insbesondere bei schweren Tatfolgen, zur Wahrnehmung seiner Interessen geboten erscheint (§ 395 Abs. 3 StPO).[475] Vorliegend besteht der Verdacht einer vorsätzlichen Körperverletzung, so dass sich die Befugnis zum Anschluss aus § 395 Abs. 1 Nr. 3 StPO ergibt. Auf eine schriftliche Anschlusserklärung wird deshalb das Gericht nach Anhörung der Staatsanwaltschaft durch Beschluss den O als Nebenkläger zulassen (§ 396 StPO). Damit stehen dem Verletzten umfangreiche Beteiligungsmöglichkeiten zur Verfügung (siehe § 397 StPO), wie etwa das Fragerecht (§ 240 Abs. 2 StPO), das Beweisantragsrecht (§ 244 Abs. 3–6 StPO) und das Recht zur Abgabe von Erklärungen (§§ 257, 258 StPO). Darüber hinaus ist der Nebenkläger auch zur Einlegung von Rechtsmitteln (Berufung oder Revision) berechtigt, allerdings nicht schon dann, wenn er lediglich mit der Höhe der verhängten Strafe nicht einverstanden ist (§§ 400 f. StPO). Als Nebenkläger kann sich A eines Rechtsanwalts als Beistand bedienen (§ 397 Abs. 2 StPO). Die Voraussetzungen der gerichtlichen Bestellung eines Rechtsanwalts nach § 397a Abs. 1 StPO sind vorliegend allerdings nicht erfüllt. In Betracht kommt aber die Gewährung von Prozesskostenhilfe, wenn O die Kosten für einen Rechtsanwalt nicht aufbringen kann und ihm ohne rechtlichen Beistand die Wahrung seiner Interessen nicht möglich oder nicht zumutbar ist (§ 397a Abs. 2 StPO). 298

---

[472] Musielak/Voit/*Foerste* ZPO § 286 Rn. 35; Zöller/*Greger* ZPO vor § 284 Rn. 17a.

[473] Die Kehrseite dieses Rechts ist ein Eingriff in das Recht auf informationelle Selbstbestimmung (Art. 2 Abs. 1 i. V. m. Art. 1 Abs. 1 GG) des Beschuldigten, vgl. *BVerfG* NStZ-RR 2005, 242; NJW 2021, 3654 (3655).

[474] Eingehend zur Nebenklage *Barton* JA 2009, 753 ff.

[475] Zu dieser durch das am 1.10.2009 in Kraft getretene 2. Opferrechtsreformgesetz eingeführten Regelung vgl. *Bittmann* JuS 2010, 221 f.

299 Schließlich könnte O daran interessiert sein, seine Ansprüche aus §§ 823 ff., 253 BGB im Strafverfahren geltend zu machen, um sich so den (im Hinblick auf die ihn treffende Beweislast: ungünstigeren) zivilrechtlichen Rechtsweg zu ersparen. Diese Möglichkeit eröffnet das **Adhäsionsverfahren** (§§ 403 ff. StPO).

300 Die **praktische Bedeutung** des Adhäsionsverfahrens war früher sehr gering: Wurde überhaupt ein Antrag gestellt, so machten die Strafgerichte regelmäßig von der Möglichkeit Gebrauch, nach § 405 S. 2 StPO a. F. von der Entscheidung abzusehen, da sich die Sache zur Erledigung im Strafverfahren nicht eigne. Dem – durchaus nicht ganz unbegründeten[476] – Unwillen der Strafgerichte gegen die Beschäftigung mit zivilrechtlichen Fragestellungen wollte der Gesetzgeber durch das Opferrechtsreformgesetz von 2004 entgegenwirken: Nach § 406 Abs. 1 StPO ist ein Absehen von der Entscheidung – insb. bei der Geltendmachung von Schmerzensgeldansprüchen – nur in Ausnahmefällen zulässig und unterliegt dem Rechtsmittel der sofortigen Beschwerde (§ 406a Abs. 1 StPO).

301 Im Unterschied zur Nebenklage ist das Adhäsionsverfahren nicht auf bestimmte Straftaten beschränkt. Als Verletzter ist A auch antragsberechtigt (§ 403 Abs. 1 StPO). Der Antrag, mit dem der Anspruch geltend gemacht wird, entspricht in seiner Wirkung der Erhebung der Klage im bürgerlichen Rechtsstreit (§ 404 Abs. 2 StPO). Das weitere Verfahren richtet sich im Wesentlichen nach der StPO, wobei teilweise auch zivilprozessuale Vorschriften zur Anwendung kommen (§§ 406 Abs. 1, 406b StPO). Das Gericht kann von einer Entscheidung absehen (§ 406 Abs. 1 S. 3–6 StPO) – nicht etwa: die Klage abweisen –, wenn der Antrag unzulässig ist oder als unbegründet erscheint oder wenn „sich der Antrag auch unter Berücksichtigung der berechtigten Belange des Antragstellers zur Erledigung im Strafverfahren nicht eignet", was insbesondere bei erheblicher Verfahrensverzögerung der Fall ist. Die letztgenannte Möglichkeit des Absehens von einer Entscheidung besteht allerdings nicht, soweit A auch Schmerzensgeldansprüche geltend macht. Insoweit muss das Gericht über den Anspruch zumindest dem Grunde nach entscheiden (§ 406 Abs. 1 S. 6, 2 StPO). Die Entscheidung des Strafgerichts steht einem Zivilurteil gleich (§ 406 Abs. 3 S. 1 StPO).

302 Außerhalb des Strafverfahrens kann O eine Opferentschädigung nach dem **Gesetz über die Entschädigung für Opfer von Gewalttaten** (OEG) geltend machen.[477] Insoweit werden Versorgungsansprüche in entsprechender Anwendung des Bundesversorgungsgesetzes gewährt (§ 10 OEG). Zuständig hierfür sind deshalb auch die für die Durchführung des Bundesversorgungsgesetzes zuständigen Behörden (§ 6 OEG). Der Rechtsweg zu den Sozialgerichten ist eröffnet (§ 7 OEG).

---

[476] Vgl. Meyer-Goßner/Schmitt/*Schmitt* StPO Vor § 403 Rn. 3 m. w. N.
[477] Näher *Kühne* Rn. 261.

H. Rechtskraft

I. Grundlagen

Eine Entscheidung ist rechtskräftig, wenn von keinem Beteiligten mehr Rechtsmittel eingelegt werden können **(formelle Rechtskraft).**[1] Bestehen für manche Beteiligte noch Anfechtungsmöglichkeiten, für andere aber nicht mehr, so spricht man von relativer Rechtskraft.[2] Die Rechtskraft kann sich auch auf lediglich einen Teil der Entscheidung beziehen, z. B., wenn sich ein Rechtsmittel nur gegen den Straffolgenausspruch, nicht aber gegen den Schuldspruch wendet; letzterer kann dann in Rechtskraft erwachsen (Teilrechtskraft).[3] Die Wirkung der Rechtskraft **(materielle Rechtskraft)** besteht bei Urteilen darin, dass wegen derselben Tat kein Verfahren mehr gegen den Verurteilten durchgeführt werden darf (Strafklageverbrauch; ne bis in idem, Art. 103 Abs. 3 GG).[4] Vom Strafklageverbrauch umfasst sind sämtliche den Gegenstand des Verfahrens bildende Taten (im prozessualen Sinn, → Rn. 172 f., 318 f.). Zudem endet mit dem Eintritt der Rechtskraft die Unschuldsvermutung, so dass eine verhängte Strafe vollstreckt werden darf (§ 449 StPO). 303

Das Problem einer Doppelverfolgung wegen derselben Straftat kann sich auch im Falle einer Zuständigkeit mehrerer Staaten für die Strafverfolgung stellen (etwa bei der Begehung einer Straftat eines Deutschen im Ausland, vgl. § 7 Abs. 2 Nr. 1 StGB). Art. 50 GRC und Art. 54 SDÜ begründen in Europa für die Vertragsstaaten ein **transnationales Verbot der Doppelverfolgung.**[5]

Die Rechtskraftwirkung tritt ein mit Ablauf der Rechtsmittelfrist (z. B. §§ 314 Abs. 1; 341 Abs. 1 StPO), mit dem Verzicht auf Rechtsmittel (§ 302 Abs. 1 StPO, hierzu → Rn. 306 ff.), mit Rücknahme des eingelegten Rechtsmittels (§ 302 f. StPO)[6] oder mit Erlass einer Entscheidung, gegen die kein Rechtsmittel statthaft ist. Die Durchbrechung der eingetretenen Rechtskraft ist möglich durch Wiedereinsetzung in den vorigen Stand (§§ 44 ff. StPO; hierzu → Rn. 313), erfolgreiches Wiederauf- 304

---

[1] Praktisch relevant wird das vor allem bei Urteilen; Beschlüsse und Verfügungen können dagegen i. d. R. ohne Frist angefochten werden und erlangen dementsprechend keine Rechtskraft, siehe *Volk/Engländer* GK StPO § 32 Rn. 2 ff., 14.

[2] So z. B., wenn ein Teil Rechtsmittelverzicht erklärt oder ein eingelegtes Rechtsmittel zurücknimmt, vgl. → Rn. 306 ff.

[3] Vgl. im Einzelnen Meyer-Goßner/Schmitt/*Schmitt* Einl. Rn. 184 ff.

[4] Näher unten → Rn. 314 ff. Zusammenfassend *Hoppen/Jansen* JuS 2021, 1132 ff.

[5] Vgl. *Beulke/Swoboda* StrafProzR Rn. 32; HKV StrafR-HdB VII/*Lindemann* § 3 Rn. 52; HKV StrafR-HdB VII/*Schuhr* § 24 Rn. 70 ff.; *EuGH* StV 2021, 622 ff.; *OLG Frankfurt/M.* NStZ-RR 2020, 288. Flankierend normiert § 83 Abs. 1 Nr. 1 IRG ein Auslieferungsverbot, wenn der Verfolgte in einem anderen Mitgliedsstaat der EU bereits rechtskräftig abgeurteilt wurde, und § 83b IRG erlaubt die Ablehnung der Auslieferung u. a. dann, wenn bereits ein strafrechtliches Verfahren in Deutschland geführt wird.

[6] Nach h. M. kommt der bloßen Rücknahme eines einzelnen Rechtsmittels i. d. R. die Wirkung des Rechtsmittelverzichts zu (RGS. 24, 142 (143), BGHSt 10, 245, *BGH* NStZ 1995, 356; Meyer-Goßner/Schmitt/*Schmitt* StPO § 302 Rn. 12; a. A. mit überzeugenden Argumenten SK-StPO/*Frisch* § 302 Rn. 5 m. w. N.).

nahmeverfahren (§§ 359 ff. StPO, hierzu → Rn. 314 ff.) oder Aufhebung der Entscheidung durch das Verfassungsgericht (§ 95 Abs. 2 BVerfGG[7]).

305 Auch **Opportunitätseinstellungen** können einen rechtskräftigen Verfahrensabschluss bewirken. So ordnet **§ 153a Abs. 1 S. 5 StPO** bereits bei Einstellungen durch die Staatsanwaltschaft (und natürlich erst recht bei Einstellungen durch das Gericht; § 153a Abs. 2 S. 2 StPO) einen **beschränkten Strafklageverbrauch** an, der es verbietet, die Tat nach Erfüllung der Auflagen oder Weisungen noch als Vergehen zu verfolgen. Zulässig bleibt also eine erneute Strafverfolgung nur dann, wenn sich der Verdacht eines Verbrechens (§ 12 Abs. 1 StGB) ergibt (→ Rn. 167). Die Bagatellvorschrift des **§ 153 StPO** enthält keine entsprechende Regelung, so dass jedenfalls die Staatsanwaltschaft an ihre Einstellungsentscheidung (§ 153 Abs. 1 StPO) nicht gebunden ist. Sie kann das Verfahren fortsetzen, auch wenn keine neuen Tatsachen oder Beweismittel bekannt geworden sind.[8] Im Falle einer Einstellung durch das Gericht (§ 153 Abs. 2 StPO) verlangt dagegen der aus dem Rechtsstaatsprinzip (Art. 20 Abs. 3 GG) abgeleitete Schutz des Vertrauens in gerichtliche Entscheidungen eine Rechtskraftwirkung.[9] Umstritten ist deren Reichweite: Der BGH nimmt einen beschränkten Strafklageverbrauch entsprechend § 153a Abs. 1 S. 5 StPO an, macht also eine Fortführung des Verfahrens vom Verdacht eines Verbrechens abhängig.[10] Ein Teil der Literatur weist dagegen zu Recht darauf hin, dass das Vertrauen des Beschuldigten in den Bestand einer Bagatelleinstellung weniger schutzwürdig ist als bei einer Einstellung nach § 153a StPO.[11] Denn § 153 StPO stellt geringere Anforderungen an die Aufklärung des Sachverhalts (wenn die Schuld als gering anzusehen „wäre"; zu § 153a StPO → Rn. 164) und die Einstellung erfolgt ohne Gegenleistung des Beschuldigten. Deshalb ist eine Fortsetzung des Verfahrens richtigerweise schon dann zulässig, wenn neue Tatsachen oder Beweismittel der Einstellungsentscheidung die Grundlage entziehen (Rechtsgedanke des § 211 StPO).[12]

II. Vertiefung

1. Rechtsmittelverzicht; zugleich zur Wiedereinsetzung in den vorigen Stand

306 **Fall:**[13] A wird wegen schwerer Brandstiftung nach § 306a Abs. 1 Nr. 1 StGB zu einer Freiheitsstrafe von zwei Jahren verurteilt, die zur Bewährung ausgesetzt wird. Während der Verkündung der Urteilsgründe verlässt Verteidiger V wegen eines dringenden Termins den Gerichtssaal. A erklärt nach Belehrung nach § 35a StPO auf Nachfrage des Vorsitzenden Richters, er wolle keine Rechtsmittel einlegen. Die Erklärung wird in das Sitzungsprotokoll aufgenommen.

Fallfrage a): Wäre eine Revision gegen das Urteil der Großen Strafkammer zulässig?

Fallfrage b): Wie wäre es, wenn A erst zwei Wochen nach Urteilsverkündung Revision einlegen wollte?

---

7 Wird dagegen eine Norm, auf der das Strafurteil beruht, im Verfahren der abstrakten Normenkontrolle (§§ 13 Nr. 6, 6a i. V. m. 76 ff. BVerfGG) für nichtig erklärt, so erfolgt die erneute Prüfung des Falls per Wiederaufnahmeverfahren, § 79 BVerfGG.

8 HK-StPO/*Gercke* § 153 Rn. 13. Unzulässig ist freilich eine Fortführung aus sachfremden Erwägungen (Willkürverbot).

9 BGHSt 48, 331 (334). Einzelheiten bei *Rössner/Safferling* 30. Problem. Thema einer Zusatzfrage bei *Saliger* ZJS 2008, 395 (399 ff.).

10 BGHSt 48, 331 (334 ff.); zustimmend etwa HK-StPO/*Gercke* § 153 Rn. 25.

11 Instruktiv *Heghmanns* NStZ 2004, 634 f.

12 *Heghmanns* NStZ 2004, 635; *Kühne* Rn. 607; in der Fallbearbeitung *Beulke* JURA 2014, 639 (653 f.).

13 Aus der Übungsfallliteratur *Heinrich/Reinbacher* 42/25 ff.; *Putzke/Scheinfeld* Rn. 848 ff.; *Schroeder/Meindl* Fall 11. Vgl. auch *KG* StV 2013, 11 (dazu *Mosbacher* JuS 2013, 135).

a) Einführung

Der Verzicht auf Rechtsmittel hat den endgültigen Verlust der Anfechtungsmöglichkeit und den Eintritt der (zumindest relativen) Rechtskraft zur Folge (vgl. § 302 Abs. 1 S. 1 StPO). Die Erklärung des Rechtsmittelverzichts ist ihrer rechtlichen Natur nach eine **Prozesshandlung**[14] und damit aus Gründen der Rechtssicherheit bedingungsfeindlich, nicht anfechtbar und unwiderruflich.[15] Angesichts dieser besonderen Tragweite der Erklärung werden an ihre Wirksamkeit strenge Anforderungen gestellt. Hierbei können die personalen Voraussetzungen von den sachlichen und den Voraussetzungen hinsichtlich des Zustandekommens unterschieden werden.[16] 307

Personal setzt die Erklärung des Rechtsmittelverzichts die Verhandlungsfähigkeit des Verzichtenden voraus. **Sachlich** ist die Erklärung zulässig, „sobald und solange" Rechtsmittel eingelegt werden können.[17] Die Erklärung muss eindeutig, vorbehaltlos und ausdrücklich erfolgen.[18] Die Form richtet sich nach der Form für die Einlegung von Rechtsmitteln (schriftlich oder zu Protokoll der Geschäftsstelle, §§ 314 Abs. 1, 341 Abs. 1 StPO). Die Erklärung des Rechtsmittelverzichts durch den Verteidiger ist in entsprechender Anwendung von § 302 Abs. 2 StPO nur mit besonderer Ermächtigung zulässig.[19] 308

Doch auch eine unter diesen Voraussetzungen abgegebene Verzichtserklärung kann wegen der **Art ihres Zustandekommens** unwirksam sein. Zwar ist die Verzichtserklärung grundsätzlich auch bei bestehenden Willensmängeln aus Gründen der Rechtssicherheit und -klarheit als wirksam anzusehen,[20] problematisch sind aber die Fallgruppen des Verzichts auf Grund von Drohung,[21] Täuschung[22] oder mangelnder Beratungsmöglichkeit durch einen Anwalt.[23] Die Judikatur erkennt für bestimmte Konstellationen die Unwirksamkeit des Verzichts an, ohne dass hierfür konsistente Prinzipien ersichtlich wären.[24] Im Hinblick auf den Zweck des Strafverfahrens (→ Rn. 5) und die Bedeutung der Verzichtserklärung dürfte maßgeblich darauf abzustellen sein, ob die Verzichtsentscheidung nach den Wertungen des Gesetzes im Einzelfall als vom Verzichtenden zu verantwortende Entscheidung anzusehen ist.[25] 309

---

[14] RGSt 81, 177 (178); kritisch, was den Ertrag der Systematisierung angeht: *Schlüchter* Rn. 130 ff.; *Volk/Engländer* GK StPO § 15 Rn. 1 ff. Eingehend zu Prozesshandlungen HKV StrafR-HdB VII/*Heger* § 25.

[15] *BGH* NJW 1984, 1974; NStZ 1984, 181.

[16] Systematisierung nach SK-StPO/*Frisch* § 302 Rn. 14 ff., abweichende Einteilung z. B. bei Löwe/Rosenberg/*Jesse* StPO § 302 Rn. 6.

[17] Meyer-Goßner/Schmitt/*Schmitt* StPO § 302 Rn. 14; also nicht vor Erlass der Entscheidung, BGHSt 43, 195 (= *BGH* JuS 1998, 373 [*S. P. Martin*]).

[18] Meyer-Goßner/Schmitt/*Schmitt* StPO § 302 Rn. 20.

[19] Hintergrund des Ermächtigungserfordernisses ist die weitreichende Bedeutung der Erklärung, die Rechtsmittelrücknahme und -verzicht gleichermaßen kennzeichnet, SK-StPO/*Frisch* § 302 Rn. 67; HK-GS/Momsen § 302 StPO Rn. 24.

[20] *BGH* NStZ 1997, 148; *BGH* wistra 2002, 108; *OLG Frankfurt* NStZ 1993, 507 m. w. N.

[21] *BGH* NJW 2004, 1885.

[22] Auch bei versehentlich unzutreffender richterlicher Auskunft, *BGH* StV 2001, 556; NJW 2001, 1435.

[23] Grundlegend BGHSt 17, 14 (18); Überblick bei SK-StPO/*Frisch* § 302 Rn. 21 ff.; vgl. zu neueren Entscheidungen *Peglau* JA 2000, 405 ff. sowie *OLG Köln* StV 2003, 65.

[24] SK-StPO/*Frisch* § 302 Rn. 25 f.; Löwe/Rosenberg/*Jesse* StPO § 302 Rn. 50.

[25] SK-StPO/*Frisch* § 302 Rn. 26 ff.; die Rechtsprechung argumentiert gelegentlich mit dem (weniger spezifischen) topos des „fairen Verfahrens", z. B. *OLG Köln* NStZ-RR 1997, 336 m. w. N.

Nur dann kann der Verzichtende unter Verweis auf das Rechtssicherheitsargument an seiner Entscheidung festgehalten werden.[26]

b) Falllösung

310 **Fallfrage a):** Grundsätzlich ist die Revision zum BGH das statthafte Rechtsmittel gegen erstinstanzliche Urteile des Landgerichts (§ 333 StPO). Hier ist allein zweifelhaft, ob dieses Rechtsmittel wegen Verzichts (§ 302 Abs. 1 S. 1 StPO) unwirksam wäre.[27]

311 A war verhandlungsfähig und erfüllt damit die personalen Voraussetzungen eines Rechtsmittelverzichts. In sachlicher Hinsicht hat A den Rechtsmittelverzicht eindeutig erklärt.[28] Die Erklärung genügt durch die Aufnahme in das Hauptverhandlungsprotokoll auch der von § 341 Abs. 1 StPO geforderten Form.[29]

312 Es fragt sich aber, ob die Wirksamkeit des Rechtsmittelverzichts durch die **Art seines Zustandekommens,** nämlich durch die Abwesenheit des Verteidigers bei Abgabe der Erklärung, berührt wird. Hierfür ließe sich geltend machen, dass dem Angeklagten die Möglichkeit genommen war, vor der Erklärung fachkundigen Rat über die prozessuale Bedeutung dieser Handlung einzuholen.[30] Dagegen ließe sich einwenden, dass es gerade Teil der Autonomie des Angeklagten sein könnte, auf diese Beratung zu verzichten.[31] Dieser Einwand geht vorliegend aber deshalb fehl, weil hier ein Fall der notwendigen Verteidigung nach § 140 Abs. 1 Nr. 1, Nr. 2 StPO gegeben ist.[32] Die notwendige Verteidigung endet nicht bereits mit Verkündung des Urteils (hier war V zunächst noch anwesend), sondern erst mit Eintritt der Rechtskraft, also mit dem Ende des Erkenntnisverfahrens.[33] Nach der gesetzlichen Wertung bedarf der Angeklagte zur sachgerechten Wahrnehmung seiner Interessen eines Verteidigers.[34] Die Autonomie des Angeklagten ist danach nur bei Anwesenheit eines Verteidigers gewahrt, mit dem er vor seiner Entscheidung Rücksprache nehmen kann.[35] Eine ohne diese Möglichkeit abgegebene Erklärung beruht folglich nach der Wertung des Gesetzgebers nicht auf einer verantwortlichen Entscheidung und kann dementsprechend nicht wirksam sein.[36] Folglich hindert die Verzichtserklärung den A nicht daran, innerhalb der Frist des § 341 StPO Revision einzulegen.[37]

---

[26] Noch weitergehend *Erb* GA 2000, 511 (519 ff.).

[27] Vgl. Meyer-Goßner/Schmitt/*Schmitt* StPO § 302 Rn. 26.

[28] Die Eindeutigkeit der Erklärung stellt ein typisches Problem des Rechtsmittelverzichts dar. Die h. M. geht richtigerweise davon aus, dass bei auch nach Auslegung verbleibenden Zweifeln bzgl. des Erklärungsinhalts nicht von einem Verzicht auszugehen ist (SK-StPO/*Frisch* § 302 Rn. 19 f. m. w. N.).

[29] Wobei es von den Umständen des Einzelfalls abhängt, ob die Erklärung als eine solche zu Protokoll der Geschäftsstelle zu verstehen ist (siehe Fall BGHSt 31, 109 [113]), oder ob es sich um eine schriftliche Erklärung des Angeklagten handelt (so *BGH* NJW 1984, 1974).

[30] Vgl. BGHSt 18, 257 (258 ff.).

[31] KK-StPO/*Paul* § 302 Rn. 12; vgl. *BGH* NStZ 1996, 297.

[32] Überblick zur notwendigen Verteidigung bei *Molketin* JURA 1992, 120 ff.

[33] *BGH* NJW 1952, 797.

[34] SK-StPO/*Frisch* § 302 Rn. 29.

[35] A. A. dagegen *OLG Hamburg* NStZ 1997, 53 (= StV 1998, 641 m. Anm. *Rogall*); *OLG Naumburg* NJW 2001, 2190; KK-StPO/*Paul* § 302 Rn. 12: Nur in Fällen, in denen zusätzlich zum fehlenden Verteidiger weitere beeinträchtigende Umstände gegeben sind, sei die Unwirksamkeit einer Verzichtserklärung anzunehmen.

[36] Ebenso *BGH* NStZ 2002, 379; *OLG Düsseldorf* StV 1998, 647; *OLG Frankfurt* NStZ 1993, 507; *OLG Köln* StV 2003, 65.

[37] Siehe *KG* StV 2013, 11. Zur Vertiefung können weitere typische Problemfälle durchdacht werden: Verzicht nach Täuschung (*BGH* StV 1988, 372), Verzicht nach Drohung (*BGH*

Fallfrage b): Da die Frist für die Revisionseinlegung nach § 341 StPO eine Woche ab Urteilsverkündung beträgt, ist die Rechtsmittelfrist bereits abgelaufen. Der Umstand, dass A bei Abgabe der Verzichtserklärung ohne den (notwendigen) anwaltlichen Beistand war (→ Rn. 312), hat auf den Ablauf der Frist keinen Einfluss. Fraglich ist aber, ob A mit Aussicht auf Erfolg die Einlegung der Revision mit einem **Antrag auf Wiedereinsetzung in den vorigen Stand** (§ 44 StPO) verbinden kann (zum Verfahren § 45 StPO). Ein Wiedereinsetzungsantrag ist nach § 46 Abs. 1 StPO bei dem dafür zuständigen Rechtsmittelgericht anzubringen; bei einer Revision gegen ein erstinstanzliches Urteil des LG also beim BGH (→ Rn. 13). Die Begründetheit des Wiedereinsetzungsantrags setzt voraus, dass A die Fristversäumung nicht verschuldet hat. Da A ordnungsgemäß nach § 35a S. 1, 2 StPO über sein Rechtsmittelrecht belehrt worden war, greift die Fiktion fehlenden Verschuldens nach § 44 S. 2 StPO nicht ein. Es bleibt zu prüfen, ob die Fristversäumnis auf Grund des Umstands, dass A den Rechtsmittelverzicht in Abwesenheit seines Verteidigers erklärt hat, als unverschuldet anzusehen ist (§ 44 S. 1 StPO). Dafür lässt sich geltend machen, dass aufgrund der einmal abgegebenen Verzichtserklärung für A die Annahme nahe lag, sein Rechtsmittelrecht verloren zu haben. In dieser Annahme wurde er bestärkt durch das Verhalten des Vorsitzenden Richters, der durch die Frage nach einem Rechtsmittelverzicht und dessen Entgegennahme den Eindruck der Wirksamkeit erweckt hat. Auf der anderen Seite hatte A nach Abgabe der Erklärung hinreichend Zeit, sich etwa durch Rücksprache mit seinem Verteidiger über die Unwirksamkeit seiner Verzichtserklärung zu informieren.[38] Bei der Gewichtung dieser Argumente ist zu berücksichtigen, dass eine Wiedereinsetzung im (hier vorliegenden) Fall einer Versäumung der Rechtsmittelfrist zu einer Rechtskraftdurchbrechung führen würde. Eine Wiedereinsetzung würde den Bestand der rechtskräftigen Entscheidung davon abhängig machen, ob und wann sich A über die Wirksamkeit des erklärten Verzichts kundig macht. Mit Blick auf den im Interesse der Rechtssicherheit gebotenen strengen Verschuldensmaßstab sprechen vorliegend wohl die besseren Gründe dafür, eine von A verschuldete Versäumung der Rechtsmittelfrist anzunehmen.[39] Der Wiedereinsetzungsantrag ist damit vom Revisionsgericht als unbegründet zu verwerfen.[40] Damit ist die Einlegung der Revision am Maßstab des § 341 Abs. 1 StPO verspätet erfolgt und deshalb von dem Revisionsgericht durch Beschluss nach § 349 Abs. 1 StPO als unzulässig zu verwerfen.[41] 313

NStZ 1986, 277), Verzicht bei widersprechendem Verteidiger (*OLG Oldenburg* NStZ 1982, 520).

[38] Insofern liegt der Fall abweichend von *BGH* NStZ 2002, 379, wo die Angeklagte durch einen „Scheinverteidiger" vertreten worden war, in dessen Zulassung zur Anwaltschaft sie vertrauen durfte.

[39] Den restriktiven Umgang mit dem Erfordernis unverschuldeter Fristversäumung zeigt auch BGHSt (GrS) 50, 40 (63), wo fehlendes Verschulden von „unstatthaften Einwirkungen" seitens des Gerichts abhängig gemacht wurde.

[40] Meyer-Goßner/Schmitt/*Schmitt* StPO § 46 Rn. 5.

[41] Anders als im Falle des § 346 StPO erfolgt die Verwerfung als unzulässig wegen der Versäumung der Revisionsfrist hier also nicht durch das Tatgericht, da dessen Kompetenz nicht mehr besteht, wenn die Revision mit einem Wiedereinsetzungsantrag verbunden ist; Meyer-Goßner/Schmitt/*Schmitt* StPO § 346 Rn. 2, 16 f.

2. Wiederaufnahmeverfahren – Strafbefehlsverfahren

314 **Fall:**[42] Gegen den geständigen A ergeht Strafbefehl wegen Fahrens ohne Fahrerlaubnis (§ 21 StVG) und Diebstahls an dem benutzten Auto. Der Strafbefehl wird rechtskräftig. Später gerät A in den Verdacht, während der Fahrt Delikte nach §§ 316a, 249, 250 Abs. 2 Nr. 1 StGB begangen zu haben, indem er einen Passanten zum Mitfahren einlud und während der Fahrt unter Vorhalt eines Messers beraubte. Kann A wegen dieser Delikte strafrechtlich belangt werden?

a) Einführung

315 Das **Wiederaufnahmeverfahren** steht – wie alle Durchbrechungen der materiellen Rechtskraft – im Konflikt zwischen den Prinzipien der materiellen Gerechtigkeit auf der einen und der Rechtssicherheit auf der anderen Seite.[43] Die materielle Gerechtigkeit fordert die tat- und schuldangemessene Bestrafung des Täters sowie den Freispruch des Unschuldigen und verlangt deshalb nach der Korrektur etwaiger Fehlurteile. Wird das durchgeführte Erkenntnisverfahren aber durch ein nicht mehr anfechtbares Sachurteil[44] abgeschlossen, gebietet es die Rechtssicherheit, das Verfahren nicht erneut aufzunehmen. Neben diese – beide im Rechtsstaatsprinzip (Art. 20 Abs. 3 GG) fußenden[45] – objektiv-rechtlichen Grundsätze[46] tritt das im Rang grundrechtsgleiche subjektive Recht[47] des Betroffenen, wegen derselben Sache nicht erneut verfolgt zu werden (ne bis in idem, Art. 103 Abs. 3 GG).[48]

316 Dieses subjektive Recht ist freilich nur im Falle der Wiederaufnahme **zuungunsten** des Verurteilten betroffen.[49] Deshalb lässt § 362 StPO in diesem Fall die Wiederaufnahme nur in engen Grenzen zu,[50] während § 359 StPO die Wiederaufnahmegründe **zugunsten** des Verurteilten weiter fasst und insbesondere den praktisch wichtigen Fall der Beibringung neuer Tatsachen oder Beweismittel nennt (§ 359 Nr. 5 StPO).[51]

Eine wichtige und mit Blick auf Art. 103 Abs. 3 GG umstrittene Erweiterung der Wiederaufnahmemöglichkeiten zuungunsten des Verurteilten hat der am 30.12.2021 in Kraft getretene

---

[42] Übungsfälle zum Strafklageverbrauch bei Hellmann/*Hellmann* Rn. 491 ff.; *Mitsch/Ellbogen* Fall 6 (S. 96 ff.), Fall 9 (S. 141 ff.); zum beschränkten Strafklageverbrauch bei § 153a Abs. 1 S. 5 StPO *Schöpe* ZJS 2014, 304 (310 f.); zum Strafbefehl *Esser* JA 2014, 974 (979 f.). Instruktive Entscheidungsbesprechung einer ähnlichen Konstellation bei *Mitsch* NZV 2013, 63 ff.

[43] Eingehend *Waßmer* JURA 2002, 454 ff.

[44] Vgl. zu den Rechtskraftwirkungen anderer Entscheidungen *Roxin/Schünemann* § 52 Rn. 18 ff.

[45] BVerfGE 22, 322 (329).

[46] Zur Unterscheidung zwischen objektiv-rechtlichen Rechtssätzen und subjektiven Rechten *Hesse* § 6 Rn. 186 ff.

[47] Art. 93 Abs. 1 Nr. 4a GG; BVerfGE 56, 23.

[48] Dieses Recht ist Ausfluss der Freiheit und der Würde des Menschen; siehe Dürig/Herzog/Scholz/*Remmert* GG Art. 103 Abs. 3 Rn. 39.

[49] Insoweit wird deshalb vereinzelt – aber mit gewichtigen Argumenten – die Verfassungswidrigkeit des Wiederaufnahmeverfahrens angenommen; so *Neumann* FS Jung, 655 ff.

[50] Die von Teilen der Literatur befürwortete Ausdehnung über die gesetzlich geregelten Fälle (beispielsweise bei nachträglichem Eintritt einer schweren Folge) wird vom *BVerfG* abgelehnt (BVerfGE 65, 377 [381 f.]).

[51] Dazu vertiefend *Eisenberg* JR 2007, 360 ff.

§ 362 Nr. 5 StPO gebracht, der eine Wiederaufnahme aufgrund neuer Tatsachen und Beweismittel **zu Lasten des vom Vorwurf des Mordes Freigesprochenen** erlaubt. Dahinter steht vor allem die Erwägung, dass es unter Gerechtigkeitsaspekten unerträglich erscheint, dass ein zunächst aufgrund der Beweislage freigesprochener Angeklagter nicht erneut strafrechtlich verfolgt werden kann, wenn neue Beweise (etwa eine DNA-Analyse) dringende Gründe dafür bilden, dass nunmehr eine Verurteilung wegen Mordes erfolgen kann.[52]

Das **Strafbefehlsverfahren** (§§ 407–412 StPO) zielt auf Vereinfachung des Verfahrens durch Verzicht auf eine Hauptverhandlung ab. Die Staatsanwaltschaft ist bei Vorliegen hinreichenden Tatverdachts[53] bezogen auf ein Vergehen (§ 12 Abs. 2 StGB) verpflichtet, einen Antrag auf Verhängung einer bestimmten Rechtsfolge zu stellen, „wenn sie nach dem Ergebnis der Ermittlungen eine Hauptverhandlung nicht für erforderlich erachtet" (§ 407 Abs. 1 StPO).[54] Zulässig ist der Antrag also nur bei einfach gelagerten Fällen, die zur Zuständigkeit des Amtsgerichts (→ Rn. 9) gehören. Als Rechtsfolgen kommen insbesondere die Verhängung einer Geldstrafe, die Entziehung der Fahrerlaubnis oder – wenn der Angeschuldigte einen Verteidiger hat – die Verhängung einer zur Bewährung ausgesetzten Freiheitsstrafe von bis zu einem Jahr in Betracht (§ 407 Abs. 2 StPO). Das Gericht erlässt den beantragten Strafbefehl, wenn es die Bewertung der Sach- und Rechtslage durch die Staatsanwaltschaft für zutreffend hält und ebenfalls keine Bedenken hat, ohne Hauptverhandlung zu entscheiden; andernfalls beraumt es eine Hauptverhandlung an (§ 408 Abs. 3 StPO). Ergeht der Strafbefehl, so erwächst er in Rechtskraft, wenn der Angeschuldigte nicht binnen zwei Wochen Einspruch erhebt (§ 410 StPO). Wird zulässig Einspruch erhoben, so beraumt das Gericht Termin zur Hauptverhandlung an (§ 411 Abs. 1 S. 2 StPO). Kommt es daraufhin zu einer Verurteilung des Angeklagten, so gilt nach ganz h. M. nicht das Verbot der reformatio in peius; die Strafe kann also höher ausfallen als im Strafbefehl (§ 411 Abs. 4 StPO).[55] Zeichnet sich ein ungünstigeres Ergebnis für den Angeklagten ab, so kann er den Einspruch zurücknehmen – allerdings nur mit Zustimmung der Staatsanwaltschaft (§ 411 Abs. 3 StPO). 317

b) Falllösung

Die Einleitung und Durchführung eines Strafverfahrens gegen A wegen der nicht abgeurteilten Delikte könnte wegen entgegenstehender **materieller Rechtskraft** unzulässig sein, Art. 103 Abs. 3 GG.[56] Der Strafbefehl ist formell rechtskräftig und steht in seinen Wirkungen dem rechtskräftigen Urteil gleich, § 410 Abs. 3 StPO. Die Rechtskraft umfasst alle Delikte, die Gegenstand des damaligen Verfahrens waren. Der Verfahrensgegenstand wird durch den Begriff der **prozessualen Tat** bestimmt. Danach bildet das Verhalten des Angeklagten eine Tat, soweit es nach der Lebensauffassung einen einheitlichen Vorgang bildet (→ Rn. 172). Das ist regelmäßig dann 318

---

52 Zur Diskussion etwa *Brade* ZIS 2021, 362 ff.; *Grübl* ZJS 2022, 1 ff.; *Hoven* JZ 2021, 1154 ff.; *Leitmeier* StV 2021, 341 ff.; *Lenk* StV 2022, 118 ff.; *Letzgus* NStZ 2020, 717 ff.; *Kaspar* GA 2022, 21 ff.; *Slogsnat* ZStW 133 (2021), 741 ff.

53 Schluss aus § 408 Abs. 2 S. 1 StPO.

54 Meyer-Goßner/Schmitt/*Schmitt* StPO § 407 Rn. 9.

55 Meyer-Goßner/Schmitt/*Schmitt* StPO § 411 Rn. 11; *Volk/Engländer* GK StPO § 33 Rn. 8. A. A., wenn die Tatsachengrundlage in der Hauptverhandlung gegenüber den im Strafbefehl erhobenen Vorwürfen unverändert geblieben ist, *Esser* StV 2007, 235 ff.; *Roxin/Schünemann* § 68 Rn. 12. Dazu in der Falllösung *Esser* JA 2014, 674 (679 f.).

56 Art. 103 GG beinhaltet über den Wortlaut hinaus nicht nur das Verbot erneuter Verurteilung, sondern stellt bereits ein Verfahrenshindernis dar, vgl. Dürig/Herzog/Scholz/*Remmert* GG Art. 103 Abs. 3 Rn. 61.

der Fall, wenn materiellrechtlich Tateinheit vorliegt. Dafür ließe sich vorliegend unter Hinweis auf den Umstand plädieren, dass die – ihrerseits tateinheitlich begangenen[57] – Taten nach §§ 316a, 249, 250 Abs. 2 Nr. 1 StGB in unmittelbarem zeitlich-räumlichen Zusammenhang mit dem Führen des Kraftfahrzeugs nach § 21 StVG stehen.[58] Entsprechend ließe sich für das Vorliegen einer Tat im prozessualen Sinn anführen, dass die hierfür ausschlaggebende Einheitlichkeit des Lebensvorgangs vorliegend dadurch hergestellt werde, dass die Benutzung des Fahrzeugs und das Ausnutzen der Verhältnisse des Straßenverkehrs zur Begehung eines Raubes nicht unabhängig voneinander beurteilt werden können, ohne ein einheitliches Geschehen auseinanderzureißen.[59]

319 Andererseits hat der BGH in neuerer Zeit verschiedentlich bei Dauerdelikten, in deren Verlauf eine schwerere Tat begangen wurde, eine durch die geänderte Willensrichtung des Täters begründete Zäsurwirkung angenommen, infolge derer das schwerere Delikt zu dem Dauerdelikt in Realkonkurrenz stehe.[60] Diese Zäsurwirkung lässt sich auch für die Annahme zweier Taten im prozessualen Sinn ins Feld führen. Vor allem aber spricht eine wertende Betrachtung dafür, das Fahren ohne Fahrerlaubnis und die Raubdelikte als verschiedene Taten anzusehen. Denn es erscheint mit Blick auf die rechtsfriedensstiftende Wirkung des Strafverfahrens (→ Rn. 5) nicht angemessen, wenn bei **völliger Verkennung der Unrechtsdimension** durch das Gericht das deutlich schwerer wiegende Delikt grundsätzlich (Ausnahme: → Rn. 320) nicht mehr verfolgt werden könnte.[61] Es besteht auch kein schutzwürdiges Vertrauen des Beschuldigten dahingehend, dass ihn die Aburteilung eines Bagatelldelikts vor der Verfolgung eines schweren Verbrechens schützt, nur weil zwischen den Deliktsbegehungen ein eher äußerer Zusammenhang besteht. Sieht man es so, dann steht die Verurteilung wegen Fahrens ohne Fahrerlaubnis der Führung eines neuen Ermittlungsverfahrens wegen der Raubdelikte nicht entgegen. Ist man dagegen der Auffassung, die unterschiedlichen Handlungen stellten eine Tat im prozessualen Sinn dar, so ist weiter zu prüfen:

320 Fraglich ist, ob die Rechtskraft des Strafbefehls durchbrochen werden kann. In Betracht kommt die **Wiederaufnahme nach §§ 362 ff. StPO,** da es hier – anders als nach §§ 359 ff. StPO – um die Wiederaufnahme zuungunsten des Angeklagten geht. Offensichtlich liegt aber kein Wiederaufnahmegrund im Sinn des § 362 Nr. 1–5 StPO vor. Wäre A durch ein Urteil schuldig gesprochen worden, wäre folglich ein Wiederaufnahmeverfahren unzulässig.[62] Weil aber im Strafbefehlsverfahren die Tatsachengrundlage der Entscheidung nicht mit der gleichen Sorgfalt festgestellt werden kann wie im Urteilsverfahren, hat der Gesetzgeber die Durchbrechung der Rechtskraft im Strafbefehlsverfahren erleichtert: Nach **§ 373a StPO** ist auch dann eine Wiederaufnahme zuungunsten des Angeklagten möglich, wenn neue Tatsachen oder Beweismittel beigebracht werden, die eine Verurteilung wegen eines Verbrechens zu

[57] BGHSt 14, 386 (391); LK-StGB/*Sowada* § 316a Rn. 60.

[58] Anders in einem Fall, in dem die Fahrten ohne Fahrerlaubnis jeweils zur Begehung von Diebstahlstaten unterbrochen worden waren, *BGH* NStZ 1997, 508.

[59] Vgl. *BGH* MDR 1973, 556; NStZ 1984, 135; zu einem Fall, in dem das Kfz lediglich als Fluchtwagen nach Begehung einer schweren räuberischen Erpressung benutzt wurde, *BGH* NStZ 1996, 41 f.

[60] BGHSt 36, 151 (154) = *BGH* JR 1990, 161 m. Anm. *Mitsch* = *BGH* StV 1990, 341 m. Anm. *Neuhaus; BGH* NStZ-RR 1999, 8; dazu *Geppert* JK 99 StGB § 52/11; vgl. auch SSW StGB/*Eschelbach* § 52 Rn. 50.

[61] Siehe *Huber* JuS 2012, 209; *Kindhäuser/Schumann* § 25 Rn. 40 ff.; *Rössner/Safferling* 28. Problem.

[62] So in einem ähnlichen Fall *BGH* NStZ 1984, 135.

begründen geeignet sind.[63] Vorliegend handelt es sich bei den Verdachtsgründen für die Begehung der weiteren Delikte um neue, also dem Gericht erst nach Erlass des Strafbefehls bekannt gewordene Tatsachen.[64] Zudem kommt jetzt die Verurteilung wegen eines Verbrechens (§ 12 Abs. 1 StGB) in Betracht. Der Wiederaufnahmegrund nach § 373a StPO liegt somit vor. Die Staatsanwaltschaft kann einen Antrag nach §§ 365 f. StPO stellen. Das weitere Verfahren richtet sich nach den §§ 368 ff. StPO.[65]

---

[63] *Mitsch* NZV 2013, 66 f. Verfassungsrechtlich nicht zu beanstanden: BVerfGE 65, 377 (385); Dürig/Herzog/Scholz/*Remmert* GG Art. 103 Abs. 3 Rn. 74.

[64] Vgl. Meyer-Goßner/Schmitt/*Schmitt* StPO § 359 Rn. 30.

[65] Vgl. auch die Zusatzfragen der JA-Examensklausur 1/81 JA 1981, 15 (43 ff.).

Sachverzeichnis

Die Angaben beziehen sich auf die Randnummern;
halbfett gedruckte Zahlen geben die Hauptfundstelle an.